**4차 산업혁명시대의
교양 글쓰기**

4차 산업혁명시대의 교양 글쓰기

장미영 이수라 유인실

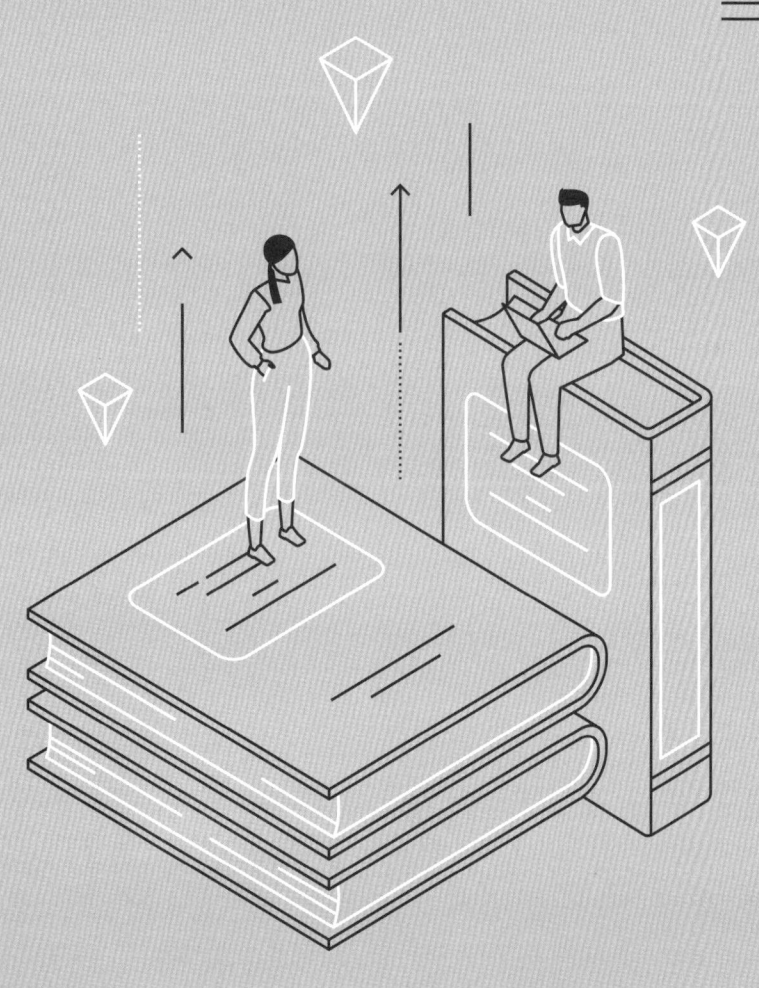

머리말

20세기를 대표하는 광기의 SF작가, 필립 K. 딕 (Philip Kindred Dick)은 1956년, 미국에서 단편소설 〈마이너리티 리포트, Minority Report〉를 출간했다. 이 소설은 스티븐 스필버그(Steven Allan Spielberg) 감독에 의해 2002년 7월 26일, 동명의 영화 〈마이너리티 리포트, Minority Report〉로 개봉되면서 세계적으로 이름을 떨친다.

소설의 주인공은 범죄 예방 수사국에서 범죄 예방 시스템을 지휘하는 앤더턴 국장이다. 앤더턴은 나이도 많고 머리까지 벗어진 대머리 중년 아저씨다. 소설의 주인공 앤더턴이 영화에서는 젊은 미남배우 톰 크루즈(Thomas Cruise Mapother IV)로 바뀌면서 등장인물을 비롯하여 인물들 간의 인간관계가 원작과는 사뭇 달라졌다. 영화는 원작에 등장하지 않는 인물을 여러 사람 추가했고, 인물들의 역할까지 바꾸었다. 그러는 바람에 영화는 원작에 바탕을 두고 있지만, 마치 원작을 거부하는 듯한 모양새가 되었다.

그럼에도 불구하고 원작이든 영화든 〈마이너리티 리포트〉의 주제는 동일하다. 그것은 인간이 운명 결정론적 세계로부터 벗어나려 한다는 것과 더 나아가서 인간은 자유의지를 가지고 있어 운명을 거부할 수 있다고 믿는다는 것이다.

원작 소설 〈마이너리티 리포트〉는, 미래를 예측하는 프리 크라임 시스템(free crime system)처럼 하나의 범죄에 대해 단 하나의 모두 동일한 예측만 있는 것이 아니라, 어떨 때는 세 명의 예지자가 모두 다른 예측을 하듯 예외 상태, 즉 제외된 '마이너리티 리포트'가 가능하다는 디스토피아적 미래관을 보여준다. 반면 영화 〈마이너리티 리포트〉는 앞으로 일어날 범죄를 미리 예견하여 범죄자를 미리 체포함으로써 평화로운 사회를 구현할 수 있다는 식으로 원작을 뒤엎어 소설에서 보여준 디스토피아적 비관론을 유토피아적 미래관으로 변형한다.

그간 인류는 그 어떤 데이터를 통해서도 미래를 완벽히 파악할 수 없다고 믿었다. 운명결정론자들까지도 인간의 자유의지에 길을 터주어 인간은 간혹 스스로의 힘으로 운명을 새롭게 개척할 수도 있다는 가능성을 열어 두었다. 2005년, 마광수 교수는 『비켜라 운명아, 내가 간다』라는 호기로운 제목의 책을 출간했다. 마 교수는 이 책에서 세상사 모든 것은 마음먹기에 달렸고 능히 도전하면 못 이룰 것이 없다는 고전적인 경구를 되새김하면서 운명에 맞서려는 인간의 도전적인 기백을 여지없이 드러냈다.

애당초 인간은 미래를 볼 수도 없고, 알 수도 없지만, 예언에 의지하거나 점을 쳐서라도 미래를 예측하려는 노력을 줄기차게 해왔다. 원작소설에서든 영화에서든 〈마이너리티 리포트〉의 초점은 인간이 미래에 일어날 일을 미리 현재시점에서 알아내어 미래를 조절하려는 강한 욕망을 가지고 있다는 점에 있다.

〈마이너리티 리포트, Minority Report〉란 '소수의 보고서', '제외된 보고서', '누락된 보고서' 등으로 번역할 수 있는 '비정규 보고서', 즉 '소수파의 반대 의견서'를 뜻한다. '마이너리티(minority)'의 반대말은 '다수', '주류'를 뜻하는 '메이저리티(majority)'이다. '메이저리티(majority)'와 '마이너리티(minority)'를 구분하는 기준은 사회적 영향력이다. 사회적 영향력이 크면 '메이저리티(majority)'가 되는 것이고, 사회적 영향력이 적으면 '마이너리티(minority)'가 되는 것이다.

다가올 4차 산업혁명시대(Fourth Industrial Revolution Period)는 데이터 시대이다. 데이터(data)는 '의미 있는 정보'라는 뜻이다. 데이터 자체는 단순한 사실에 불과하지만 처리 과정에 따라 특정한 의미가 부여되며 이는 또 다른 정보의 자료가 된다.

4차 산업혁명시대의 메이저리티(majority)는 '빅 데이터(big data)'이다. '빅 데이터'란 '거대 자료'라고도 하는데 디지털 환경에서 생성되는 데이터로, 그 규모가 방대한 대규모 데이터를 말한다. 디지털 경제의 확산으로 우리 주변에는 규모를 가늠할 수 없을 정도로 많은 데이터가 생산되는 '빅 데이터(Big Data)' 환경이 도래하고 있다. 트위터(twitter)에서만도 하루 평균 1억 5,500만 건의 데이터가 생겨나고 유튜브(YouTube)의 하루 평균 동영상 재생건수는 40억 회에 이른다고 한다. 주요 도로와 공공건물은 물론 심지어 사적 영역인 아파트 엘리베이터 안에까지 설치된 CCTV(Closed Circuit Television)의 영상 정보의 양도 상상을 초월할 정도로 엄청나다고 한다. 그야말로 지구에서 일어나는 일상의 행동 하나하나까지도 빠짐없이 데이터로 저장되고 있는 셈이다. 사용자가 직접 제작하는 UCC(user created contents)를 비롯한 동영상 콘텐츠, 휴대전화와 SNS(Social Network Service)에서 생성되는 문자, 특히 블로그나 SNS에서 유통되는 텍스트 정보는 그 내용을 통해 글을 쓴 사람의 성향뿐 아니라, 소통하는 상대방의 연결 관계까지도 예측할 수 있다고 한다.

낙관적 미래관을 가진 유토피아니스트(Utopianist)들은 빅 데이터를 통한 미래 예측 시스템이 효율과 생산성을 비약적으로 높여 우리의 삶을 윤택하게 할 것으로 기대한다. 미국의 인터넷 검색엔진 회사인 구글(Google)은 독감과 관련된 검색어 빈도를 분석하여 독감 환자 수와 유행 지역을 예측하는 독감 동향 서비스를 개발했다(google.org/flutrends). 이는 미 질병통제예방센터(CDC: Centers for Disease Control and Prevention)보다 예측력이 뛰어난 것으로 밝혀졌다고 한다. 공사 현장에서는 미래 예측 시스템을 갖춘 로봇이 투입되어 사전에 위험 상황을 차단할 수도 있다는 것이다. 기업에서는 빅 데이터를 활용하여 고객의 행동을 미리 예측함으로써 기업경쟁력을 강화하고 생산성 향상을 가능하게 만든다고 한다. 공공 기관에서도 빅 데이터는 시민이 요구하는 서비스를 맞춤형으로 제공할 수 있게 되어 사회적 비용 감소와 공공 서비스 품질 향상이 가능해졌다고 한다. 이와 같이 빅 데이터에 기반을 둔 분석방법론은 과거에 불가능하다고 여겼던 분야의 예측마저 가능하게 만들고 있다.

다양하고 광대한 규모의 빅 데이터(big data)는 미래 경쟁력의 우위를 좌우하는 중요한 자원으로 활용될 수 있다는 점에서 '메이저리티(majority)'가 되어 가고 있다. 이에 우리는 질 높은 빅 데이터를 만들기 위해 전통적으로 사용하던 여러 소통 방법들, 그중에서도 소통의 기본이 되는 언어 사용 방법들을 보다 정교하게 표준화(standardization) 할 필요를 새삼 다시 느낀다. 표준화란 공동체가 동의하는 범위와 합의된 수준 위에서 통일된 기준을 세우고 구성원들이 이를 따르도록 하는 것을 말한다. 표준화의 역할은 공동체의 서로 다른 요구를 조정하여 질서를 잡음으로써 무질서로 인해 파생하는 손실을 줄이는 것이며 호환성을 높여 보다 편리한 생활을 영위하게 함으로써 생산 속도를 향상시키는 한편 의사소통을 원활하게 함으로써 상호 이해를 촉진하는 것이다. 이를 바탕으로 하는 표준화의 궁극적인 목적은 공공의 이익을 증대시키는 것이다. 이 책은 이러한 시대적 필요에 부응하려는 목적에서 출발했다.

동시에 메이저리티(majority)의 폭주를 견제할 수 있는 마이너리티, 즉 비표준화 된 데이터, 그것은 인간의 특기인 창의적 발상으로부터 비롯되는 것이다. 데이터의 관점에서 보면 인간의 창의적 발상은 삐딱하게 굴기, 건너뛰기, 옆길로 새기, 반대로 가기, 비꼬기 등으로, 예측을 불가능하게 만들어 예외로 처리될 데이터를 생성한다. 하지만 인간 사회에서 이러한 창의적 발상은 뻔히 예측 가능한 표준화된 기계적 틀 속에 인간이 아무 생각 없이 매몰되는 위험을 예방할 수 있는 응전의 무기가 된다. 빅 데이터 시대에는 메이저리티를 위협하는 마이너리티 리포트가 인공지능의 질주를 막고 사물인터넷((IoT, Internet of Things)의 폭주에 흠집을 내어 인간으로서의 정체성을 송두리째 잃지 않게 하는 중요한 자원이 될 것이다.

위와 같은 문제의식을 가지고 우리 필진은 매주 정기적으로 1년 넘게 만났다. 우리는 만날 때마다 4차 산업혁명시대에 닥칠 상황을 요모조모로 예측하면서 각종 데이터를 수집했고 수집된 데이터를 어떻게 활용할 수 있을지를 논의했다. 그 결과 제1부는 공동체 구성원들이 무질서한 언어 사용으로 혼란을 일으키지 않도록 표준화된 언어 사용을 할 수 있는 규범을 훈련하는 데 치중했다(책임 집필: 이수라). 제2부는 어떠한 생각을 특별한 방식으로 전달하는 다양한 언어표현 기법을 동원하여 의사소통에 다채로운 변화를 주되 내 뜻대로 상대를 설득하는 효과를 내도록 설계했다(책임 집필: 장미영). 제3부는 마이너리티 리포트처럼 표준화를 피해 비표준화의 역량을 높여 인간의 특기인 창의적 발상을 유도하는 데 초점을 맞추었다(책임 집필: 유인실).

필진의 건강을 챙기고 지치지 않도록 격려하는 일은 장미영 교수의 몫이었다. 이수라 교수는 먼 거리를 오가는 수고를 마다하지 않고 여러 다른 관점에서 우리의 작업을 바라볼 수 있는 객관적 안목을 제공함으로써 필자들이 자신의 틀 안에 갇히지 않도록 자극을 주었다. 유인실 교수는 다양한 사회 활동의 경험을 바탕으로 신선한 생각의 물꼬를 틔워주는 데 앞장섰다. 작업을 하는 내내 필자들은 서로의 강점을 살리고 부족한 점을 메꾸면서 돈독한 관계가 되었다. 출간 마지막 날까지 좋은 책을 만들고자 애쓴 필자들의 노고에 감사를 드린다.

아울러 의사소통 영역 전체를 진두지휘한 김승우 교수께도 감사를 드린다. 김승우 교수는 학교의 취지와 필자들의 작업을 조율하고, 출판사와 필자들의 거래를 조정해야 하는 매개자의 위치에서 예민한 사항들을 매끄럽게 처리해 주었다. 심지어는 애타게 독촉해야 할 일이 생겨도 속 타는 마음을 접고 끝까지 넉넉한 인심을 잃지 않았다. 김승우 교수의 속 깊은 일처리 방식 덕택에 필자들은 편안한 마음으로 작업을 완수할 수 있었다. 이 점도 지면을 통해서나마 감사드린다.

약속했던 날짜보다 늦게 보낸 원고를 다듬어 예쁜 책을 만드느라 무더위와 씨름했던 글누림출판사 여러분들께도 감사를 드린다. 특히 여러 번의 교정지가 오가는 동안 필자들의 까다로운 주문을 묵묵히 받아준 글누림 출판사의 최종숙 사장님, 이태곤 편집이사님, 그리고 본문과 표지를 세심하게 다듬어주신 안혜진 팀장님께 감사드린다.

탈고의 후련함에 취해 있을 필자들을 다시 긴장하게 만드는 것은 독자 여러분들의 질정이다. 잘못된 점은 과감히 꾸짖어야 바로잡히기 때문이다.

떨리는 손을 부여잡고 두근거리는 마음으로 감히 세상에 또 하나의 책을 내놓으며.

2019년 여름
예향의 멋진 품격을 자랑하는 도시, 전주 품에 안겨
천잠산(天蠶山)이 내다보이는 전주대 연구실에서
필진을 대신하여 장미영 씀.

1부
정확한 의사소통

1장 한글 맞춤법: 규범에 맞는 글쓰기	017
2장 띄어쓰기: 정확한 표기와 표현	037
3장 외래어표기법: 외래어와 다듬은 말	058
4장 바른 단어: 표준 표기와 의미가 혼동되는 단어	084
5장 표준 문장: 정확한 문장, 바른 문장	110

2부
채굴 글쓰기

6장 서사(자초지종): 팔하를 찾아서	133
7장 설명(명실상부): Q는 A다	168
8장 논증(일이관지): 왜냐하면	198
9장 묘사(이심전심): 실감나게	219
10장 수사(문질빈빈): 꾸민 듯 안 꾸민 듯	248

3부
물구나무 글쓰기

11장 시: 미감과 쾌감의 언어   279

12장 수필: 자유로움과 성찰 사이   291

13장 소설: 허구와 실재   318

14장 기사문: 논리와 감성   338

15장 광고(문): 15초 전쟁   348

정확한 의사소통
-이수라-

1장 한글 맞춤법: 규범에 맞는 글쓰기

2장 띄어쓰기: 정확한 표기와 표현

3장 외래어표기법: 외래어와 다듬은 말

4장 바른 단어: 표준 표기와 의미가 혼동되는 단어

5장 표준 문장: 정확한 문장, 바른 문장

정확한 의사소통

왜 여전히 정확한 의사소통인가

글쓰기는 늘 독자를 가정하고 이루어지는 활동이다. 어떤 글이든 반드시 독자가 있기 마련이다. 그 독자의 수가 많든 적든 간에, 글쓰기는 혼잣말로 허공에 사라지는 언어 활동이 아니라 누구에게든 그 의미가 가닿기를 바라는 언어 활동이다. 따라서 훌륭한 글쓰기는 바로 독자에게 의미를 전달하는 데 성공한 글쓰기라 할 수 있다.

정확한 의미 전달을 위해서는 무엇보다도 먼저 정확한 의미 전달 능력을 갖추어야 한다. 언어는 사회적 약속이다. 이 사회적 약속을 제대로 지켜서 이루어진 글쓰기여야 의미를 전달하는 데 성공한다. 그렇기 때문에 4차 산업혁명시대의 글쓰기가 갖추어야 할 첫 번째 덕목은 다름 아닌 정확한 글쓰기 능력이라 할 수 있다.

정확한 글쓰기는 디지털 시대에 와서 그 어느 때보다도 더욱 중요해졌다. 아무리 스스로 학습을 하는 인공 지능이라고 하여도 그 인공 지능이 디지털 정보물의 의미를 해석하는 도구는 인간이 만들어 놓은 사회적 약속이다. 인간 또한 마찬가지이다. 우리는 모두 사회적 약속에 근거하여 정보들의 의미를 해독하거나 해석한다. 따라서 정확한 정보 전달을 위해서는 우리 사회의 약속인 어문 규범에 따라서 글쓰기를 해야 한다. 그런 이유로 4차 산업혁명시대에도 정확한 글쓰기는 여전히 필수적인 요소이다.

현재 가장 대중적으로 선택되는 글쓰기 매체는 사회관계망 서비스(SNS)이다. 그동안 사회관계망 서비스는 주로 개인적인 영역에서 활발하게 활용되었다. 그러다 보니 사회관계망 서비스에서도 디지털 시대의 사적인 글쓰기가 보이는 특징들, 즉 맞춤법이나 띄어쓰기를 무시한 표기, 의미를 알 수 없을 만큼 과도한 줄임말이나 신조어 등이 난무하는 글쓰기가 보인다. 때로는 문자를 이모티콘이나 이미지가 대신하는 현상도 보인다. 그런 이유들로 요즘의 개인들은 정확한 표기와 표현 능력을 갖추는 일을 등한시하기도 한다.

 다시 말하지만 디지털 정보를 기반으로 하는 4차 산업혁명시대는 규칙에 맞는 정확한 정보를 입력해야 정확한 정보가 산출되는 시대이다. 더군다나 사회관계망 서비스 글쓰기는 이미 사적인 영역에서 벗어나서 공적인 영역으로 편입되었다. 어떤 경우는 사회관계망 서비스 글쓰기가 비즈니스 영역에 속해 있기도 하다. 따라서 사회관계망 서비스 글쓰기 또한 정확한 의미 전달이 매우 필수적인 요인이다. 그렇기 때문에 어문 규범, 즉 우리 사회에서 언어를 사용할 때 반드시 지키기로 약속한 규칙을 지켜야만 하며, 그 규칙을 학습하기 위해서 많은 노력을 기울여야 한다.

1장
한글 맞춤법: 규범에 맞는 글쓰기

단원 설정 배경

글을 이루는 가장 기본적인 단위는 단어이다. 글이 가장 기본적인 단위인 단어 수준에서 정확성을 담보하지 못하면 그 글에 대한 독자의 신뢰는 확보하기 어렵다. 한글 맞춤법은 표준국어대사전에서 그 단어를 검색하는 것만으로도 그 오류 여부를 확인할 수 있다. 한글 맞춤법은 표준어를 어떻게 적을 것인가에 대한 규정이기 때문이다. 따라서 맞춤법조차도 제대로 지키지 않은 글쓴이는 글을 쓰는 데 필요한 최소한의 기본 능력을 갖추지 못하였거나 맞춤법에 맞게 썼는지도 확인하지 않는 불성실한 사람으로 치부될 수 있다. 실제로 신입 사원 선발 업무를 맡고 있는 기업의 임원들은 맞춤법 오류로 얼룩진 자기소개서는 좋은 점수를 받기 어렵다고 충고한다. 따라서 자신이 쓴 글에 대한 신뢰성과 글쓴이의 성실성을 확보하기 위해서라도 한글 맞춤법은 반드시 익혀야 한다.

단원 설정의 필요성

글쓰기는 공적인 영역에서 이루어지는 지적 활동이다. 모든 공적인 글쓰기는 특별한 목적인 경우를 제외하고는 모두 어문 규범에 따라 표기해야 한다. 그 이유는 독자의 지역이나 계층 등의 요소와 관계없이 이해할 수 있는 글이어야 하기 때문이다. 따라서 이를 익혀서 글쓰기에 적용하는 일은 공적인 글쓰기에서 첫 번째로 지켜야 할 덕목이다.

학습 목표

1. 한글 맞춤법의 기본 원칙을 알고 이를 정확하게 적용할 수 있다.
2. 한글 맞춤법에 어긋난 표기를 구분하고 이를 정확한 표기로 수정할 수 있다.
3. 소리에 관한 규정과 형태에 관한 규정을 익히고 이를 실제 언어생활에 적용할 수 있다.

목표 핵심 역량

1. 한글 맞춤법의 기본 원칙을 알고 정확한 의사소통 능력을 키운다.
2. 오류 표기를 확인하고 이를 수정하는 능력을 향상하여 정보 처리 능력을 키운다.
3. 한글 맞춤법의 소리에 관한 규정과 형태에 관한 규정을 익혀서 정확한 표현 능력을 키운다.

핵심어

한글 맞춤법, 소리에 관한 규정, 된소리 표기, 사이시옷 표기, 형태에 관한 규정, 조사, 용언의 어간과 어미

[생각할 거리]

	■ 이 사진에서 규범에 어긋난 표기를 찾아보세요.
	■ 개인이 쓴 글에서 규범에 어긋난 표기를 보면 어떤 생각이 드는지 말씀해 보세요.

	■ 두 사진에서 규범에 어긋난 표기를 찾아보세요.
	■ 공공 기관이 배포한 글이나 공고문에서 규범에 어긋난 표기를 보면 어떤 생각이 드는지 말씀해 보세요.

1. 규범에 맞는 글쓰기가 필요한 이유

문자 언어는 음성 언어와 더불어 가장 기본적이고 핵심적인 의사소통 매체이다. 글쓰기는 문자 언어로 이루어진다. 의사소통을 원활하게 하려면 의미를 정확하게 표현할 수 있는 매체를 적절하게 사용하는 일이 필요하다. 어문 규범에 맞는 글쓰기는 이를 위한 기본적인 조건이다. 어문 규범은 한글 맞춤법, 표준어 규정, 외래어 표기법, 국어의 로마자 표기법을 이른다. 한글 맞춤법에는 띄어쓰기와 문장 부호 사용법이 포함되어 있다.

어떤 사람들은 어문 규범에 대해서 부정적인 태도를 보이기도 한다. 그까짓 한글 맞춤법이나 띄어쓰기 몇 개 틀린다고 해서 의미 전달이 안 되는 것도 아닌데 굳이 그것까지 신경 쓰면서 글을 써야 하느냐고 말하는 사람들도 있다. 글에는 맥락이 있어서 잘 읽어 보면 의미를 해석하는 데에는 아무런 문제가 없으니 한글 맞춤법이나 띄어쓰기의 오류쯤에는 관대해져야 한다고 말하기도 한다. 하지만 이는 그리 단순하게 생각할 문제가 아니다.

도로를 이용할 때를 생각해 보자. 도로를 이용하는 사람들은 도로 교통법에 따라야 한다. 신호기, 교통 안전시설 등이 나타내는 의미를 알고 있어야 안전하게 도로를 이용할 수 있다. 사람이든 자동차든 빨강 신호등을 보면 가던 길을 멈추고, 초록 신호등을 보면 가던 길을 계속 가도록 하는 것은 가장 기본적인 약속이다. '보행자 주의'라고 쓰인 표지판을 보면 보행자 사고가 날 수 있는 지역이라는 사실을 알아채야 서로 안전하게 통행을 할 수 있다. '도로 공사 중'이라는 표지판을 보면 보행자도 자동차도 공사 현장 때문에 피해를 입지 않도록 주의하면서 통행해야 한다. 그래야 보행자도 운전자도 안전하게 도로를 이용할 수 있기 때문이다.

어문 규범은 글을 사용할 때 정해 둔 글의 가장 기본적인 규칙이다. 즉, 이것은 사회적인 약속이라고 할 수 있다. 초록 신호등이 바뀌는 순간에 길을 건너다 보면 어느덧 빨강 신호등에 횡단보도를 건너기도 한다. 급하게 서두르다 보면 신호등을 무시하거나 무단횡단을 할 수도 있다. 하지만 이런 일은 자칫 교통사고로 이어질 수도 있다. 글에서 어문 규범도 마찬가지다. 대부분의 경우는 아무런 문제없이 소통이 이루어지지만, 아주 결정적인 순간에 가장 중요한 의미를 전달하는 데 실패하는 일을 겪게 될 수도 있다는 이야기다. 따라서 정해진 규칙에 따라서 도로를 이용하듯이 정해진 규범에 따라서 글을 쓰는 일은 매우 중요하다.

  글은 문자 언어라는 사회적 약속으로 의미를 표현한다. 어떤 기호가 어떤 의미를 표현하는지를 정확히 알고 이에 맞게 글을 써야 의미가 효과적으로 전달될 수 있다. 그렇게 되었을 때 가장 기본적인 의미 전달이 이루어지면서 대화의 기반이 마련된다. 따라서 글을 쓰려는 사람, 글을 읽으려는 사람은 누구라도 문자 언어와 그것을 사용할 때 필요한 규범들을 익힐 필요가 있다.

  다음 문장들은 인터넷상에서 이루어지는 글쓰기가 기본적인 표기에서부터 문제가 많다는 이야기를 할 때마다 주로 제시되는 사례들이다.

추가된 표준어	올바른 표기
① 그냥 혼자인 게 낳아.	① 그냥 혼자인 게 나아.
② 너 괴좌번호가 뭐야?	② 너 계좌번호가 뭐야?
③ 참으로 해궤망칙한 얘기네.	③ 참으로 해괴망측한 얘기네.
④ 그런 행동에 너무 어의없었다.	④ 그런 행동에 너무 어이없었다.

  이 사례들은 정말 이렇게 적는 사람들이 있을까 싶을 정도의 수준으로 보이지만, 인터넷에서 이루어지는 글쓰기를 보면 실제로 이렇게 쓰는 사례를 쉽게 찾아볼 수 있다. 하지만 여기에는 나름의 이유가 있어 보인다. 이 오류들은 발음과 관련이 있는 것으로 보인다. '낳다'의 표준 발음은 [나:타]이지만, 활용형인 '낳아'의 표준 발음은 [나아]이다. '낫다'의 표준 발음은 [낟:따]이다. 하지만 '낫다'는 그 뒤에 모음이 오면 'ㅅ'이 탈락된 형태로 쓰인다. 따라서 '그냥 혼자인 게 나아.'와 같이 쓴다. '낳아'의 발음도, '나아'의 발음도 모두 [나아]가 된다. 그러다 보니 말을 할 때는 문제가 발생하지 않지만, 같은 내용을 글로 적을 때에는 표기상에 오류를 범하는 일이 생기기도 한다. ②~④의 사례들도 잘 살펴보면 이와 같은 경우들임을 알 수 있다. 그러니까 이런 실수들은 이처럼 쉬운 것도 간혹 정말로 몰라서 틀리는 사람들도 있겠지만, 대부분은 발음상의 혼란이 표기상의 혼란으로 이어지는 경우라고 추측할 수 있다. 하지만 대부분의 사람들은 이런 오류를 발견하면, 글을 쓴 사람을 기본적인 표기 능력조차도 갖추지 못한 사람으로 취급하기 십상이다.

그럼 이제 위의 사진에 쓰인 문장들의 표기를 살펴보자. 다음 문장은 어떤 고깃집 또는 정육점에서 써 붙였을 것으로 짐작된다.

잘못된 표기	올바른 표기
휴가왔는데 싸네? 이건 사야되~	휴가 왔는데 (물건이) 싸네? 이건 사야 돼!

위 문장에서 가장 눈에 띄는 오류는 '사야되~'이다. 이 표현에서는 띄어쓰기, 문장 부호의 사용, 한글 맞춤법 등 총 세 개 항목에서 잘못된 표기를 하였다. 이 중에서도 제일 먼저 눈에 거슬리는 오류는 '되'일 것이다. '되다'는 [되다]와 [뒈다]를 모두 표준 발음으로 인정받는다. 본래는 [되다]가 표준 발음이지만 [뒈다] 역시 표준 발음으로 인정되어 두 가지 방식으로 말하는 것이 가능하다. 또한 '되다'는 어간 뒤에 오는 어미가 자음으로 시작할 경우에는 '되지만, 되겠다'와 같이 '되-'로 표기한다. 이에 비해 어간 뒤에 오는 어미가 모음 '-어'로 시작할 경우에는 '되어'로 적거나, 두 개의 모음이 줄어든 형태인 '돼'로 표기한다. 그런데 일상 언어생활에서는 '되'와 '돼'의 발음이 분명하게 구별되지 않다 보니 표기에서도 혼란을 겪는 것으로 보인다. 어떤 이유에서 비롯되었건 이런 표기 실수는 개인적인 차원의 실수이거나 때로는 개인적인 망신 정도로 그칠 수 있다.

그에 비해 공공 기관의 표기 오류는 좀 더 비중이 크게 다뤄진다. 위 사진에 쓰인 문장 중 다음을 보자. 이 알림 글은 정부 부처 등의 공공 기관에서 작성하였다.

잘못된 표기	올바른 표기
몰래 찍고 유포하면 반드시 검거 됩니다. 불법촬영 적발시 7년 이하의 징역 또는 3천만 원 이하의 벌금형에 처해지고 신상정보 공개대상자가 됩니다. 몰카탐지장비 활용 수시 점검중 　　　　　　　- 경찰청, 한국도로공사	몰래 찍고 유포하면 반드시 검거됩니다. 불법 촬영 적발 시 7년 이하의 징역형 또는 3천만 원 이하의 벌금형에 처해지고 신상 정보 공개 대상자가 됩니다. 몰카 탐지기로 수시로 점검함.

이 곳은 금연구역입니다. 흡연시 관계법령에 의해 벌금 또는 처벌을 받을 수 있습니다. - 보건복지부	이곳은 금연구역입니다. 흡연 시 관계 법령에 의해 벌금형 등의 처벌을 받을 수 있습니다.

개인 차원의 오류는 개인의 실수 또는 개인의 기본기 부족으로 이해하고 넘어가면 된다. 하지만 공공 기관의 경우는 사정이 많이 다르다. 공공 기관의 표기 실수는 곧 공공 기관에 대한 국민의 신뢰도가 하락하거나 공공 기관으로서의 품위를 유지하는 데 실패하는 등의 결과를 낳기도 한다. 공공 기관은 국가를 대신하여 국민과 대면하는 기관이기 때문에 그러하다.

좋은 글의 가장 기본적인 조건은 바로 표기의 올바름, 즉 규범에 맞는 표기라 할 수 있다. 이 기본적인 조건이 갖추어지지 않은 경우에는 그 글을 쓴 사람의 기본적인 실력 또는 성실성을 의심하게 되고, 나아가 그 글의 내용을 신뢰할 수 없게 되기 때문이다. 또한 표기가 올바르지 않으면 때로는 글을 읽는 사람이 그 의미를 잘못 파악하거나 오해하는 일이 빚어지기도 한다. 그렇게 되면 원만한 의사소통은 불가능하게 된다. 따라서 타인과 소통할 수 있는 좋은 글을 쓰기 위해서는 가장 먼저 규범에 맞는 글을 쓰도록 노력해야 한다.

 [더 생각할 거리]

글을 읽으면서 의미를 파악할 수 없었던 경험이 있으세요?
어떤 이유였는지 서로 이야기를 나누어 보세요.

> 글을 쓸 때 정확한 의미를 전달하기 위해서 어떤 노력을 해야 할까요?
> 자신의 생각을 적어 보세요.

2. 어려운 한글 맞춤법

앞에서 살펴본 바와 같이 문자는 본래 의사소통을 원활하게 하기 위해서 존재한다. 기업체의 인사 담당관들은 어문 규범에 오류가 많은 자기소개서는 높게 평가하지 않는다고 입을 모아 말한다. 특히 한글 맞춤법은 글쓰기에서 가장 기본적으로 필요한 능력이고 맞다와 틀리다가 분명하게 확인되는 영역이다. 그러다 보니 한글 맞춤법에 어긋나는 표기가 발견되는 문서는 기본적인 실력이 부족하거나, 그게 아니라면 성실성이 부족한 증거라고 판단한다고 말한다. 따라서 기본기가 탄탄하고 업무를 수행하기에 충분히 성실한 사람임을 보여 주고자 한다면 한글 맞춤법부터 정확하게 익히도록 할 필요가 있다.

어떤 표기가 한글 맞춤법에 맞는지 틀리는지는 표준국어대사전을 보면 쉽게 확인할 수 있다. 알고자 하는 단어를 표준국어대사전의 검색창에 써넣고 '찾기'를 누르는 과정을 두세 번만 반복하면 규범에 맞는 표기를 확인할 수 있다. 하지만 매번 표준국어대사전을 검색해 볼 수도 없는 노릇이니 한글 맞춤법의 기본적인 원칙 몇 가지는 알고 있는 편이 좋다.

한글 맞춤법 총칙에서는 다음과 같이 한글 맞춤법의 원칙을 밝히고 있다.

 제1항 한글 맞춤법은 표준어를 **소리대로 적되, 어법에 맞도록** 함을 원칙으로 한다

한글 맞춤법은 표준어를 어떻게 적는가에 관한 규정이다. 표준어를 적을 때 어떤 단어는 '소리대로', 즉 말할 때 소리가 나는 대로 적고, 또 어떤 단어는 '어법에 맞도록', 즉 원래의 형태를 밝혀서 적는다. 한글 맞춤법의 규정은 얼핏 보면 매우 단순하게 느껴진다. 하지만 모든 단어를 소리대로 적거나 모든 단어를 형태를 밝혀 적는 게 아니기 때문에 어려워진다. 둘 중의 하나의 원칙으로 표기하도록 통일한다면 좀 쉬워지겠지만, 일상적인 언어생활은 둘 중의 하나로 표기하도록 허락하지 않는다. 이 때문에 우리는 어떤 경우에는 소리대로 적고, 또 어떤 경우에는 어법에 맞도록 적는지를 알고 있어야 한글 맞춤법에서 실수를 범하지 않을 수 있다.

한글은 표음 문자이다. 따라서 우리글을 적을 때는 자음과 모음을 결합하여 소리대로 표기하는 것이 가장 기본적인 원칙이다. 그에 따라 표준어를 소리대로 적는 것은 매우 자연스러운 일이다. 이러한 원칙에 따라 '아버지, 어머니, 아들, 딸, 하늘, 바다, 강' 등으로 적는 것이다.

하지만 모든 표기를 소리대로만 적는다면 오히려 의미를 이해하는 데 어려움을 겪게 만들 것이다. 다음의 예에서 '꽃'과 조사 부분에 집중하여 살펴보자.

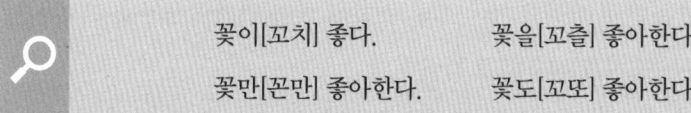

꽃이[꼬치] 좋다.   꽃을[꼬츨] 좋아한다.
꽃만[꼰만] 좋아한다.   꽃도[꼳또] 좋아한다.

위 문장의 '꽃+조사' 부분을 모두 소리대로 쓴다면 [꼬치], [꼬츨], [꼰만], [꼳또]와 같은 표기 형태가 문장 안에서 나타날 것이다. 그렇다면 그 글을 읽는 사람들은 이 표기들이 모두 원래는 '꽃'에 조사를 결합하여 이루어진 표현이라는 사실을 유추해 낼 수 있어야 한다. 그러니까 '꽃이, 꽃을, 꽃만, 꽃도'라고 적었을 때보다 훨씬 더 많은 시간을 보내고 더 많은 노력을 기울여야 이것들이 모두 '꽃'이라는 동일한 형태소에서 출발한 것임을 알 수 있을 것이다. 그러므로 하나의 형태소는 하나의 형태로 표기를 통일하는 편이 정확한 의사소통에 더 도움을 줄 수 있다. 따라서 한글 맞춤법에서 실수를 하지 않으려면 어떤 경우에 소리대로 적고, 어떤 경우에 어법에 맞도록 적는지를 알아 두어야 한다.

[개념 확인 활동]

한글 맞춤법의 원칙은 무엇인가요?

왜 어떤 단어는 소리대로 적고, 어떤 단어는 어법에 맞도록 적어야 할까요?

1) 소리에 관한 규정

먼저 소리에 관한 맞춤법에 대해서 알아보자. 소리에 관한 맞춤법에서 유의해야 할 사항은 된소리 표기와 두음 법칙을 적용한 표기이다.

먼저, 된소리 표기에 관해 살펴보도록 하자. 한글 맞춤법 제5항은 한 단어 안에서 뚜렷한 까닭 없이 나는 된소리는 다음 음절의 첫소리를 된소리로 적는다고 정하고 있다. 이에 따라 두 모음 사이에서 나는 된소리, 즉 '소쩍새, 어깨, 오빠, 으뜸, 아끼다, 기쁘다, 깨끗하다, 어떠하다, 해쓱하다, 가끔' 따위는 된소리로 적어야 한다. 하나의 단어 안에서 나는 된소리는 다른 형태소의 영향을 받은 것이 아니라 원래부터 그러한 소리이기 때문에 된소리로 적는다. 'ㄴ, ㄹ, ㅁ, ㅇ' 받침 뒤에서 나는 된소리도 된소리로 적는다. 받침 'ㄴ, ㄹ, ㅁ, ㅇ'이 예사소리를 된소리로 만드는 데 필수적인 환경이 아니기 때문이다. 다시 말해, 받침 'ㄴ, ㄹ, ㅁ, ㅇ' 뒤에서는 어떤 경우는 된소리가 되고, 어떤 경우는 된소리로 나지 아니한다. 예를 들어 '잔가시, 잔가지, 잔돈, 잔병치레, 잔심부름, 잔주름' 따위는 '잔뜩'과는 달리 받침 'ㄴ' 뒤에 오는 예사소리가 된소리로 발음되지 않는다. 이에 따라 '산뜻하다, 잔뜩, 살짝, 훨씬, 담뿍, 움찔, 몽땅, 엉뚱하다' 따위는 된소리로 적어야 한다.

다음은 두음 법칙을 적용한 표기에 관해 살펴보자. 한글 맞춤법 제10항은 "'녀, 뇨, 뉴, 니'가 단어 첫머리에 올 적에는, 두음 법칙에 따라 '여, 요, 유, 이'로 적는다."라고 규정하였다. 따라서 '여자(女子), 연세(年歲), 요소(尿素), 유대(紐帶), 이토(泥土), 익명(匿名)' 따위가 맞는 표기이다. 다만, '냥(兩), 냥쭝(兩-), 년(年)' 따위는 본래 이러한 형태의 의존 명사로 그 앞말과 결합하여 하나의 의미 단위를 이루므로 이대로 적기로 한다.

 [기초 학습 활동]

■ **다음 중 맞는 표기를 고르고, 왜 그 표기가 맞는지 설명하세요.**

① 법석/법썩?	'법석'이 맞다. 한글 맞춤법에서는 "'ㄱ, ㅂ' 받침 뒤에서 나는 된소리는, 같은 음절이나 비슷한 음절이 겹쳐 나는 경우가 아니면 된소리로 적지 아니한다."라고 밝히고 있다. 하나의 형태소 안에서라도 'ㄱ, ㅂ' 받침 뒤에서는 된소리되기가 규칙적으로 일어난다. 따라서 굳이 된소리로 적지 않더라도 받침 'ㄱ, ㅂ' 뒤에 오는 소리는 항상 된소리로 나는 것을, 한국어 화자라면 모두가 알기 때문에 된소리로 적지 않기로 한 것이다. 그러므로 '갑자기'를 '갑짜기'로 적는다거나 '법석'을 '법썩'으로 적는 실수를 하지 않도록 유의해야 한다. 따라서 '국수, 깍두기, 딱지, 색시, 싹둑(~싹둑), 법석, 갑자기, 몹시' 등으로 적어야 한다.
② 눈곱/눈꼽?	'눈곱'이 맞다. '눈곱'은 하나의 형태소가 아니라 '눈'과 '곱'이 결합하여 만들어진 복합 명사이다. '곱'은 '부스럼이나 헌데에 끼는 고름 모양의 물질.'이라는 의미의 명사이다. '눈곱'은 '눈에서 나오는 진득진득한 액. 또는 그것이 말라붙은 것.'이라는 의미의 복합 명사이다. 따라서 '눈'과 '곱'은 별개의 어휘들이므로 각각의 본래 형태를 살려서 '눈곱'이라 적고 [눈꼽]이라 읽는다.
③ 눈살/눈쌀?	

④ 곱빼기/ 곱배기?	
⑤ 남존여비 (男尊女卑)/ 남존녀비?	'남존여비'가 맞다. 한글 맞춤법에서는 "접두사처럼 쓰이는 한자가 붙어서 된 말이나 합성어에서, 뒷말의 첫소리가 'ㄴ' 소리로 나더라도 두음 법칙에 따라 적는다."라고 정하고 있다. 따라서 '신여성(新女性), 공염불(空念佛), 남존여비(男尊女卑)'는 각각 [신녀성], [공념불], [남존녀비]로 소리가 나더라도 'ㄴ'으로 적지 아니한다.
⑥ 회계 연도/ 회계 년도?	
⑦ 성공률(成功率)/성공율?	'성공률'이 맞다. '裂'과 '率'은 한자는 같지만 환경에 따라서 표기가 달라진다. 즉, 모음이나 'ㄴ' 받침 뒤에 이어지는 '裂, 率'은 '열, 율'로 적고, 그 외에는 '렬, 률'로 적는다. 따라서 '나열(羅列), 치열(齒列), 선열(先烈)', '규율(規律), 비율(比率), 실패율(失敗率), 백분율(百分率)' 등이 맞는 표기이다.
⑧ 배기량/ 배기양?	'배기량'이 맞다. 한자어 '量'과 '欄'은 앞말에 결합하는 단어의 종류에 따라 표기가 달라진다. 즉, '量'과 '欄'은 앞말이 한자어일 때는 '량, 란'으로, 앞말이 고유어나 외래어일 때는 '양, 난'으로 적는다. 따라서 '배기량, 노동량, 작업량, 가정란, 독자란', '일양, 알칼리양, 어린이난'이 맞는 표기이다.
⑨ 분열(分裂) 분렬?	
⑩ 투고란/ 투고난?	

다음으로는 사이시옷 표기에 관한 내용이다. 많은 학생들이 사이시옷 표기에서 큰 어려움을 겪는다. 그것은 사이시옷 표기는 발음을 표기에 반영하는 것을 원칙으로 삼기 때문이다. 앞에서 살펴본 바와 같이 한글 맞춤법은 표준어를 어떻게 표기할 것인지를 담고 있는 규범이다. 사이시옷을 받쳐 적을 것인가, 말 것인가는 표준 발음을 기준으로 한다. 그러니까 표준어를 표준 발음대로 정확하게 말할 줄 아는 사람들만이 사이시옷 표기에서 혼란을 겪지 않을 수 있다고 하겠다. 하지만 현실적으로는 표준어를 표준 발음대로 정확하게 말하는 사람은 그리 많지 않다. 대부분의 사람들은 자신이 사용하는 말이 표준어인지 사투리인지에까지 신경을 쓰면서 말을 하거나 글을 쓰지는 않는다. 그렇다 보니 표준 발음을 기준으로 삼는 사이시옷 표기에서 큰 어려움을 겪게 되는 것이라 볼 수 있다.

한글 맞춤법 제30항에서는 사이시옷 표기에 관해 규정하고 있다. 이 규정에 따라 합성어 중에서도 우리말 합성어, 순우리말과 한자어의 결합으로 이루어진 합성어를 적을 때 앞말이 모음으로 끝나고 발음상의 변화가 있을 때는 사이시옷을 받치어 적어야 한다.

그 각각의 경우를 예로 들면 다음과 같다.

뒷말의 첫소리가 된소리로 나는 것	고랫재, 귓밥, 나룻배, 나뭇가지, 냇가, 댓가지, 뒷갈망, 맷돌, 머릿기름, 모깃불, 못자리, 바닷가, 뱃길, 볏가리, 부싯돌, 선짓국, 쇳조각, 아랫집, 가겟집, 우렁잇속, 잇자국, 잿더미, 조갯살, 찻집, 쳇바퀴, 킷값, 핏대, 햇볕, 혓바늘, 기댓값, 귓병, 머릿방, 뱃병, 봇둑, 사잣밥, 샛강, 아랫방, 자릿세, 전셋집, 찻잔, 찻종, 촛국, 콧병, 탯줄, 텃세, 핏기, 햇수, 횟가루, 횟배, 장밋빛
뒷말의 첫소리 'ㄴ, ㅁ' 앞에서 'ㄴ' 소리가 덧나는 것	멧나물, 아랫니, 텃마당, 아랫마을, 뒷머리, 잇몸, 깻묵, 냇물, 빗물, 곗날, 제삿날, 훗날, 툇마루, 양칫물
뒷말의 첫소리 모음 앞에서 'ㄴㄴ' 소리가 덧나는 것	도리깻열, 뒷윷, 두렛일, 뒷일, 뒷입맛, 베갯잇, 욧잇, 깻잎, 나뭇잎, 댓잎, 가욋일, 사삿일, 예삿일, 훗일

사이시옷 표기는 위의 표에 적힌 바와 같이 각각의 경우에 따라 사이시옷을 받치어 적어야 한다. 반드시 기억해야 할 것은 사이시옷 표기는 우리말이 포함된 합성어의 표기에 관한 원칙이라는 사실이다. 합성어 안에 외래어가 포함되어 있으면 사이시옷은 표기하지 않는다. 또한 한자어로만 이루어진 합성어는 '곳간(庫間), 셋방(貰房), 숫자(數字), 찻간(車間), 툇간(退間), 횟수(回數)' 이외에는 사이시옷을 표기하지 않는다.

[기초 학습 활동]

■ 다음 중 맞는 표기를 고르고, 왜 그 표기가 맞는지 설명하세요.

① 장밋빛/ 장미빛?	'장밋빛'이 맞다. '-빛'은 일부 명사 뒤에 붙어 '빛깔'의 뜻을 나타내는 말로, 그럴 경우 발음은 [삗]으로 난다. 따라서 '장미'와 '빛'이 결합하면 그 발음은 [장미삗/장믿삗]으로 난다. 그러므로 '장밋빛'이 맞는 표기이다. '구릿빛, 대춧빛, 도홧빛, 보랏빛, 비췻빛, 연둣빛, 우윳빛' 등으로 적는 것이 올바른 표기이다. 이와 마찬가지로 '고유어 명사+국'으로 이루어진 합성어들도 모두 사이시옷을 받치어 적어야 한다. 따라서 '고깃국, 순댓국, 만둣국, 뭇국, 북엇국, 시래깃국' 등으로 적는 것이 올바른 표기이다.
② 핑크빛/ 핑큿빛?	
③ 전세방/ 전셋방?	'전세방'이 맞다. 사이시옷은 고유어+고유어, 고유어+한자어, 한자어+고유어일 때에만 받치어 적는다. 한자어+한자어이거나 외래어가 포함된 합성어는 사이시옷을 받치어 적지 아니한다. 다만, '곳간, 셋방, 숫자, 찻간, 툇간, 횟수'의 여섯 개 한자어에는 사이시옷을 받치어 적도록 한다. '전세방(傳貰房)'의 경우는 '전세(傳貰)+방(房)'으로 한자어+한자어의 결합이다. 따라서 이때는 사이시옷을 받치어 적을 수 없다.

④ 위층/윗층?	
⑤ 인사말/인삿말?	

2) 형태에 관한 규정

한글 맞춤법은, 체언은 조사와 구별하여 적고, 용언의 어간과 어미도 구별하여 적도록 규정하고 있다. 일반적으로 글을 쓸 때 체언과 조사를 적는 데 오류를 범하는 경우는 잘 보이지 않는다. '떡이, 떡을, 떡만, 떡도, 떡조차, 떡부터' 등을 적는 데 어려움을 겪는 사람들은 별로 없는 듯하다. 용언의 어간과 어미를 적을 때에는 이와 사정이 많이 다르다. 형태에 관한 규정과 관련된 표기 오류는 어미를 적을 때 많이 발생한다. 이는 어미의 형태를 혼동하고 있거나, 발음과 표기 원칙을 혼동하는 경우가 있기 때문이다.

[기초 학습 활동]

■ 다음 중 맞는 표기를 고르고, 왜 그 표기가 맞는지 설명하세요.

① 안녕히 가십시오/안녕히 가십시요?	'안녕히 가십시오'가 맞는 표기이다. 어미 '-오'는 한 문장의 말미에 오는 종결 어미이다. 따라서 문장의 끝에 붙어 사용된다. 그러니까 '안녕히 가십시오. / 담배를 피우지 마십시오. / 쓰레기를 버리지 마십시오.' 등에서와 같이 문장을 끝맺는 자리에서 사용된다. 어미 '-요'는 문장과 문장을 연결하는 자리에 쓰인다. 따라서 한 문장이 완전히 끝나는 자리에는 쓰일 수가 없다. 그러니까 '안녕히 가십시오.'는 올바른 문장이지만 '안녕히 가십시요.'는 표기가 잘못된 문장이다. '안녕히 가십시오.'는 '안녕히 가세요.'로 써도 괜찮다.

② 이것은 책상이요, 저것은 의자이다/이것은 책상이오, 저것은 의자이다?	
③ 갈게/갈께?	'갈게'가 맞는 표기이다. 받침 'ㄹ' 뒤에 오는 예사소리는 된소리로 소리가 난다. 이 때문에 많은 사람들이 '갈께'와 같은 형태로 표기하는데 이는 잘못이다. '내가 지금 갈께.(×)'와 같이 문자를 써서 보내는 사람들이 많다. 하지만 이것은 '내가 지금 갈게.'와 같이 써야 한다.
④ 사랑하면 할수록/사랑하면 할쑤록?	
⑤ 아니올시다/아니올씨다?	

접미사를 결합하는 경우에도 역시 실수가 많이 보이니 표기에 주의해야 한다. 특히 파생어의 경우는 원래의 단어가 가지고 있던 의미와 새롭게 파생된 어휘의 의미가 많이 달라질 경우에는 표기 또한 달라지기 때문에 각별히 유의해야 한다. 또한 음운 환경에 따라서 표기가 달라지기도 하므로 이 또한 잘 살펴서 표기에서 실수하지 않도록 한다.

✏️ [기초 학습 활동]

■ 다음 중 맞는 표기를 고르고, 왜 그 표기가 맞는지 설명하세요.

① 줄어듦/ 줄어듬?	'줄어듦'이 맞는 표기이다. '-(으)ㅁ'은 용언의 어간과 결합하여 명사를 파생시키는 명사 파생 접미사이다. 앞말에 받침이 있으면 '음'을, 받침이 없으면 'ㅁ'을 붙여야 한다. '줄어듦'은 '줄어들다'라는 동사의 어간에 명사 파생 접미사 '-(으)ㅁ'이 결합하여 이루어진 형태이다. 즉 '줄어들'은 받침 'ㄹ'이 있으므로 'ㅁ'을 결합한 것이 원래 형태이므로 '줄어듦'으로 쓰는 것이 맞다.
② 수업 시간에 좀/수업 시간에 좀?	
③ 깨끗이/ 깨끗히?	'깨끗이'가 맞는 표기이다. '-하다'가 붙는 어근에 '-히'나 '-이'가 붙어서 부사가 되는 어휘들은 어떤 경우는 '-히'로 쓰고, 어떤 경우는 '-이'로 써야 하기 때문에 혼란을 겪게 된다. 이때 앞말이 'ㅅ'으로 끝나는 용언들은 '-이'를 받쳐 적는다. 따라서 '깨끗이, 버젓이, 지긋이, 반듯이' 등이 맞는 표기이다. 여기서 '지긋이, 반듯이'는 '지그시, 반드시'와 구분해서 사용해야 한다. '지긋이, 반듯이'는 '지긋하게, 반듯하게'로 바꿔 쓸 수 있다. 하지만 '지그시, 반드시'는 그럴 수가 없다. '-하다'가 붙는 어근 중에서 앞말이 'ㅅ'으로 끝나지 않는 용언들은 '-히'를 붙여 쓰면 된다. 따라서 '꾸준히, 막연히, 가득히, 가뿐히, 아득히, 솔직히, 꼼꼼히, 쓸쓸히' 등으로 적으면 된다.
④ 틈틈이/ 틈틈히?	
⑤ 아무튼/ 아뭏든?	'아무튼'이 맞는 표기이다. 부사 '결단코, 결코, 기필코, 무심코, 아무튼, 요컨대, 정녕코, 필연코, 하마터면, 하여튼, 한사코'는 그 형태가 굳어진 것들이어서 원래의 형태와 상관없이 고쳐 적기로 하였다. 특히 '아무튼, 하여튼'은 '아뭏든, 하옇든'으로 적지 않도록, '하마터면'은 '하마트면'으로 쓰지 않도록 유의한다.

1부 정확한 의사소통

⑥ 됐어/됬어?	'됐어'가 맞는 표기이다. 일반적으로 가장 많이 틀리는 맞춤법을 꼽을 때 항상 빠지지 않는 항목이 바로 '되다'와 관련된 표기이다. '됐어'는 '되+었+어'가 줄어든 형태이다. 우리가 '되'와 '돼'의 표기에서 흔히 오류를 보이는 이유는 일반적으로 '외'와 '왜', '웨'를 같은 발음으로 말하기 때문이다. 표준 발음법에서는 이러한 현상이 일반화된 것을 수용하여 '되다'의 경우 [되다/돼다] 둘 다를 표준 발음으로 인정하고 있다. 하지만 표기에서는 둘을 혼동하여서는 안 된다.
⑦ 됐거든/됬거든?	
⑧ 왠지/웬지?	
⑨ 생각지/생각치?	'생각지'가 맞는 표기이다. 한글 맞춤법 제40항은 "어간의 끝음절 '하'의 'ㅏ'가 줄고 'ㅎ'이 다음 음절의 첫소리와 어울려 거센소리로 될 적에는 거센소리로 적는다."라고 규정하고 있다. 따라서 '생각지'로 적으면 된다.
⑩ 넉넉지/넉넉치?	

[심화 학습 활동]

■ 다음의 사진을 자신의 사회관계망 서비스(SNS)에 올려 보세요.

1. 어떤 주제로 올릴까요?

2. 해시태그로 설정할 단어들을 쓰세요

3. 2번에서 제시한 단어들의 표기가 올바른지 표준국어대사전에서 확인하세요. 표기에 오류가 있는 단어가 있다면 사전에서 확인한 표기로 바로잡으세요.

4. 다른 친구들은 어떤 해시태그를 설정하였는지 확인하세요.

5. 다른 친구들이 설정한 단어들에는 오류가 없는지 확인하세요. 오류가 있다면 표준국어대사전을 활용하여 바로잡으세요.

■ 다음의 내용을 더 알아보세요.

1. 국립국어원 누리집 → 어문 규범 → 한글 맞춤법에서 형태에 관해서는 어떤 규정들이 있는지 더 찾아보세요.

2. 1번의 활동 내용에 비추어 자신의 일상적인 언어생활에서 오류가 있었는지 확인하세요.

3. 2번에서 확인한 오류를 표준국어대사전을 활용하여 한글 맞춤법 규정에 맞도록 바로잡으세요.

4. 국립국어원 누리집 → 어문 규범 → 한글 맞춤법→ 부록(문장 부호)에서 문장 부호 사용에 관한 규정들을 찾아보세요.

참고문헌

국립국어원(https://www.korean.go.kr)
국립국어원 표준국어대사전(https://stdict.korean.go.kr)
이수라 외,『융복합 시대의 교양 글쓰기』(글누림, 2015)

2장
띄어쓰기: 정확한 표기와 표현

단원 설정 배경

띄어쓰기는 정확한 의사소통에서 매우 중요한 항목이다. 외국 여행을 하는 어느 예능 프로그램에서 번역기를 사용하다 벌어진 일이다. 출연자가 "핫도그 두 개."라고 하니 번역기에서 "Two hot dogs."라는 소리가 흘러나왔다. 그런데 "핫도그 세 개."라고 하자 번역기에서는 뜻밖에도 "Hot dog world."라는 말이 들려왔다. 이는 말을 할 때는 '세 개'와 '세계'의 발음이 분명하게 구분되지 않기 때문이었을 것이다. 이 표현을 글에서 '세 개'로 쓰지 않고 '세개'로 붙여 쓴다면 비슷한 일이 벌어질 수도 있다.

띄어쓰기는 한두 개쯤 틀리더라도 대부분의 경우에는 문맥에 따라서 그 의미를 해석하는 일이 가능하기 때문에 흔히 간과되는 부분이다. 하지만 띄어쓰기를 잘못하면 심각한 의미의 오독이 빚어질 수도 있다. 또한 띄어쓰기는 한글 맞춤법과 마찬가지로 원칙에 맞도록 잘 갖추어 쓰면 그 글에 대한 신뢰성을 드높이고 글쓴이의 성실성을 드러낼 수 있는 부분이기도 하다. 따라서 자신이 쓴 글의 의미가 정확하게 전달되고, 그 글에 대한 독자들의 좋은 평판을 얻기를 원한다면 띄어쓰기에 유의해야 한다.

단원 설정의 필요성

띄어쓰기는 그 원리가 단순한 것에 비해 실제로는 꽤 까다로운 영역이다. 한글 맞춤법이나 표준어는 표준국어대사전을 검색하면 그 결과를 쉽게 얻을 수 있다. 그에 비해 띄어쓰기는 한 번의 검색으로는 그 결과를 확인하기 어려운 경우가 많다. 띄어쓰기 능력은 문법 지식의 양과 비례하는 경우도 있으므로 자신이 자주 틀리거나 자주 문제가 되는 띄어쓰기 항목은 잘 익혀서 글쓰기에 적용할 필요가 있다.

학습 목표

1. 띄어쓰기의 기본 원리를 알고 이를 정확하게 적용할 수 있다.
2. 띄어쓰기의 원리에 어긋난 표기를 구분하고 이를 정확한 표기로 수정할 수 있다.
3. 의존 명사와 어미, 조사, 접미사를 구분하고 이를 표기에 적용할 수 있다.

목표 핵심 역량

1. 띄어쓰기의 기본 원리를 알고 정확한 의사소통 능력을 키운다.
2. 띄어쓰기 오류 표기를 확인하고 이를 수정하는 능력을 향상하여 정보 처리 능력을 키운다.
3. 띄어쓰기의 원리와 실제를 익히고 이를 실제 언어생활에 적용하여 정확한 표현 능력을 키운다.

핵심어

띄어쓰기, 의존 명사, 어미, 조사, 접미사

[생각할 거리1]

해리포터는절대적인힘을얻어세상을지배하려는사악한무리와거기에대항하는선량한마법사들의싸움이가장큰골격을이루는서사이다.마법은현실세계에서는존재하지않는힘이다.마법과같은초현실적인힘이있다고믿는사람들도물론있겠지만,그힘의존재여부를증명하기는매우어렵다.그렇기때문에대부분의사람들은보편적으로마법사의세계가실재한다고믿지는않는다.다시말해,해리포터가속해있는마법사의세계는현실에서는존재하지않으며,혹시존재한다하더라도그것은보통사람들이살아가는질서의밖에있는세계인것이다.그럼에도불구하고소설『해리포터』시리즈는4억5천만부이상이판매되고,영화〈해리포터〉시리즈는77억달러가넘는수익을낼만큼수많은사람들이해리포터의세계에열광하였다.

■ 위 글은 『사유와 소통』(태학사, 151쪽)의 일부입니다. 띄어쓰기를 모두 무시한 글을 보았을 때 어떤 생각이 들었나요?

■ 위 글의 띄어쓰기를 모두 올바르게 수정할 수 있으십니까?

1. 의미 전달과 띄어쓰기

가끔 띄어쓰기 몇 개 틀린다고 해서 의사소통에 무슨 문제가 있느냐고 얘기하는 사람들이 있다. 물론 띄어쓰기가 정확하지 않아도 별다른 문제가 발생하지 않는 경우가 더 많다. 대부분의 사람들에게는 맥락에 따라서 그 의미를 해석할 수 있는 능력이 있기 때문이다. 하지만 사소한 띄어쓰기 하나의 오류로 전체 맥락을 흩어지게 하거나 의미를 왜곡하는 일도 발생한다.

인터넷상에서 한동안 유머 소재로 등장했던 간판 몇 개가 있다. 이 간판들은 띄어쓰기가 잘못되었을 때 어떤 일이 발생할 수 있는지를 보여 준다.

첫 번째 간판은 세로쓰기를 할 때는 오른쪽에서 왼쪽으로 써야 하는데 그와 반대 방향으로 쓴 데다가 띄어쓰기도 하지 않아서 얼핏 보면 '밀수 알선'으로 읽힐 수 있다. 두 번째 간판은 '정의 상실'로, 세 번째 간판은 '부정부패'로 읽힐 수 있다. 그렇게 되면 이 간판들의 원래 의미와는 아예 다른 의미로 해석되는 것이다. 위 간판들은 본래는 '밀알 수선, 정 의 상실, 부정(父情) 뷔페'로 표기해야 한다.

이처럼 띄어쓰기를 제멋대로 하거나 원칙에 어긋나게 할 경우 본래 의도한 것과는 아주 먼, 엉뚱한 의미로 해석되는 일이 생길 수 있다. 그렇게 되면 글쓴이와 글을 읽는 이 사이에 원활한 의사소통은 실패하게 된다.

물론 단어 한두 개의 띄어쓰기가 틀렸다고 해서 그 문장이나 한 편의 글 전체의 의미가 잘못 전달되지는 않는다. 하지만 자신이 읽고 있는 글에서 띄어쓰기 오류가 자주 반복된다고 상상해 보자. '이 사람은 글을 쓰면서 이런 기본적인 사항도 확인하지 않았다는 건가? 이 사람은 불성실하거나 기본 실력이 부족하겠구나.' 하는 생각을 갖기 쉽다. 다시 말해서, 띄어쓰기의 오류 때문에 글 전체에 대한 신뢰도가 급격하게 감소될 수 있다는 얘기다. 띄어쓰기는 대단한 능력이 아니라 가장 기본적으로 갖추어야 할 소양에 속하기 때문에 중요하다.

띄어쓰기는 그 원칙은 매우 단순하지만 문법적인 지식이 없으면 틀리기 쉬운 함정들이 많다. 그래서 항상 표준국어대사전에서 단어 정보를 확인하면서 띄어쓰기를 맞게 적용했는지를 습관적으로 반복할 필요가 있다.

띄어쓰기 원칙은 어문 규범에 따로 항목이 있는 것이 아니라 한글 맞춤법 제5장에 포함되어 있다. 한글 맞춤법 제41항에서는 띄어쓰기의 원칙을 다음과 밝히고 있다.

> 41항 조사는 그 앞말에 붙여 쓴다.

위에서 보듯이 띄어쓰기의 원칙은 매우 단순하고 간단하다. 모든 품사는 띄어 쓸 것이며, 오로지 조사만 그 앞말에 붙여 쓰도록 규정하였다. 원칙만 보면 띄어쓰기는 한글 맞춤법보다 더 쉬워 보인다. 하지만 현실은 결코 그렇지 않다. 글을 쓸 때 정작 우리를 괴롭히는 것은 한글 맞춤법이 아니라 띄어쓰기이다. 한글 맞춤법은 표준국어대사전을 서너 번 검색하는 것만으로도 그 정답을 찾아낼 수 있다. 띄어쓰기는 그렇지 않다. 자신이 알고 있는 문법 지식을 총동원하여 사전을 검색하여도 때로는 어떻게 표기하는 것이 맞는 것인지 확신이 서지 않는 경우가 많다. 사정이 그러하니 띄어쓰기 부분은 때로는 관대해질 필요도 있어 보인다. 그렇다 하더라도 정확한 글쓰기를 바탕으로 원활한 의사소통을 하기를 원한다면 띄어쓰기 실력을 끊임없이 연마할 필요가 있다.

그러면 이제 띄어쓰기에 대한 가장 기본적인 원칙부터 살펴보자. 다음에서 볼 수 있듯이 모든 조사는 그 앞말에 붙여 써야 한다. 조사와 조사가 나란히 올 때도 그 조사들은 모두 붙여 써야 한다.

> 꽃이   꽃을   꽃도   꽃마저   꽃밖에   꽃에서부터
> 꽃으로만 꽃이나마 꽃이다 꽃입니다 꽃으로도 꽃치고는

위의 사례에서 보듯이 글을 쓸 때 어느 것이 조사인지만 명확히 알면 띄어쓰기는 크게 어렵지 않다. 위에 쓰인 어휘들은 '꽃'을 제외하고는 모두 조사이다. 이는 약간의 문법 지

식만 있어도 쉽게 알 수 있다. 그런데도 이 조사들을 '꽃'과 띄어서 쓰는 사람들이 꽤 많다. 아마도 조사라고 하면 대부분 '-이/가, -은/는, -을/를' 등 한 글자로 이루어진 어휘를 떠올리기 때문에 그러리라고 짐작된다. 조사는 두 글자로 이루어진 것들도 여러 개 있다. '에서부터'와 같이 두 음절 조사의 연속인 경우에도 띄어서 쓰는 실수를 많이 한다. 서술격 조사 '이다'는 기본형으로도 쓰이지만 '꽃입니다'에서 보듯이 그 형태가 변하기도 한다. 이럴 경우에도 조사로 인지하지 못하고 띄어서 쓰는 사람들도 있다. 그래서 조사에 대한 분명한 인식만 있어도 상당량의 띄어쓰기 실수를 줄일 수가 있다. 따라서 띄어쓰기를 정확하게 하고 싶다면 중학교와 고등학교 때 배웠던 문법 지식을 잊어버리지 말고 환기하는 게 좋다.

띄어쓰기 실력을 키우는 또 하나의 방법은 합성어에 대한 감각을 키우는 일이다. 앞에서 살펴본 사이시옷 표기와 관련된 규정에서도 합성어를 구분하는 언어 감각은 아주 중요한 일이었다. 띄어쓰기의 원칙은 모든 단어는 띄어쓰기하는 것이니 어느 것이 하나의 단어이고, 어느 것이 하나의 단어가 아닌지를 구분할 수 있어야 하기 때문이다. 여기에는 동사, 형용사의 어간과 어미를 구분할 수 있는 능력이 좀 더 갖춰져 있다면 더욱 좋다. 띄어쓰기에서 우리를 괴롭히는 또 하나의 항목은 '데'나 '만큼'처럼 형태는 같은데 문맥에 따라서 품사가 달라지는 말들이다. 따라서 이러한 어휘들이 문장 안에서 어떤 구실을 하는지 알아볼 수 있을 정도의 언어 감각을 연마하는 것이 좋겠다.

 **[개념 확인 활동]**

띄어쓰기의 원칙은 무엇인가요?

왜 단어들을 규칙에 맞도록 띄어서 써야 할까요?

2. 띄어쓰기의 실제

앞에서 살펴본 바와 같이 띄어쓰기의 원리는 매우 단순하다. 이미 강조하였듯이 원리가 단순하다고 해서 띄어쓰기가 만만한 영역인 것은 아니다. 띄어쓰기 실력을 향상하기 위해서는 어떤 항목이 틀리기 쉬운지를 확인하고, 그 내용을 잘 기억하여 실제 글쓰기에 반복적으로 적용해 보는 것밖에는 방법이 없다. 따라서 여기에서는 틀리기 쉬운 어휘들이 어떤 것들이 있는지 항목별로 살펴보는 편이 효율적일 것이라 판단된다.

띄어쓰기에서 우리를 가장 괴롭히는 항목은 의존 명사이다. 의존 명사는 명사로서의 독립성이 적기 때문에 '의존' 명사이다. 그렇다 보니 문장 속에서 의존 명사를 '명사'로 인지하지 못하는 경우가 많이 발생한다. 더군다나 의존 명사들은 대체적으로 한 음절로 이루어져 있다. 이러한 상황은 의존 명사를 명사가 아니라 조사이거나 어미의 일부로 판단하게 만든다. 의존 명사의 띄어쓰기만 정확하게 익혀도 띄어쓰기 문제에서는 절반 정도는 해방된다고 할 수 있다.

다음 문장들에서 진한 글씨로 표시된 어휘는 모두 의존 명사이다. 따라서 앞말과 띄어서 써야 한다.

너는 걷는 **것**이 활기차다.
일을 하다 보면 그럴 **수**도 있지.
나는 내 **나름**대로 일을 하겠다.

그 소식을 들으니 그저 행복할 **따름**이다.
모든 사람이 연단에 선 **이**를 바라보았다.
그는 그 상황을 전혀 모르는 **체**를 했다.

의존 명사들 중에는 형태는 같은데 문법 영역이 다른 어휘들이 다수 있다. 이러한 의존 명사들이 띄어쓰기를 더욱 어렵게 만든다. 특히 다음과 같이 혼동하기 쉬운 의존 명사와 조사, 의존 명사와 어미, 의존 명사와 접미사에 유의하자. 띄어쓰기에서 가장 많이 오류를 범하는 항목들이므로 자신이 가진 문법 지식을 활용하여서 그 의미와 기능을 파악한 후 정확하게 사용해야 한다.

먼저 형태가 같은 의존 명사와 조사를 살펴보자.

	의존 명사	조사
대로	시키는 **대로** 해. 날이 밝는 **대로** 길을 떠나자. 몸이 약해질 **대로** 약해졌어.	법**대로** 하면 내가 이기지. 너는 너**대로** 나는 나**대로** 서로 갈 길 가야지.
만	고국을 떠난 지 십 년 **만**에 돌아왔다.	나는 너**만** 있으면 돼.
만큼	노력한 **만큼** 대가는 반드시 돌아온다. 까다롭게 구는 **만큼** 마음을 단단히 가져야 한다.	집을 궁전**만큼** 크게 지었다. 나도 너**만큼**은 할 수 있어.
뿐	모두 소리만 지를 **뿐** 누구 하나 돕는 사람이 없었다.	이제 남은 것은 오직 가족**뿐**이다. 그는 친구들에게**뿐**만 아니라 낯선 사람들에게도 언제나 친절하게 대했다. 그해 여름은 무척 더웠다. 그**뿐**만 아니라 비도 아주 많이 왔다.

다음은 의존 명사와, 어미나 어미의 일부가 의존 명사와 형태가 같은 경우들이다. 여기에 해당하는 어미의 경우 의존 명사와 어미의 일부분이 형태가 같다 보니 더욱 혼란이 가중되기도 한다. 이 항목의 띄어쓰기를 실수하지 않기 위해서는 중·고등학생 시절에 배웠던 문법 지식을 기억하는 것이 좋겠다.

	의존 명사	조사
데	지금 가는 **데**가 어디야? 그 길을 다 걷는 **데** 석 달이 걸렸다. 이건 배 아픈 **데** 먹는 약이야.	그 부부는 딸만 셋이**데**. (= 그 부부는 딸만 셋이더라.)
듯	밥을 먹는 **듯** 마는 **듯** 젓가락으로 뒤적거리고만 있다.	땀이 비 오**듯** 쏟아졌다.
바	평소에 느낀 **바**를 말해라. 그는 어찌할 **바**를 몰랐다.	그가 이미 그리 하였는**바** 어쩔 도리가 없다.
지	일을 시작한 **지** 어언 3년이 지났다.	내가 해도 되는**지** 모르겠어. 지금 갈지 말**지** 고민하고 있어.

다음은 의존 명사와 접미사로, 문장 안에서 그 기능이 다르지만 형태는 같은 어휘들이다. 어떤 의존 명사는 다른 명사와 결합하여 합성 명사로 굳어진 것들도 있기 때문에 더욱 유의해야 한다. '부부간, 부자간, 형제간'은 명사 뒤에 의존 명사가 결합하여 합성어로 굳어진 것들이므로 붙여서 써야 한다. 하지만 표준국어대사전에 등재되지 않은 경우는 합성어가 아니라 구이므로 띄어서 써야 한다.

	의존 명사	조사
간	서울과 부산 **간** 고속 열차 부모와 자식 **간**에 예의를 지키자. 무슨 일을 하든지 **간**에 열심히 해라.	이틀**간**/한 달**간**/백 일**간** 대장**간**/외양**간**
님	이몽룡 **님**께서 오셨습니다.	날이 흐려서 해**님**을 볼 수가 없다.
차	그는 부모님 댁을 수십 **차** 방문했다. 집을 막 나서려던 **차**에 전화가 왔다. 결혼 5년 **차**에 아파트를 장만했다.	오랜만에 인사**차** 교수님께 들렀다. 그는 지난달에 사업**차** 멀리 떠났다. 연구**차** 외국에 갔던 그가 돌아왔다.

◆ [기초 학습 활동]

■ 다음 중 맞는 표기를 고르고, 왜 그 표기가 맞는지 설명하세요.

① 아는 것/ 아는것?	'아는 것'이 맞는 표기이다. 한글 맞춤법 제42항은 의존 명사는 띄어 쓴다고 규정하고 있다. 표준국어대사전을 보면 의존 명사는 "의미가 형식적이어서 다른 말 아래에 기대어 쓰이는 명사. '것', '따름', '뿐', '데' 따위가 있다."라고 정의되어 있다. 이처럼 의존 명사는 의미적인 독립성이 없다 보니 명확하게 명사로 인지되지 않을 때가 많다. 또한 어떤 의존 명사는 형태가 명사와 같기도 하고 어미의 일부와 동일하기도 하다. '것'은 가장 대표적으로 많이 쓰이는 의존 명사이므로 '아는 것'으로 써야 한다.
② 기쁠 뿐이다/ 기쁠뿐이다?	'기쁠 뿐이다'가 맞는 표기이다. 어떤 의존 명사는 그 형태가 조사와 동일하다. 그렇다 보니 띄어쓰기에서 오류를 보이는 경우가 많다. 특히, '뿐'의 경우 '뿐만 아니라'의 형태로 문장의 제일 앞에 놓이는 오류가 자주 발견된다. '뿐만 아니라'는 '뿐(의존 명사)+만(조사)+아니라(형용사)'로 이루어져 있으므로 문장의 제일 앞에 놓일 수가 없다. 따라서 '그뿐만 아니라, 이뿐만 아니라, 그 사람뿐만 아니라' 따위와 같이 써야 한다. 여기서는 문장 안에서 형용사의 수식을 받는 의존 명사이므로 '기쁠 뿐이다'와 같이 표기해야 한다.
③ 노력한 만큼/ 노력한만큼?	

④ 머리 아픈 데 먹는 약/ 머리 아픈데 먹는 약?	'머리 아픈 데 먹는 약'이 맞는 표기이다. 어떤 의존 명사는 어미의 일부와 그 형태가 같아서 띄어쓰기에 혼란을 느끼는 일이 많다. 특히 '데'는 일상적으로 오류가 많이 보이기도 하고 한글 프로그램에서도 오류를 확인하기가 어려운 항목이다. 의존 명사 '데'는 문장 안에서 '곳(장소), 일, 경우'로 쓰인다. 따라서 다른 명사와 바꾸어서 문장을 완성하는 것이 가능하다. 여기에서는 '머리 아픈 데'를 '머리 아픈 일(에)'로 바꿔 쓸 수 있으므로 '머리 아픈 데 먹는 약'으로 표기해야 한다.
⑤ 어찌할 바를 몰랐다./ 어찌 할바를 몰랐다.	
⑥ 해님/ 해 님/ 햇님?	'해님'이 맞는 표기이다. 의존 명사 '님'은 '그 사람을 높여 이르는 말.'이다. 접미사 '-님'은 '사장님, 총장님'처럼 직위나 신분을 나타내는 일부 명사 뒤에 붙어서 '높임'의 뜻을 더하거나, '해님, 달님, 토끼님'과 같이 사람이 아닌 일부 명사 뒤에 붙어 '그 대상을 인격화하여 높임'의 뜻을 더하거나, '공자님, 부처님, 예수님'처럼 옛 성인이나 신격화된 인물의 이름 뒤에 붙어 '그 대상을 높이고 존경의 뜻'을 더하는 접미사이다. 이와 같은 이유로 '해님'이 맞는 표기이며 '햇님'으로 쓰지 않도록 주의해야 한다.
⑦ 수십 차/ 수십차?	

⑧ 나 에게 뿐만 아니라/ 나에게 뿐만 아니라/ 나 에게 뿐만 아니라	
⑨ 열 살/열살?	'열 살'이 맞는 표기이다. 한글 맞춤법 제43항은 단위를 나타내는 명사는 띄어 쓰도록 정하고 있다. 따라서 '열 살'로 띄어 쓰는 것이 맞다.
⑩ 제일차/ 제일 차/ 제 일차/ 제 일 차	

그 밖에도 쓸 때마다 혼란을 겪는 띄어쓰기들을 살펴보자. 용언의 띄어쓰기에서 어려움을 겪는 항목은 본용언과 보조 용언이 결합되어 나타나는 경우이다. 한글 맞춤법 제47항은 보조 용언은 띄어 씀을 원칙으로 하되, 경우에 따라 붙여 씀도 허용하고 있다. 이 원칙에 따라서 '비가 올 성싶다.'는 원칙이고, '비가 올성싶다.'는 허용이므로 두 문장 중 어느 쪽으로 써도 자연스러운 표기이다. 이 밖에도 '듯하다, 만하다, 법하다, 척하다, 양하다, 체하다, 뻔하다' 따위도 '성싶다'와 같이 쓰면 된다. 다만, 의존 명사 뒤에 조사가 붙거나 본용언과 보조 용언 사이에 조사가 붙는 경우에는 붙여 쓰지 않는다. 이를 정리해 보면 다음과 같다.

> 눈이 올 듯하다.   눈이 올듯하다.   눈이 올 듯도 하다.
> 비가 올 만하다.   비가 올만하다.   비가 올 만도 하다.
> 비가 그칠 법하다.   비가 그칠법하다.   비가 그칠 법도 하다.
> 그가 모르는 척한다.   그가 모르는척한다.   그가 모르는 척만 한다.
> 그는 얼이 빠진 양한다.   그는 얼이 빠진양한다.   그는 얼이 빠진 양만 한다.

본용언과 보조 용언은 위의 사례들을 참조하여 각각의 경우에 적용하면 띄어쓰기의 오류가 줄어들 것이다.

참고로, 명사 '알은척, 알은체', 동사 '알은척하다, 알은체하다'는 하나의 단어이므로 띄어 쓰지 않도록 한다. 따라서 '그가 먼저 나에게 알은척했다. / 남의 일에 함부로 알은체하지 마라.'와 같이 써야 한다.

또한 앞말이 합성 동사인 경우에는 본용언과 보조 용언을 띄어 쓰도록 한다. 세 개의 동사를 붙여 쓰게 되면 하나의 의미 단위가 너무 길어지기 때문이다. 따라서 '강물이 흘러내려왔다.'라 쓰지 않고 '강물이 흘러내려 왔다.'와 같이 본용언과 보조 용언을 띄어서 쓴다.

다음으로는 명사구와 합성 명사의 띄어쓰기에 대해 알아보자. 합성 명사는 '둘 이상의 말이 결합된 명사.'를 이른다. 합성 명사는 이미 하나의 단어로 굳어진 것으로 표준국어대사전에 표제어로 등재되어 있다. 그러므로 합성 명사는 당연히 붙여서 써야 한다. '가슴속, 마음속, 땅속, 물속, 꿈속, 바닷속'은 표준국어대사전에 등재되어 있으므로 붙여서 쓰면 된다. '숲속'은 예전에는 구로 판단되어 사전에 오르지 못했으나 최근에 합성 명사로 인정되어 '숲의 안쪽.'이라는 의미로 등재되었다. 하지만 '수박 속, 연필 속, 이불 속, 우물 속, 건물 속' 등은 명사구에 해당하므로 띄어서 써야 한다.

이처럼 한 글자로 이루어진 명사의 띄어쓰기는 매우 까다롭고 어렵다. 어떤 것이 합성 명사이고 어떤 것이 명사구인지 구별하기가 쉽지 않기 때문이다. 자신의 문법 지식과 언어 감각만으로 합성 명사인지 명사구인지를 판별하기가 어려울 때는 표준국어대사전을 확인하는 것이 최선의 방법이다.

다음은 '속'처럼 어떤 경우에는 합성 명사의 일부로, 어떤 경우에는 명사로 그 쓰임이 달라지는 어휘들이다. 다시 말하지만, 이 어휘들의 띄어쓰기는 상당히 어렵고 까다롭다. 반복해서 실제 언어생활에 적용해 봄으로써 몸으로 익히는 수밖에는 다른 방법이 없으니, 자신의 실제 언어생활에서 자주 사용해 보도록 하자. 여기에서 제시하는 어휘들도 극히 일부일 뿐이므로 한 음절 명사인 경우에는 그 쓰임에 늘 주의하도록 한다.

표제어	합성어	명사구
+각(角)	경사각, 밑각, 위치각, 입사각	진입 각
+갑	담뱃갑, 비눗갑, 성냥갑, 우유갑	화장품 갑
+놈	아들놈, 어린놈, 아랫놈	손자 놈, 조카 놈, 친구 놈
+밖	창밖, 문밖	집 밖, 나라 밖
+벽(壁)	철벽	씨방 벽
부실(不實)+	부실기업, 부실시공	부실 금융
+성(城)	모래성	유리 성
+약(藥)	설사약, 변비약, 눈약, 피부약	촌충 약
+음(音)	마찰음	주요 음, 발파 음
+잎	나뭇잎, 호박잎	싸리 잎, 봉선화 잎, 상추 잎
+자(字)	로마자	기역 자, 엑스 자
+차(差)	개인차	실력 차, 압력 차
+차(車)	승용차, 응급차	호송 차
+통(桶)	물통, 술통, 밥통, 쓰레기통	빨래 통, 반찬 통, 플라스틱 통
+편(篇)	대화편	기초 편, 수필 편
+함(函)	보석함, 사물함, 보관함	열쇠 함, 분리수거 함

다음은 위에서 설명한 것과는 다르게 항상 합성 명사의 일부로 취급하는 명사들이다.

'값'은 일부 명사 뒤에 붙어 "'가격', '대금', '비용'의 뜻을 나타내는 말./ '수치'의 뜻을 나타내는 말." 등으로 쓰인다. 표준국어대사전의 '값' 항목을 검색하여 내용을 확인해 보면 이와 같은 의미 설명 뒤에 '기름값, 물값, 물건값/변숫값, 분석값, 위상값'이 이에 해당하는 어휘들로 기술되어 있다.

표준국어대사전에 이 어휘들만 기술되어 있다고 해서 이들을 제외한 'ㅇㅇ값'은 모두 띄어서 써야 하는 것으로 파악하면 안 된다. 사전상에 '일부 명사 뒤에 붙어' 등의 설명이 있는 경우는 사전에 용례로 제시된 것들 이외에도 늘 붙여서 쓴다는 것을 의미하기 때문이다. 지금은 표준국어대사전이 인터넷상에서 제공이 되지만, 원래 이 사전은 종이와 시디(CD)로 제작되었다. 그로 인해 공간상의 제약이 있어서 원칙에 해당하는 모든 사례를 기록하지 못한 것이다. 그러므로 '일부 명사 뒤에 붙어'와 같은 설명이 있는 경우에는 사전에 제시된 용례뿐만 아니라 그 나머지 사례들도 사전과 동일한 원칙을 적용하여야 한다. 따라서 '값'은 그 앞에 어떤 말이 오든지에 관계없이 '가격, 대금, 비용, 수치'의 뜻일 경우에는 모두 붙여서 써야 하는 것이다.

이처럼 표준국어대사전에는 등재되어 있지 않더라도 합성 명사로 보고 반드시 붙여서 써야 하는 어휘들을 살펴보자. 이러한 어휘들은 매우 많지만 여기서는 일상적으로 오류가 많이 보이는 것들로 간추려서 제시하겠다. 이 경우는 사전 등재어뿐만 아니라 사전 미등재어들도 하나의 단어로 보아 붙여서 써야 한다.

표제어	합성어	명사구
+감	사윗감, 장군감, 신랑감, 신붓감 구경감, 놀림감, 빨랫감, 안줏감	회장감, 대통령감, 반장감
+값	옷값, 책값, 밥값, 떡값, 물값, 술값	기름값, 물건값, 신문값, 음식값 변숫값, 분석값, 위상값, 저항값
+거리	반찬거리, 국거리, 안줏거리	논문거리
+구이	갈치구이	생선구이, 돼지양념구이
+국	고깃국, 고김칫국, 나물국, 동탯국, 된장국, 만둣국, 뭇국, 미역국, 순댓국, 시금칫국	황탯국

1부 정확한 의사소통

+길	등굣길, 출근길, 여행길	산책길, 시장길
+꽃	장미꽃, 개나리꽃	도라지꽃, 무궁화꽃, 목련꽃, 민들레꽃
+덩어리	골칫덩어리, 사곳덩어리	애곳덩어리
+마님	영감마님, 대감마님	나리마님
+마마	상감마마, 아바마마	대비마마, 대왕마마
모(母)+	모기업, 모회사	모은행
+무침	오징어무침, 가오리무침	미나리무침
반(半)+	반죽음, 반직업적	반감옥살이, 반농담
+밭	갈대밭	고추밭, 녹차밭, 담배밭, 배추밭
+병(甁)	기름병, 유리병	플라스틱병, 링거병, 요구르트병
+볶음	버섯볶음, 갈비볶음	멸치볶음
+상(像)	관음상, 기마상	아버지상, 교사상, 성모 마리아상
+색(色)	노란색, 빨간색, 딸기색	바이올렛색
+씨	볍씨, 복숭아씨, 살구씨, 호박씨	굴씨, 배추씨, 사과씨, 조개씨
+알	감자알, 바둑알, 밤알, 씨알	머루알, 은행알, 타조알
+즙(汁)	겨자즙, 과일즙	미나리즙, 석류즙, 배즙, 양파즙, 칡즙
+집	국숫집, 고깃집, 꽃집, 점집	갈빗집, 피자집
+튀김	고구마튀김, 닭튀김	오징어튀김
+표(表)	가격표, 시간표, 조사표, 분류표	목록표, 세율표, 생활표, 배열표
+표(票)	차표, 기차표, 배표, 찬성표, 반대표	비행기표, 영화표

위 목록에서 표기에 특별히 주의해야 할 항목들은 '감, 값, 거리, 길, 집, 덩어리' 등이다. 이 어휘들은 그 앞에 어떤 소리가 오든 다른 말과 결합하면 그 첫소리가 된소리로 난다.

그러므로 반드시 사이시옷을 받치어 적도록 한다. 이처럼 합성어는 띄어쓰기뿐만 아니라 한글 맞춤법에도 좀 더 주의를 기울이도록 한다.

[기초 학습 활동]

■ 다음 중 맞는 표기를 고르고, 왜 그 표기가 맞는지 설명하세요.

① 비가 올 듯도 하다/ 비가 올듯도 하다/ 비가 올듯도하다?	
② 그가 먼저 나에게 알은척했다/그가 먼저 나에게 알은 척 했다?	
③ 우유갑/우유 갑?	
④ 부실기업/ 부실 기업?	
⑤ 빨래 통/빨래통?	
⑥ 양파즙/양파 즙?	
⑦ 최댓값/최대값?	

⑧ 만둣국/만두국?	
⑨ 산책길/산책 길?	
⑩ 플라스틱병/ 플라스틱 병?	

 [심화 학습 활동]

■ 다음의 문장들을 원칙에 따라 올바르게 띄어서 쓰세요.

번호	띄어쓰기 오류	띄어쓰기 수정
①	고향을떠난지벌써십년이넘었다.	
②	곧비가올듯하니바람이불듯도하다.	
③	나는일등을하기위해서밤낮없이미친듯이노력했을뿐이다.	
④	그사람과그렇게다투고헤어진건벌써30여년전일이다.	
⑤	그이는대학교는커녕고등학교도다녀본적이없다.	
⑥	그일을끝내는데몇년이걸렸어요?	
⑦	그친구에게는그럴만한이유가충분히있었다.	
⑧	모두합치면안되어도삼백명은될것이다.	
⑨	사원들격려차늦은시간에사장님이작업장에오셨다.	
⑩	어머,너도대체이게얼마만이야?	
⑪	어머니서께서는꾸중은커녕오히려격려를많이해주셨다.	
⑫	이번일을잘마치려면좀더많은사람들의힘을모아야한다.	
⑬	이제더이상도망칠데도없었다.	
⑭	준비된자료를살펴본바몇가지쟁점이발견되었다.	
⑮	하던사업을계속할지말지지금당장결정해야한다.	

■ 다음의 사진을 자신의 사회관계망 서비스(SNS)에 올려 보세요.

	1. 어떤 주제로 올릴까요?
	2. 해시태그로 설정할 단어들을 쓰세요
	3. 내용을 다섯 문장으로 쓰세요.

4. 3번에서 제시한 문장의 띄어쓰기가 옳은지 표준국어대사전 등을 활용하여 확인하세요.
   표기에 오류가 있는 단어가 있다면 사전에서 확인한 표기로 바로잡으세요.

5. 다른 친구들은 어떤 문장을 썼는지 확인하세요.

6. 다른 친구들이 설정한 단어들에는 오류가 없는지 확인하세요. 오류가 있다면 표준국어대사전 등을 활용하여 바로잡으세요.

■ 다음의 내용을 더 알아보세요.

1. 국립국어원 누리집 → 어문 규범 → 한글 맞춤법 → 제5장 띄어쓰기에서 위에서 언급한 내용 이외에 어떤 규정들이 있는지 더 찾아보세요.

2. 1번의 활동 내용에 비추어 자신의 일상적인 언어생활에서 오류가 있었는지 확인하세요.

3. 1번의 활동 내용을 참고하여 인터넷상이나 주변 환경에서 띄어쓰기가 잘못된 사례를 찾아보세요.

4. 2번과 3번에서 확인한 오류를 표준국어대사전을 활용하여 띄어쓰기 규정에 맞도록 바로잡으세요.

참고문헌
국립국어원(https://www.korean.go.kr)
국립국어원 표준국어대사전(https://stdict.korean.go.kr)
이수라 외, 『융복합 시대의 교양 글쓰기』(글누림, 2015)

3장
외래어표기법: 외래어와 다듬은 말

단원 설정 배경

여러 문화의 교류는 반드시 언어의 교류를 수반하며, 그에 따라 우리 사회에도 외국어가 많이 유입되었다. 지금은 외래어와 외국어의 구분이 무의미할 만큼 수많은 외국어가 일상적으로 사용되는 시대이다. 그러다 보니 외래어·외국어를 사용할 수 있는 사람과 그렇지 못한 사람 사이의 위화감이 조성된다든가, 외래어·외국어를 제멋대로 표기하여 기본적인 의사소통에 문제가 발생하는 경우도 있다. 한국어의 어문 규범에는 이미 외래어·외국어를 표기하는 기본 규칙이 정립되어 있다. 이 규칙에 따라서 외래어·외국어를 적어야 사용자 간에 원활한 의사소통이 가능하다.

한편, 외래어·외국어를 모두가 이해할 수 있는 쉬운 우리말로 표현하려는 노력도 계속되어야 한다. 외래어·외국어를 사용하기 편하다고 해서 그냥 그대로 둔다면 언젠가는 외래어·외국어 어휘의 양이 우리말 어휘의 양보다 많아지는 일이 생길 수도 있다. 그렇게 된다면 우리말의 정체성은 혼란을 겪게 될 것이다. 따라서 외래어·외국어를 부득이하게 사용해야 하는 경우에는 표기법에 따라서 정확하게 적으려는 노력을, 대체가 가능한 외래어·외국어는 우리말로 다듬어서 사용하려는 노력을 계속해야 한다.

단원 설정의 필요성

이미 외래어·외국어는 우리의 언어생활에서 큰 비중을 차지하고 있다. 한국 사회는 기술 문명의 발달 속도가 빠르고 외국과의 교류가 매우 활발하다. 그에 따라 외래어·외국어의 유입도 순식간에 이루어진다. 그런데 외래어·외국어가 무분별하게 표기되고 외국어가 외국어인 채로 사용되는 일이 많다 보니, 이로 인해서 의사소통이 원활하지 못한 경우도 생겨난다. 이를 극복하기 위해서는 외래어·외국어는 규정에 따라 표기하고 우리말로 대체 가능한 표현은 우리말로 사용할 필요가 있다.

학습 목표

1. 외래어 표기법의 기본 원리를 알고 이를 정확하게 적용할 수 있다.
2. 외래어 표기법에 어긋난 표기를 구분하고 이를 정확한 표기로 수정할 수 있다.
3. 외국어를 우리말로 다듬어 사용할 수 있다.

목표 핵심 역량

1. 외래어 표기법의 기본 원리를 알고 정확한 의사소통 능력을 키운다.
2. 외래어의 오류 표기를 확인하고 이를 수정하는 능력을 향상하여 정보 처리 능력을 키운다.
3. 다듬은 말을 사용하여 실제 언어생활에서 의사소통 능력을 키운다.

핵심어

외래어, 외국어, 외래어 표기법, 다듬은 말

[생각할 거리]

■ 이것은 〈임신서기석〉입니다. 이 시대의 사람들에게 외래어와 외래 글자는 어떤 의미였을까요?

■ 길거리에서 외래어, 외국어로 쓰인 간판을 자주 보시나요?

■ 외래어, 외국어로 쓰여 있는 간판을 보면 어떤 생각이 드는지 말씀해 보세요.

1. 외래어와 외국어

외래어란 '외국에서 들어온 말로 국어에서 널리 쓰이는 단어.'를 말한다. 원래는 한국어가 아니었으나 한국 사회에 유입되어 한국어처럼 쓰이는 말들이 여기에 속한다.

잘 알려져 있다시피, 이제는 고유한 한국어 어휘처럼 여겨지는 담배, 빵 등도 본래는 외국어였다. 담배는 포르투갈어 tabaco를 한자로 음차 표기하여 사용하는 과정에서 담배로 변형되고, 빵 역시 포르투갈어인 pão가 변화하여 정착한 어휘이다. 심지어는 딱 들어도 고유어가 아니라는 걸 쉽게 알 수 있는 컴퓨터, 텔레비전, 라디오 등을 순수한 우리말로 생각하는 어린아이들도 있다. 그 아이들은 태어나면서부터 그 어휘들을 일상에서 듣고 사용하면서 자랐기 때문에 그렇게 생각할 수도 있을 것이다. 이처럼 외래어는 컴퓨터, 텔레비전, 라디오 등과 같이 한국어 어휘로 바꾸고자 하여도 도저히 바꿀 수가 없는 말들이다.

이에 비해 외국어는 '외국에서 들어온 말로 아직 국어로 정착되지 않은 단어.'를 뜻한다. '무비(movie), 밀크(milk)' 따위는 한편으로는 '무비, 밀크'로 쓰이지만 그보다는 '영화, 우유'가 더 일반적으로 사용된다. '카피/카피하다, 오픈/오픈하다, 치킨'을 살펴보면 이런 면이 더욱 확실하게 나타난다.

원어	쓰임	의미
copy	카피 카피하다	복사 복사하다
open	오픈 오픈하다	개업 개업하다
chicken	치킨	튀김닭

영어 'copy'는 '복사, 사본, 복사하다' 등을 의미하는 단어이다. 한국어 어휘인 '복사/복사하다'를 대신해 이 단어를 사용한다. 외국어 원어와 한국어의 쓰임에 그다지 차이가 안 나는 경우이다. 다시 말해, 한국어 어휘로 사용하여도 될 것을 굳이 외국어 어휘로 사용하는 사람들이 있다는 뜻이다

그에 비해 영어 'open'은 한국어 안에서는 다소 제한적인 의미로 사용된다. 'open'은 동사로 쓰일 때 '열다, 개방하다, 공개하다, 시작하다' 등의 의미를 나타낸다. 그런데 한국어 안에서는 이 단어는 유독 '개업/개업하다'의 의미로 많이 사용된다. 일상 언어생활에서 '창문 좀 오픈하자.' 등의 표현은 일반적으로 사용하지 않지만, '오픈 특가, 오픈 이벤트, 오픈 기념' 등이라고 적힌 커다란 광고판은 수없이 보았을 것이다. 이 글귀들은 '개업 특가, 개업 (특별) 행사/개업 이벤트, 개업 기념' 등으로 바꾸어 쓰는 편이 더 자연스럽고 보는 사람이 이해하기도 쉽다.

그런가 하면 'chicken'은 매우 특별한 방식으로 사용되고 있다. 본래 'chicken'은 '닭', 즉 표준국어대사전에 '머리에 붉은 볏이 있고 날개는 퇴화하여 잘 날지 못하며 다리는 튼튼하다.'고 소개되어 있는 꿩과의 새를 이르는 말이다. 그런데 한국어 안에서 '치킨'은 유독 '튀김닭'을 지칭한다. 그중에서도 통째로 튀겨 익힌 닭고기는 '통닭'이라 구별하여 부르고, 토막을 내어 튀김옷을 입힌 다음 튀겨 익힌 닭고기만을 '치킨'이라 부른다. 그 이외의 닭은 '닭'이라 부르지, 결코 '치킨'이라 부르지 않는다. 또한 '치킨'이라 부르는 닭요리를 절대로 '튀김닭'으로 부르지도 않는다. 이는 'chicken'이라는 외국어가 매우 제한적인 대상을 지칭하는 '치킨'으로 변화한 사례이다.

이처럼 외국어 어휘들은 한국어 안으로 유입되어서 다양한 형편에 놓인다. 어떤 어휘는 고유어와 구분되지 않는 외래어로 사용된다. 어떤 어휘는 여전히 한국어로 대체할 수 있는 외국어인 상태로 남아 있다. 어떤 어휘는 새로운 쓰임은 획득하였지만 아직은 외래어의 자격을 부여하기에는 좀 애매한 형편인 경우도 있다.

어느 시대에나 다양한 말들이 생겨나서 어떤 어휘들은 사회적으로 그 쓰임을 인정받아 사용되기도 하고, 어떤 어휘들은 단기간에만 사용되다가 사라지기도 한다. 그런가 하면 어떤 어휘들은 그 언어권 안에 정착하여 오래오래 사용되기도 한다.

사회, 문화가 변화하면 어휘도 변화하기 마련이다. 새로운 문화가 유입되면 그 문화와 함께 새로운 어휘들, 즉 외국어 어휘들이 유입되는 것은 당연한 현상이다. 새로운 과학 기술이 발전하고 새로운 사물들이 발명되면 그것들을 지칭하기 위한 새로운 단어들이 만들어지는데, 그 단어들은 어떤 것은 한국어에 기반을 두고 만들어지기도 하지만 어떤 것은 외국어에서 유입되기도 한다. 이처럼 외국어의 유입은 매우 자연스럽고 당연한 현상이다. 더군다나 한국처럼 기술 발달 속도가 매우 빠르고 다양한 국가와의 교류가 활발한 사회는 더욱 그러하다. 따라서 외국어가 유입되고 그 외국어를 한국어 어휘 안에 받아들이는 일은 자연스러운 일이다.

그렇다 하더라도 새로운 외국어가 유입될 때마다 그대로 사용되도록 내버려 둔다면 이후 여러 문제가 발생할 수 있다. 위에서 본 사진과 같이 원어가 외국어인데 한글로 표기했거나 아예 외국어로만 표기한 간판들이 즐비한 경우를 많이 경험했을 것이다. 그중에서는 무슨 의미인지를 도저히 유추할 수조차 없어서 그 간판을 내건 가게가 무슨 상품을 취급하는지를 알 수 없는 경우도 있다. 표준국어대사전에서 간판의 정의를 찾아보면, 간판은 '기관, 상점, 영업소 따위에서 이름이나 판매 상품, 업종 따위를 써서 사람들의 눈에 잘 뜨이게 걸거나 붙이는 표지(標識).'이다. 이것을 보면 간판은 본래 타인과의 적극적인 소통을 목적으로 하여 제작된 물건임을 쉽게 유추할 수 있다. 이러한 목적에 부합하려면 누구나 쉽게 이해할 수 있는 표현을 사용하여 간판을 제작하는 것이 맞다.

문자 언어가 되었든 음성 언어가 되었든 언어가 존재하는 가장 기본적인 목적은 타인과의 수월한 의사소통이다. 그리고 한 사회 안에서는 그 소통에 문제가 발생하지 않도록 하기 위하여 공용어를 정하여 사용한다. 한국 사회는 한국어를 공용어로 하고 있다. 따라서 가장 기본적으로는 한국어로 소통하고자 하는 노력을 기울이는 태도를 가지는 것이 마땅하다.

 [더 생각할 거리]

> 일상적인 언어생활에서 외국어를 많이 사용하는 편인가요?
> 외국어를 많이 사용하는 편이라면 어떤 이유에서 그러는지 서로 이야기를 나누어 보세요.

> 자신이 사용하는 외국어에는 어떤 것들이 있나요?
> 그 어휘들을 적절한 우리말 어휘로 바꾸어 보세요.

2. 외래어 표기법의 원리와 실제

외래어 표기법은 외래어를 한글로 표기하는 방법을 정한 규범이다. 다시 말해, 외래어 표기법은 외래어를 어떻게 표기할 것인지를 정한 규칙이지, 외래어를 어떻게 발음할 것인가를 정한 규칙이 아니다. 외래어 표기법은 한국어를 사용하는 사회 구성원들끼리 원활하게 의사소통을 하도록 표기를 통일하는 규칙을 정한 것이다. 외래어 또는 외국어를 어떻게 발음하는지에 관한 것은 규정에 포함되지 않는다. 즉, 영어 단어인 'orange'는 '오렌지'로 쓰기로 정하되, 이것을 개별 개인이 말할 때 '오렌지'라고 하든지 '어린쥐'라고 하든지에 대해서는 규정하지 않는다.

한때, '짜장면'이 아닌 '자장면'을 표준 표기로 인정한다고 발표하자 언중들의 거센 반발이 있었다. 마치 아버지를 아버지라 부르지 못하고, 형을 형이라 부르지 못하는 홍길동처럼 우리도 짜장면을 짜장면이라 부르지 말라는 거냐고 농담 섞인 항의를 하기도 했다. 이는 외래어 표기법이 발음이 아니라 표기에 관한 규정이라는 점을 이해하지 못한 데서 빚어진 일이었다고 보인다. 자장면을 표준 표기로 삼는다는 것은, '고기와 채소를 넣어 볶은 중국 된장'에 비벼 먹는 중국식 국수는 외래어 표기법의 원칙에 따르면 짜장면이 아니라 자장면으로 표기하기로 약속한다는 의미이다. 하지만 그 이후에도 조사 대상의 3분의 2가 넘는 언중들이 자장면이 아니라 된소리인 짜장면으로 표기하거나 발음한다는 실태가 조사되면서 자장면과 함께 짜장면도 표준 표기로 인정되었다. 이는 동일한 대상을 지칭하는 말이 현재 표준어로 규정된 말 이외에도 같은 뜻으로 많이 쓰이는 말이 있다면 이 또한 표준어로 인정한다는 기본 정신에 입각하여 결정된 일이다. 이에 따라 현재는 '자장면, 짜장면' 두 가지 표기 모두 표준어로 인정된다.

이처럼 외래어 표기법은 우리 사회의 구성원들이 외래어를 사용할 때 서로 오해가 없이 원활하게 소통할 수 있도록 하기 위하여 그 표기 규칙을 정한 것이다. 하나의 대상을 지시하는 어휘가 여러 형태로 표기된다면 그 역시 언어 질서를 어지럽히게 된다. 일상 언어생활에서 'doughnut'이라는 영어 단어의 다양한 표기를 쉽게 발견할 수 있다. '도넛, 도우넛, 도나스, 도너스, 도너츠' 등이 그것이다. 'chocolate'은 '초컬릿, 초콜릿, 초콜렛, 초코레트, 초콜렡' 등 여러 형태의 표기가 공존한다. 이와 같이 하나의 어휘를 각자 제 마음대로 적기로 한다면 그 의미를 분명하게 전달하지 못하는 일이 발생할 수 있다. 이는 우리가 '꽃을, 꽃도, 꽃만' 등을 소리 나는 대로 '꼬츨, 꼳또, 꼰만' 등으로 적지 않는 것과 같은 이치이다. 따라서 규범에 맞는 외래어 표기는 효과적이고 정확한 의사소통을 위해 반드시 지켜야 할 영역이다.

위 표기 세칙에는 없지만, 외래어 표기법에는 매우 중요한 원칙이 더 있다. 그것은 외래어를 한글로 표기할 때 그 소리의 기준은 현지인의 발음이라는 사실이다. 그러니까 영어에서 온 외래어를 한글로 표기할 때는 영어 모어 화자들의 발음이 표기의 대상이 되고, 아랍어에서 온 외래어를 한글로 표기할 때는 아랍어 모어 화자들의 발음이 표기의 대상이 된다. 사정이 이러하다 보니, 외래어를 한글로 정확하게 표기하는 일은 그리 쉬운 일은 아니다. 또 언어들마다 발음 체계가 달라서 표기 능력이 탁월한 한글 자모로도 표현할 수 없는 소리들도 있다. 한 국가 안에서도 동일한 자모의 소리가 지역마다 다를진대, 외국어의 소리를 한글 자모로 똑같이 구현한다는 것은 사실상 불가능한 일이다. 그런 면들이 있기는 하지만 외래어 표기법은 본래 외국인 화자를 위한 것이 아니라 한국인 화자를 위한 것이라는 기본 원칙을 기억한다면 이 문제는 쉽게 해결된다. 그러니까 우리끼리 알아듣기 위해서 이 외래어의 표준 표기를 어떻게 정할까 하는 내용이 외래어 표기법이 추구하는 궁극적인 목표이다.

📖 **[개념 확인 활동]**

외래어 표기법은 무엇인가요?

자장면, 짜장면이 복수 표준어가 된 이유는 무엇인가요?

1) 외래어 표기 원칙과 표기 세칙

외래어 표기법의 원칙은 다음과 같다.

> 제1항 외래어는 국어의 현용 24 자모만으로 적는다.
> 제2항 외래어의 1 음운은 원칙적으로 1 기호로 적는다.
> 제3항 받침에는 'ㄱ, ㄴ, ㄹ, ㅁ, ㅂ, ㅅ, ㅇ'만을 쓴다.
> 제4항 파열음 표기에는 된소리를 쓰지 않는 것을 원칙으로 한다.
> 제5항 이미 굳어진 외래어는 관용으로 존중하되, 그 범위와 용례는 따로 정한다.

제1항에 따라 외래어는 현재 사용하고 있는 국어 24개의 자모로만 적을 수 있다. 이는 한국어에는 존재하지 않는 발음들, 예컨대 영어의 [v], [f], [θ], [ð] 등의 발음을 표기하기 위하여 새로운 자모를 만들지 않기로 정한다는 뜻이다.

위와 같은 원칙에 따라 아래의 표와 같은 표기 일람표가 작성되었다. 이 일람표는 국제 음성 기호를 한글 자모로 어떻게 표기하는지를 알려 준다. 이미 잘 알고 있는 바와 같이, 한글은 아주 훌륭한 표음 문자이다. 그래서 한글은 다른 문자들에 비해 표기할 수 있는 소리가 아주 많다. 아래의 일람표를 보면 한글은 아주 다양한 소리를 표기할 수 있다는 사실을 확인할 수 있다. 따라서 새로운 외래어 또는 외국어를 만났을 때 그것을 외래어 표기법의 원칙에 따라 적고 싶다면 아래 표를 참조하면 된다.

자음			반모음		모음	
국제 음성 기호	한글		국제 음성 기호	한글	국제 음성 기호	한글
	모음 앞	자음 앞 또는 어말				
p	ㅍ	ㅂ, 프	j	이*	i	이
b	ㅂ	브	ɥ	위	y	위
t	ㅌ	ㅅ, 트	w	오, 우*	e	에
d	ㄷ	드			ø	외
k	ㅋ	ㄱ, 크			ɛ	에
g	ㄱ	그			ɛ̃	앵
f	ㅍ	프			œ	외
v	ㅂ	브			œ̃	욍
θ	ㅅ	스			æ	애
ð	ㄷ	드			a	아
s	ㅅ	스			ɑ	아
z	ㅈ	즈			ɑ̃	앙
ʃ	시	슈, 시			ʌ	어
ʒ	ㅈ	지			ɔ	오
ʦ	ㅊ	츠				옹

ʤ	ㅈ	즈			o	오
ʧ	ㅊ	치			u	우
ʤ	ㅈ	지			ə**	어
m	ㅁ	ㅁ			ɚ	어
n	ㄴ	ㄴ				
ɲ	니*	뉴				
ŋ	ㅇ	ㅇ				
l	ㄹ, ㄹㄹ	ㄹ				
r	ㄹ	르				
h	ㅎ	흐				
ç	ㅎ	히				
x	ㅎ	흐				

그런데 외래어 표기법의 세칙을 알고 있고, 위 일람표의 표기 원칙을 알고 있어도 외래어를 한글로 표기하는 일은 그리 쉬운 일이 아니다. 이는 이미 앞에서 언급한 대로, 외래어 표기를 정할 때 그 기준은 현지 화자들의 발음이기 때문이다. 그래서 외래어 표기법을 좀 더 깊이 알고자 할 때는 위의 표를 외워서 적용하는 것보다는 실제 사례들을 중심으로 학습하는 것이 더 효율적인 듯하다.

우리는 일상생활에서 아주 많은 외래어와 외국어를 사용한다. 이는 기술 발달 속도가 빠르고 외국과의 교류가 활발한 한국의 사회·문화적 특성에서 기인하는 것이기도 하다. 우선 자주 사용하는 외래어와 외국어의 정확한 표기를 익히고, 그 내용을 새롭게 알게 되는 외래어와 외국어에 적용하면서 표기 원칙에 대한 정보를 확장해 가는 것이 좋겠다.

여기에서는 이러한 방법을 적용하여 일상적인 언어생활에서 자주 사용하면서도, 그것을 표기할 때 자주 틀리는 외래어 항목들을 중심으로 하여 외래어의 정확한 표기법을 살펴보겠다.

자음의 표기와 관련해서는 영어 알파벳의 'f'로 시작하는 말, 'k, t, f'로 끝나는 말, 'c, p, s' 등으로 시작하는 말들에서 틀린 표기가 자주 발견된다. 위의 일람표에서 알 수 있듯이 알파벳 'f'는 'ㅍ'으로 적기로 하였다. 따라서 'fighting'은 '화이팅'이 아니라 '파이팅'이 맞는 표기이다.

외래어 표기법 제3항은 받침에는 'ㄱ, ㄴ, ㄹ, ㅁ, ㅂ, ㅅ, ㅇ'만을 쓰는 것으로 정하고 있다. 이에 따라 어말에 오는 'k, t, f'는 'ㅋ, ㅌ, ㅍ'로 쓸 수 없다. 따라서 'supermarket'은 '슈퍼마켓'으로, 'racket'은 '라켓'으로, 'coffeeshop'은 '커피숍'으로 적어야 한다.

외래어 표기법 제4항은 파열음 표기에는 된소리를 쓰지 않는 것을 원칙으로 하고 있다. 한국어는 하나의 단어에 쓰인 자음이 예사소리인지, 거센소리인지, 된소리인지에 따라 그 의미가 구분된다. '달, 탈, 딸'이라든가 '물, 풀, 뿔'은 자음에 따라 그 의미가 확연하게 구분된다. 하지만 의외로 이 세 가지 종류의 자음이 분명한 의미 변별 자질로 기능하는 언어는 그리 많지 않다. 우리에게 매우 익숙한 영어, 독일어, 프랑스어, 일본어 등이 대개 이러한 특성이 없다. 따라서 이런 언어권에서 온 외래어를 표기할 때는 된소리를 쓰지 않고 거센소리를 써서 표기한다. 이에 따라 'cafe'는 '카페'로 적어야 옳다. 이와 마찬가지로 'Paris'는 '파리'로, 'pierrot'는 '피에로'로, 'Oosaka[大阪]'는 '오사카'로, 'Sapporo[札幌]'는 '삿포로'로 적는다.

하지만 타이어, 베트남어, 중국어 등과 같이 거센소리와 된소리에 의미 변별 자질이 있는 언어의 경우는 거센소리와 된소리를 구분하여 적는다. 이에 따라 'Phuket섬/ภูเก็ต'은 '푸껫섬'으로, 'Hồ Chí Minh'은 '호찌민'으로, 'Mao Zedong[毛澤東]'은 '마오쩌둥'으로 적는다.

[ʃ]의 표기는 자음뿐만 아니라 모음과도 관련이 있어서 특히 유의해 두어야 한다. 어말의 마찰음 [ʃ]는 '시'로, 자음 앞의 [ʃ]는 '슈'로, 모음 앞의 [ʃ]는 뒤따르는 모음에 따라 '샤, 섀, 셔, 셰, 쇼, 슈, 시'로 적는다. 그러므로 어말에 '슈'나 '쉬'로 적는 일은 없도록 한다. 이에 따라 'shower, eyeshadow, shuttlecock, milk shake, shock, superman, flash'는 각각 '샤워, 아이섀도, 셔틀콕, 밀크셰이크, 쇼크, 슈퍼맨, 플래시'로 적는다. 영어 이외의 언어에서 온 단어에서는 [ʃ]를 항상 '슈'로 적는다. 따라서 '카르투슈(〈프〉cartouche), 게슈타포(〈독〉Gestapo), 게슈탈트(〈독〉Gestalt), 아인슈타인(Einstein), 타슈켄트(Tashkent)' 등으로 적어야 한다. 특히 'sherbet'은 '샤베트'가 아니라 '셔벗'으로, 'chassis'는 '샤시, 샷시, 샷슈'가 아

니라 '섀시'가 맞는 표기이다. 또한 [s] 소리를 된소리로 표기하지 않도록 한다. 즉 'service, center, system'은 각각 '서비스, 센터, 시스템'으로 적는다.

외래어의 모음 표기와 관련해서는 [dʒ], [tʃ] 뒤에 이중 모음을 적지 않도록 유의한다. [dʒ], [tʃ]는 한글 표기 자모 'ㅈ, ㅊ'으로 적는다. 그 뒤에 이중 모음이 결합되면 모두 단모음으로 발음되기 때문에 굳이 이중 모음으로 적지 않는다. 따라서 'leisure, vision, jernal, juice, chart, television'은 각각 '레저, 비전, 저널, 주스, 차트, 텔레비전'으로 적는다.

[기초 학습 활동]

■ 다음 중 맞는 표기를 고르고, 왜 그 표기가 맞는지 설명하세요.

원어	바른 표기	그 이유
① carpet	카펫	외래어를 표기할 때 받침에는 'ㄱ, ㄴ, ㄹ, ㅁ, ㅂ, ㅅ, ㅇ'만을 쓸 수 있다. 이에 따라 어말에 오는 'k, t, f'는 'ㅋ, ㅌ, ㅍ'로 쓸 수 없다. 어말의 't'를 'ㅅ'으로 적는 사람도 있고 'ㅌ'으로 적는 사람도 있는데, 'ㅅ'으로 적어서 '카펫'으로 쓰는 것이 맞다.
② supermarket		
③ fry	프라이	영어의 'f'를 'ㅍ'으로 적는 사람도 있고 'ㅎ'으로 적는 사람도 있다. 그러다 보니 두 가지 표기가 함께 쓰이고 있는 형편이다. 하지만 하나의 음운은 하나의 기호로 적기로 하였고, 'f'는 'ㅍ'으로 적기로 한 원칙에 따라 'fry'는 '프라이'라고 쓰는 것이 맞다.

④ frypan		
⑤ cafe		
⑥ Phuket섬/ภูเก็ต	푸껫섬	타이어, 베트남어, 중국어 등과 같이 거센소리와 된소리에 의미 변별 자질이 있는 언어의 경우는 거센소리와 된소리를 구분하여 적는다. 이에 따라 'Phuket섬/ภูเก็ต'은 '푸껫섬'으로 적는 것이 맞다.
⑦ Mao Zedong [毛澤東]		
⑧ eyeshadow	아이섀도	어말의 마찰음 [ʃ]는 '시'로, 자음 앞의 [ʃ]는 '슈'로, 모음 앞의 [ʃ]는 뒤따르는 모음에 따라 '샤, 섀, 셔, 셰, 쇼, 슈, 시'로 적는다. 그러므로 어말에 '슈'나 '쉬'로 적는 일은 없도록 한다. 이에 따라 'eyeshadow'는 '아이섀도'로 적는 것이 맞다.
⑨ milk shake		
⑩ juice		

2) 자주 틀리는 외래어 표기들

이 밖에도 표기 오류가 잦은 외래어 표기들을 알아보자. 주로 영어에서 온 외래어들이다. 영어의 발음 체계와 한국어의 발음 체계는 1 대 1로 대응하지는 않는 터라 명확하게 구분하기는 힘들다. 예를 들어, 영어 인명인 'Ashley'를 우리는 '애슐리'라 적는다. 따라서 이 인명은 3음절로 인지된다. 하지만 영어 발음으로는 [ǽʃli]여서 2음절어이다. 그러면 'Ashley'를 '애쉴리'가 아니라 '애슐리'로 적는다는 항목은 자음에서 다루어야 하는지, 모음에서 다루어야 하는지 애매한 지점이 있다. 이 문제는 'sh'를 한글 자모로 어떻게 표기하는가와 관련되어 있지만, 실제로는 '쉬'와 '슈' 중에서 어느 것이 올바른 표기인지를 따지는 문제이기 때문이다.

여기서는 엄밀한 관점에서가 아니라 인상적이고 직관적인 관점에서 모음과 관련된 표기, 자음과 관련된 표기로 나누어서 어느 것이 올바른 표기인지 알아보겠다.

먼저, 모음과 관련된 외래어 표기 오류들이다. 이 부분에서는 주로 '어'를 '아'로 표기한다든가, 단모음을 이중 모음으로 표기하는 등의 문제가 있다. 이러한 면에 유의해서 외래어 표기를 익히도록 하자.

원어	올바른 표기	오류	원어	올바른 표기	오류
accessory	**액세서리**	악세사리	leadership	**리더십**	리더쉽
barbecue	**바비큐**	바베큐	battery	**배터리**	바테리/밧데리/빳떼리
Beethoven	**베토벤**	베에토벤	narration	**내레이션**	나레이션
boat	**보트**	보우트	nonsense	**난센스**	넌센스
body shower	**보디샤워**	바디샤워	permanent	**파마**	퍼머
bowling	**볼링**	보울링	remote control	**리모컨**	리모콘
buffet	**뷔페**	부페	rendez-vous	**랑데부**	랑데뷰

carol	**캐럴**	캐롤	report	**리포트**	레포트
color	**컬러**	칼라/카라	rotary	**로터리**	로타리
comedy	**코미디**	코메디	digital	**디지털**	디지탈
concept	**콘셉트**	콘셉/컨셉/컨셉트	schedule	**스케줄**	스케쥴
contest	**콘테스트**	컨테스트	snowboard	**스노보드**	스노우보드
endorphin	**엔도르핀**	엔돌핀	sponge	**스펀지**	스폰지
desktop	**데스크톱**	데스크탑	sprinkler	**스프링클러**	스프링쿨러
elevator	**엘리베이터**	앨리베이터	standard	**스탠더드**	스탠다드
encore	**앙코르**	앙콜	symposium	**심포지엄**	심포지움
enquete	**앙케트**	앙케이트	tower	**타워**	타우어
film	**필름**	필름	Turkey	**터키**	터어키
final	**파이널**	파이날	window	**윈도**	윈도우
honey	**허니**	하니	workshop	**워크숍**	워크샵
Las Vegas	**라스베이거스**	라스베가스	yellow	**옐로**	옐로우
alcohol	**알코올**	알콜/알코홀	jumper	**점퍼**	잠바

 다음은 자음 표기와 관련된 외래어 표기의 오류들이다. 여기에서는 하나의 자음을 두 개의 자음으로 표기한다든가, 'f'를 'ㅍ'이 아닌 'ㅎ'으로 표기한다든가, 거센소리를 된소리로 표기하는 등의 오류가 있다. 또한 'th'는 'ㅅ'으로 적기로 하였으니 더욱 유의하도록 하자.

원어	올바른 표기	오류	원어	올바른 표기	오류
bonnet	보닛	본네트	message	메시지	메세지/메쎄지
boycott	보이콧	보이코트	sausage	소시지	쏘시지/소세지/쏘세지
conac	코냑	꼬냑	fantasy	판타지	환타지
conte	콩트	꽁트	flute	플루트	플룻
cunning	커닝	컨닝	Good morning	굿모닝	굳모닝
highlight	하이라이트	하일라이트	gown	가운	까운
jazz dance	재즈댄스	째즈댄스	Mozart	모차르트	모짜르트
staff	스태프	스탭	net	네트	넷
placard	플래카드	플랜카드/플랭카드	Othello	오셀로	오델로
jeep	지프	짚	outlet	아웃렛	아울렛
running	러닝	런닝	Martin Luther King	마틴 루서 킹	마틴 루터 킹

위 표에서 마지막 항목인 마틴 루서 킹은 미국의 흑인 목사로, 흑인 운동 지도자이자 노벨 평화상 수상자이다. 외래어 표기법에서 'th'는 'ㅅ'으로 통일하여 적기로 하였기 때문에 가운데 이름인 'Luther'를 '루서'라 적는다. 하지만 16세기 독일의 종교 개혁자이자 신학 교수인 루터(Luther, Martin)는 '루서'라고 적지 않고 '루터'라고 적는다. 이처럼 똑같은 철자도 그것이 어느 나라의 말인지에 따라 다르게 표기될 수 있으므로 이에 유의해야 한다.

위에서는 외래어 표기 중에서도 자주 틀리는 일상어를 중심으로 살펴보았다. 이는 외래어 표기법 전체를 익히는 데에는 충분한 양은 아니다. 외래어를 한글 자모로 표기하는 일은 다소 까다롭고 때로는 해답을 찾기 힘든 경우도 있다. 그럴 때는 국립국어원 → 어문 규범 → 외래어 표기에서 표기 세칙을 확인하여 문제를 해결할 수 있다. 또는 국립국어원 → 어문 규범 → 외래어 표기법에서 검색하여 표기를 확인할 수도 있다. 여기에는 2019년 7월 현재 65,000건이 넘는 외래어 표기가 등록되어 있다. 원어 중 일부만으로도 검색이 될 정도로 검색 기능이 편리하게 되어 있고, 한국 사회에서 사용하는 웬만한 외래어 인명·지명은 이미 표기가 정리되어 등록되어 있다. 혹시라도 국립국어원 누리집 검색으로도 해결이 안 된다면 국립국어원에 문의하는 것이 가장 빠른 해결 방법이다.

[기초 학습 활동]

■ 다음 중 맞는 표기를 고르고, 왜 그 표기가 맞는지 설명하세요.

①	스케줄/스케쥴?	'스케줄'이 맞는 표기이다. [dʒ], [tʃ] 뒤에는 이중 모음을 적지 않도록 유의한다. [dʒ], [tʃ]는 한글 표기 자모 'ㅈ, ㅊ'으로 적는다. 그 뒤에 이중 모음이 결합되면 모두 단모음으로 발음되기 때문에 굳이 이중 모음으로 적지 않는다. 따라서 '스케줄'로 적어야 한다.
②	나레이션/ 내레이션?	
③	디지탈/디지털?	
④	스프링쿨러/ 스프링클러?	

⑤	악세사리/ 액세서리?	
⑥	판타지/환타지?	'판타지'가 맞는 표기이다. 알파벳 'f'는 'ㅍ'으로 적기로 하였다. 따라서 'fantasy'는 판타지로 적어야 한다.
⑦	꼬냑/코냑?	
⑧	소세지/소시지?	
⑨	스탭/스태프?	
⑩	아울렛/아웃렛?	

2. 다듬은 말

어느 나라, 어느 문화권에서든 고유어와 외래어가 함께 사용되는 일은 매우 자연스러운 언어 현상이다. 요즘처럼 교통·통신 시설이 발달한 사회, 특히 인터넷이 매우 폭넓게 보급되어 있는 한국과 같은 사회에서는 외부 문물의 유입은 순식간에 벌어진다. 해마다 수많은 사람들이 해외를 오가고, 2018년 통계 자료만 보더라도 3천만 명에 가까운 사람들이 해외를 다녀왔다. 또한 인터넷, 스마트폰이 생활화되면서 전 세계에서 쏟아지는 정보에 실시간으로 접속하는 일상을 살고 있다.

사람이 국경을 넘어서 오가면 거기에서는 문화의 교류가 자연스럽게 이루어지며 그와 함께 외국어의 유입도 이루어지기 마련이다. 그중에서 어떤 어휘는 짧은 시간 동안 사용되다가 사라지기도 하고 어떤 어휘는 그대로 남아서 우리말처럼 사용되기도 한다. 이와 같은 시대에 고유어만 사용하기를 고집하는 것은 시대착오적인 태도일 수 있다. 그렇다 하더라도 외국어를 그대로 둔다면 우리말은 점점 외국어에 잠식될 수 있다.

국립국어원에서는 물밀듯이 밀려드는 낯설고 어려운 외국어를 대신하여 쉽게 이해할 수 있는 우리말로 다듬는 사업을 해 왔다. 2011년 11월에 전문가들을 중심으로 하여 우리말 다듬기 위원회가 구성되어 현재까지 운영되고 있다. 이 위원회에서는 시민들이 이런 외국어는 쉬운 우리말 표현으로 바꾸어 보자고 제안하면 일련의 절차를 거쳐서 외국어를 좀 더 이해하기 쉬운 우리말로 바꾸는 사업을 지속하고 있다. 다듬은 말들은 안타깝게도 대부분 일반적으로 널리 수용되지 못하고 있는 실정이다.

현재 우리가 사용하는 외래어는 충분히 우리말로 바꿀 수 있는 것들이 많다. '여론몰이(← 언론 플레이)'라든가 '백지상태, 원점(← 제로베이스)'과 같은 말은 본래 일상적으로 사용하던 말들이다. 그런데 외국어가 그 자리를 대신하여 우리말 어휘가 사라져가고 있다. 국립국어원의 말 다듬기 사업에서 새롭게 다듬어진 말인 '다시보기(← 브이오디서비스), 뽁뽁이(← 에어캡), 포장 구매/포장 판매(←테이크아웃), 전자 금융 사기(←피싱), 쳐내기/쳐내다(←편칭(하다)), 해독(요법)(←디톡스), 벼룩시장(←플리마켓), 범죄 분석(←프로파일링), 명품 조연(←신스틸러), 일회용 비밀번호 (←오티피(OTP/O.T.P.)), 전면 지붕창(←파노라마 선루프)' 등 대부분의 다듬어진 말들을 보면, 외래어/외국어보다는 우리말 표현이 훨씬 이해하기 쉽다는 사실을 깨달을 수 있다. 이것을 보면 외래어/외국어를 우리말로 바꾸어 사용하는 것이 그리 어려운 일은 아님을 알 수 있다.

다음은 국립국어원 우리말 다듬기 위원회에서 2016년에서 2019년 4월 현재 발표한 다듬은 말 목록이다. 어려운 외래어/외국어 대신 이해하기 쉬운 다듬은 말을 사용하도록 노력해 보자.

번호	순화 및 표준화 대상어	어원	순화어 및 표준화 용어	번호	순화 및 표준화 대상어	어원	순화어 및 표준화 용어
1	게임 체인저	game changer	국면 전환자, 국면 전환 요소	39	시에스	C.S. Customer Satisfaction	고객 만족
2	공식 스토어	公式 store	공식 매장	40	시티 뷰	city view	도시 전망
3	구즈, 굿즈	goods	팬 상품	41	앵커 테넌트	anchor tenant	핵심 점포
4	규제 샌드박스	規制 sandbox	규제 유예 (제도)	42	어메니티	amenity	편의 물품
5	그룹 엑서사이즈	G. X. (Group exercise)	그룹 운동	43	어뷰징	abusing	조회 수 조작
6	네거티브 규제	negative 規制	최소 규제	44	언더독 (효과)	underdog (效果)	약자 (효과)
7	노키즈존	No kids zone	어린이 제한 (공간)	45	에어 서큘레이터	air circulator	공기 순환기
8	데모데이	demoday	시연회	46	에어와셔	air washer	공기 세척기
9	드라이 에이징	dry aging	건식 숙성	47	에이치 엠아르	HMR: Home Meal Replacement	가정 간편식
10	디지털 도어록	digital doorlock	전자 잠금장치	48	오버 투어리즘	over tourism	관광객 과잉
11	디지털 사이니지	digital signage	전자 광고판	49	오션 뷰	ocean view	바다 전망
12	레거시	legacy	(대회) 유산	50	오픈 소스	open source	공개 소스

13	레이크 뷰	lake view	호수 전망	51	오픈 프라이머리	open primary	국민 경선 (제)
14	로드 쇼	road show	투자 설명회	52	워킹 그룹	working group	실무단
15	로드뷰	road view	거리 보기	53	웨트 에이징	wet aging	습식 숙성
16	루프톱	roof top	옥상	54	이북	e-book: electronic book	전자책
17	리무버	remover	(화장) 지움액	55	인포테인먼트	infotainment	정보 오락 프로그램
18	리벤지 포르노	revenge porno	보복성 음란물	56	인플루언서	influencer	영향력자
19	마운틴 뷰	mountain view	산 전망	57	젠트리피케이션	gentrification	둥지 내몰림
20	메이커 스페이스	maker space	열린 제작실	58	주니어 보드	junior board	청년 중역 회의
21	모듈러 주택	modular 住宅	조립식 주택	59	컨벤션 효과	convention 效果	행사 효과
22	바이백 (서비스)	buyback (service)	(도서) 되사기	60	콘시어지	concierge	총괄 안내 (인)
23	밸류 체인	value chain	가치 사슬	61	쿡톱	cook top	가열대
24	번아웃 증후군	burnout syndrome	탈진 증후군	62	쿨링 오프	cooling off	계약 철회 보증 (제도)
25	베뉴	venue	경기장, 행사장	63	크래프트 맥주	craft 麥酒	수제맥주
26	뷰	view	전망	64	클리어런스 세일	clearance sale	재고 할인 (판매)

27	블라인드 채용	blind 採用	(정보) 가림 채용	65	키스 앤드 라이드	kiss and ride	환승 정차 구역
28	비하인드 컷	behind cut	미공개 장면/ 미공개 영상	66	키즈존	Kids zone	어린이 공간
29	선베드	sunbed	일광욕 의자	67	테스트 이벤트	test event	시험 경기, 시험 행사
30	세이프 가드	safe guard	긴급 수입 제한 (조치)	68	트랜스 미디어	trans media	매체 융합
31	세컨더리 보이콧	secondary boycott	제3자 제재	69	파트너사	partner社	협력사
32	소셜 다이닝	social dining	밥상모임	70	패스트 힐링	fast healing	자투리 휴식
33	슈퍼 사이클	super cycle	장기 호황	71	풀빌라	pool villa	(전용) 수영장 빌라
34	스낵 컬처	snack culture	자투리 문화	72	프레스 콜	press call	언론 시연회
35	스마트 모빌리티/ 퍼스널 모빌리티	smart mobility/ personal mobility	1인 전동차	73	플래그십 마케팅	flagship marketing	대표 상품 마케팅
36	스모킹 건	smoking gun	결정적 증거	74	플레이팅	plating	담음새
37	스몰 웨딩	small wedding	작은 결혼식	75	피오피	P.O.P.: Point Of Purchase Advertising	매장 광고
38	스튜어드십 코드	stewardship code	의결권 행사 지침	76	홈 퍼니싱	home furnishing	집 꾸미기

언어는 본디 의사소통을 하기 위해서 사용한다. 타인과 대화를 나눌 때는 의미를 좀 더 명확하고 쉽게 전달하려는 노력을 기울여야 그 대화가 더 수월하게 이루어진다. 외래어/외국어를 더 이해하기 쉬운 우리말로 바꾸려는 노력은 이러한 차원에서 꼭 필요한 과정이라 할 수 있다.

위에서 살펴본, 국립국어원의 우리말 다듬기 사업에서 다듬어진 말의 전체 목록은 말터 사이트(http://www.malteo.net/)에서 내려 받을 수 있다.

 [기초 학습 활동]

■ 주변에서 많이 사용하는 외래어를 찾아 이해하기 쉬운 우리말로 바꿔 보세요.

번호	원어	외래어 표기	다듬은 말
1	roadkill	로드킬	동물 찻길 사고, 동물 교통사고
2	pilot program	파일럿 프로그램	맛보기 프로그램, 시험 프로그램
3			
4			
5			
6			
7			
8			
9			
10			

[심화 학습 활동]

■ 다음의 사진을 자신의 사회관계망 서비스(SNS)에 올려 보세요.

1. 어떤 주제로 올릴까요?
2. 해시태그로 설정할 단어들을 쓰세요

3. 적절한 외래어를 포함하여 이 사진을 설명하는 문장들을 작성해 보세요.

4. 다른 친구들은 어떤 글을 썼는지 확인하세요.

5. 나와 친구들이 작성한 글에 외래어 표기의 오류가 없는지 확인하세요. 오류가 있다면 표준국어대사전을 활용하여 바로잡으세요.

■ 주변에서 표기가 잘못된 외래어를 찾고, 그 외래어를 외래어 표기법에 맞게 써 보세요.

번호	원어	틀린 표기	바로잡은 표기
1	backpacking	백팩킹	백패킹
2			
3			
4			
5			
6			
7			

■ 위에서 바로잡은 외래어를 우리말로 다듬어 보세요.

번호	외래어	다듬은 말 후보	최종 다듬은 말
1	백패킹	등짐 들살이, 배낭 도보 여행	배낭 도보 여행
2			
3			
4			
5			
6			
7			

참고문헌

국립국어원(https://www.korean.go.kr)
국립국어원 표준국어대사전(https://stdict.korean.go.kr)
이수라 외, 『융복합 시대의 교양 글쓰기』(글누림, 2015)

4장
바른 단어: 표준 표기와 의미가 혼동되는 단어

단원 설정 배경

단어를 쓸 때 표기를 정확하게 한 다음에는 의미에 맞는 단어인지를 확인해야 한다. 어떤 글은 한 개의 핵심 단어로 독자의 시선을 사로잡기도 하고, 한 개의 핵심 단어로 그 글이 표현하고자 하는 모든 내용을 일시에 전달하기도 한다. 그 상황에 가장 적절한 단어를 찾아서 쓰는 능력은 글쓰기에서 매우 핵심적인 역량이다. 그런데도 표준국어대사전에서 우리말 단어의 의미를 찾아서 확인하는 사람은 드물어 보인다. 영어, 중국어 등의 의미를 알기 위해 사전을 검색하는 것처럼, 한국어 단어도 그 의미를 모를 때에는 정확한 의미를 파악한 후에야 사용해야 한다. 간혹 정치인들이 단어 하나를 잘못 사용했다는 이유로 곤혹스러운 상황에 처하기도 한다. 그럴 때마다 그들은 그 의미를 알지 못했다고 변명하는데, 이는 매우 무책임한 행동이다. 자신이 쓰는 말의 의미는 자신이 책임져야 하는 것이 글 쓰는 사람의 의무이기 때문이다. 따라서 단어의 형태와 그 의미를 정확하게 알고 글을 쓸 필요가 있다.

단원 설정의 필요성

어떤 언어에나 동음이의어, 이음동의어가 있다. 또한 형태가 매우 비슷한데 의미는 아주 다른 어휘들도 있다. 이런 어휘들은 주의를 기울이지 않으면 사용할 때 실수를 하기 십상이다. 특히 표기 형태는 비슷한데 의미가 다른 어휘들은, 자칫 잘못하면 정반대의 의미를 나타내기도 하기 때문에 더욱 주의를 할 필요가 있다. 더군다나 이런 어휘들은 실제 언어생활에서 오류를 범하는 사람들이 많다 보니 어느덧 자연스러운 표현인 것처럼 오인되기도 한다. 따라서 이런 어휘들의 표기 형태와 정확한 의미를 잘 익혀 둘 필요가 있다.

학습 목표

1. 정확한 단어 사용의 중요성을 알고 상황에 맞는 어휘를 사용할 수 있다.
2. 형태가 비슷한 어휘들의 의미를 알고 이를 구별하여 사용할 수 있다.
3. 형태가 비슷한 어휘들을 구별하여 문장을 작성할 수 있다.

목표 핵심 역량

1. 상황에 맞는 어휘를 사용함으로써 언어 표현 능력을 키운다.
2. 형태가 비슷한 어휘들을 구별하여 사용함으로써 정보 처리 능력을 키운다.
3. 형태가 비슷한 어휘들을 구별하여 문장을 작성함으로써 정확한 표현 능력을 키운다.

핵심어

단어, 표준어, 체언, 수식언, 용언

[생각할 거리]

'꽁당보리'라고 하는 말은 우리 민족의 암울한 시절을 반영하는 말이다. 일제가 통치했던 억압의 세월 이곳 옥토에서 생산된 쌀은 모두 일본으로 공출을 보내고 먹거리가 부족했던 시절 보리를 겨울철 휴경지에 심어 모리이삭이 익기도 전에 베어다가 삶아 이것으로 끼니를 때운 적이 있다. 꽁당보리가 이제는 건상식으로 각광을 받아 축제로까지 승화시켰다.

■ '꽁당보리'가 뭔지 모른다면 이 글의 내용을 얼마나 이해할 수 있을까요?

■ 이 글에는 '모리이삭, 건상식'과 같은 오자도 있어요. 오자가 있어도 이 글의 내용을 이해할 수 있나요?

1. 상황에 맞는 단어의 중요성

바른 문장을 쓰기 위한 조건은 여러 가지가 있다. 먼저, 문장을 쓸 때는 한글 맞춤법, 띄어쓰기와 같은 어문 규정에 맞게 써야 한다. 그다음에 유의해야 할 것은 바로 상황에 맞는 단어를 사용하는 일이다. 상황에 맞는 단어와 관련해서 유의해야 할 점은 두 가지이다. 하나는 표준어를 사용하는 일이다. 또 하나는 맥락에 맞는 단어를 사용하는 일이다.

먼저, 표준어 사용에 대해 생각해 보자. 표준어란 '한 나라에서 공용어로 쓰는 규범으로서의 언어.'를 말한다. 다시 말해서 공용어 영역에서는 사투리가 아닌 표준어로 글을 쓰거나 말을 해야 한다는 의미이다. 표준어란 한 나라 안에서 지역적, 사회적으로 여러 형태로 쓰이는 말들 중에서 하나 혹은 두세 개 정도를 표준 형태로 제시한 것이다.

표준어란 그 나라 국민들 사이에서 효율적이고 통일된 의사소통이 이루어지도록 하기 위해서 선택된 어휘들이다. 예를 들어 '부추'는 지역에 따라 '덩구지, 부초, 부추, 분초, 분추, 세우리, 소불, 소풀, 솔, 정고지, 정구지, 정구치, 졸, 줄' 등으로 부른다. 만약에 이 어휘들이 같은 시간에 같은 장소에서 동일한 대상을 지칭하는 데 모두 사용된다면 어떨까. 말하는 이도 듣는 이도 서로의 발화를 놓치지 않기 위해서 대화를 하는 내내 신경을 곤두세우고 있어야 할 것이다.

앞의 글에서 보았던 '꽁당보리'는 표준국어대사전에서도 찾을 수 없다. 두 번째 문장이 없었다면 '꽁당보리'의 의미는 추측하기가 매우 힘들 것이다.

> '꽁당보리'라고 하는 말은 우리 민족의 암울한 시절을 반영하는 말이다. 일제가 통치했던 억압의 세월, 이곳 옥토에서 생산된 쌀은 모두 일본으로 공출을 보내고 먹거리가 부족했던 시절, 보리를 겨울철 휴경지에 심어 보리 이삭이 익기도 전에 베어다가 삶아 이것으로 끼니를 때운 적이 있다.

우리말샘에서도 '꽁당보리'만으로는 검색 결과가 없다. 그 대신 '꽁당보리밥'을 찾아보면 '꽁보리밥'의 '경상도 지역 방언'이라고 검색된다. 여기서 다시 표준국어대사전에서 '꽁보리밥'을 찾아보면 '보리쌀로만 지은 밥.'으로 기술되어 있다. 이러한 검색 결과들을 종합하여 보면 '꽁당보리'는 아마도 '꽁보리', 즉 '밥을 짓는 거리로 쓰는 순 보리쌀.'의 사투리인 것으로 보인다. 실제로 '꽁당보리'는 전라도 지역에서도 많이 쓰이는 말로, 전라북도 군산에서는 십수 년째 매년 '꽁당보리 축제'를 개최하고 있기도 하다. 그러니까 '꽁당보리'는 그 어휘를 실제로 사용하는 지역의 사람들이 아닌 경우라면 그 의미를 파악하는 데 아주 많은 공을 들여야 하는 상황이 빚어진다.

표준어인 '보리' 대신 사투리인 '꽁당보리'를 사용하면, 그 말의 의미를 알지 못하는 사람들은 대화 또는 글 전체의 중심 내용 대신 그 단어의 의미를 파악하는 데 많은 시간과 노력을 기울여야 한다. 그 말의 의미를 끝내 이해하지 못한 사람이라면 그 대화의 중심 내용을 알아내지 못한 채로 대화가 끝나고 말 것이다. 결국 의사소통에 실패하게 되는 셈이다. 그에 비해 하나의 대상은 그것을 지칭하는 표기 또는 표현이 여러 가지가 있지만 그중에서 하나 또는 두세 개만으로 제한하여 사용하기로 정하여 둔다면, 대화는 훨씬 간결하고 명확하게 이루어질 수 있다.

표준어는 이처럼 효율적인 의사소통을 위한 전제 조건이라 할 수 있다. 하나의 대상을 지칭하는 어휘는 하나일 때 가장 정확하게 의미하는 바를 전달할 수 있으며, 적어도 두세 개 정도로 제한되어야 대화를 나누는 데 문제가 발생할 가능성이 줄어든다. 표준어는 바로 그런 이유로 인해서 정해졌다고 할 수 있다. 따라서 타인과의 의사소통에서 성공적으로 의미 전달을 하고자 한다면 표준어를 익혀서 사용하는 데 노력을 기울여야 할 것이다.

그다음으로 맥락에 맞는 단어 사용에 대해 생각해 보자. 일상적인 말하기나 글쓰기를 보면 단어의 의미를 잘못 알고 사용하는 경우가 의외로 많다. 때로는 어휘의 의미를 정확하게 알지 못해서 오류를 범하기도 하고, 때로는 형태는 비슷한데 의미가 다른 어휘들을 적절한 맥락에 사용하지 못해서 오류를 범하기도 한다.

다음 사례를 보면 단어 하나가 그 글의 전체적인 이미지를 얼마나 좌우하는지 느낄 수 있을 것이다.

> 소나기가 한바탕 지나갔다. 그 덕분에 며칠 동안 흐리던 하늘이 말갛게 개었다. 먼지 씻긴 꽃과 푸른 나뭇가지 사이로 비치는 하늘은 더욱 푸르고 산뜻하다. 한낮의 하늘, 그것도 초여름의 하늘은 그야말로 <u>기가 막힐 노릇</u>이다.

위 글은 단어 하나를 잘못 선택해서 그야말로 기가 막힌 글이 되어 버렸다. '기가 막힐 노릇'은 부정적인 내용에 어울려 쓰일 때 자연스러운 표현이다. 예를 들면, '잘못을 해 놓고도 사과를 하기는커녕 화를 내니 기가 막힐 노릇이다.' 정도로 사용할 수 있다. 위 글은 소나기가 내린 후의 산뜻한 여름 하늘을 묘사하였다. 이는 부정적인 느낌보다는 긍정적인 느낌을 표현하기 위한 재료로 보인다. 따라서 여기에는 부정적인 표현이 아니라 긍정적인 표현이 함께해야 글의 흐름이 자연스럽다. '초여름의 하늘은 그야말로 기가 막힐 노릇이다.'는 '초여름의 하늘은 그야말로 기가 막히게 아름다웠다.' 정도로 수정하면 좋겠다.

다음은 표기가 비슷한 단어를 잘못 사용하여 어색한 문장이 된 사례이다.

> 그는 룸메이트 때문에 여러 날을 고민에 휩싸였다. 그냥 모른 척 지나가자니 마음이 괴로웠다. 그렇다고 이야기를 하자니 혹시라도 룸메이트의 기분을 상하게 하지 않을까 싶었다. 여러 날의 고민 끝에 그는 결국 룸메이트에게 바라는 점, 아쉬운 점 들을 <u>터놓았다</u>.

위 글의 마지막 단어인 '터놓다'의 뜻은 '막힌 통로나 닫힌 문 따위를 통하게 하다. / 금하던 것을 풀어 주다. / 마음에 숨기는 것이 없이 드러내다.'이다. 여기서 '터놓다'는 세 번째 의미인 '마음에 숨기는 것이 없이 드러내다.'의 의미로 사용한 것으로 판단할 수도 있다. 어떤 단어가 그 단어가 쓰인 맥락에 잘 어울리는지 잘못 쓰인 건지를 판단하기 어려운 때가 종종 있다. 그럴 때는 표준국어대사전을 참고하면 된다.

표준국어대사전에는 단어의 뜻풀이와 함께 용례가 제시되어 있다. '터놓다'의 세 번째 의미에는 '마음을 터놓다. / 흉금을 터놓다. / 그들은 자신들의 문제를 터놓고 의논했다.'가 용례로 제시되었다. 이렇게 보면 '터놓다'는 그 대화에 참여하는 사람들이 함께 공동의 문제를 논의하는 상황에서 사용하는 말이다.

위 글에 제시된 것은 룸메이트에게 불만이 있거나 불편함을 느끼고 있던 그가, 룸메이트에게 자신의 감정을 자신의 입장에서 이야기하는 상황이다. 따라서 여기에는 '터놓다'보다는 '털어놓다'가 더 자연스럽게 어울린다. '털어놓다'는 '마음속에 품고 있는 사실을 숨김없이 말하다.'는 의미가 있고, 그런 의미로 쓰일 때는 【…에/에게 …을】, 【…에게 -고】의 문장 형식을 취한다. 따라서 위 글의 마지막 문장은 '여러 날의 고민 끝에 그는 결국 룸메이트에게 바라는 점, 아쉬운 점 들을 털어놓았다.'로 고쳐 쓰는 것이 좋다.

　어떤 단어의 쓰임이 올바른지 오류는 없는지를 확인할 때 표준국어대사전을 기준으로 하면 편견이나 선입견이 없는 판단을 할 수 있다. 어떤 단어의 쓰임은 명확한 오류인 경우도 있지만, 오류가 아닌데 몇몇 사람에게만 유독 오류로 느껴지기도 한다. 그 경우는 단어의 쓰임에는 아무런 문제가 없는데, 그 문장을 읽는 사람의 개인적인 선호나 취향 때문에 어색하게 느껴지는 것일 수도 있다. 그럴 때에는 표준국어대사전에서 해당 단어를 검색하여 그 의미와 사용 가능한 문형을 확인하면 객관적으로 오류 여부를 판단할 수 있다. 이처럼 올바른 단어 사용을 위해서는 표준국어대사전을 검색하여 확인하는 습관을 기르는 게 도움이 된다.

　글에서는 그 어느 하나도 중요하지 않은 요소가 없다. 한글 맞춤법이나 띄어쓰기에 어긋나면 불성실하거나 기본 실력이 부족한 사람으로 치부될 수 있으니 조심해야 한다. 그런가 하면 문맥에 맞고 타인과 소통이 가능한 어휘로 가려서 쓰려고 노력해야 한다. 이는 글이라는 것은 본디 타인과의 소통을 전제로 하여 이루어지는 지적 활동의 산물이기 때문에 그렇다. 타인과의 소통에 성공하려면 그 사람이 알아들을 수 있는 언어로 의미를 전달해야 한다. 이해할 수 없는 글을 써놓고 독자가 자신의 글을 이해하지 못한다고 탓한다면 이는 글쓴이로서는 매우 무책임한 태도이다. 그렇기 때문에 상황에 맞는 단어를 선택하여 정확하게 표기하는 일은 글쓰기에서는 매우 기본적인 매너에 해당한다.

[더 생각할 거리]

> 주변에서 평소에 단어를 습관적으로 잘못 사용하는 사람이 있나요?
> 어떤 단어들을 어떻게 잘못 사용했는지 말해 보세요.

> 단어를 사용할 때 실수를 하지 않으려면 어떤 노력을 해야 할까요?
> 자신의 생각을 적어 보세요.

2. 표준 표기 어휘들

표준어는 교양 있는 사람들이 쓰는 현대 서울말을 기준으로 하여 정한다. 물론 서울말이라고 해서 모두 표준어로 채택되지는 않는다. 서울말 역시 서울 지역의 사투리이니 그중에서 일부는 표준어가 되고, 그 나머지는 표준어의 자격을 얻지 못한다.

앞에서도 언급한 바와 같이, '표준어'는 그 나라의 공용어이며 그 나라 언어의 규범이다. 이는 공식적인 언어생활에서는 표준어를 사용해야 함을 의미한다. 물론, 여기에는 '특별한 경우는 제외하고'라는 단서가 붙는다. 시·소설 등의 문학 작품이나 영화·드라마 등의 서사물과 같이 사투리가 특별한 기능을 하는 분야에서까지 표준어만 사용해야 하는 것은 아니다. 일상적인 대화에서도 사투리는 자연스럽게 얼마든지 사용해도 된다. 다만, 뉴스·신문 기사 등의 언론 보도, 교과서·대학 교재·이론 서적 등의 전문 서적, 공공 기관에서 생산하는 문서 들은 표준어를 사용하도록 권장한다. 이는 앞에서도 말한 바와 같이 사회 구성원들 간의 수월한 의사소통을 위한 일이다.

어떤 조건을 갖추었을 때 표준 어휘가 되는지를 알아 두면 표기에서 실수를 줄이고 정확한 의사소통 능력을 함양할 수 있다. 사실 어떤 어휘가 표준어인지 아닌지는 표준국어대사전을 검색해 보면 쉽게 확인이 된다. 하지만 글을 쓸 때마다 매번 사전을 검색하는 것은 비효율적이기도 하며 실제 언어생활에서는 가능하지도 않은 일이다. 더군다나 대부분의 사람들은 엄밀하게 말하면 사투리 화자이기 때문에 평소에 자신이 사용하는 말이 사투리인지 표준어인지를 구분하기가 쉽지는 않다. 그렇기 때문에 평소에 표준어에 대한 감각을 키워 둘 필요가 있다.

 **[개념 확인 활동]**

표준어를 정하는 원칙은 무엇인가요?

텔레비전 예능 프로그램 출연자들이 사투리를 사용하는 일에 대해서 어떻게 생각하세요?

1) 발음의 변화에 따른 표준어

표준어와 비표준어를 가르는 기준은 크게 보아 발음의 변화와 어휘 선택의 변화이다. 어떤 어휘는 발음의 변화에 따라서, 또 어떤 어휘는 어휘 선택의 변화에 따라서 표준어와 비표준어로 구분된다.

역사성은 언어의 특성 중 하나이다. 신조어에서 이런 특성을 쉽게 확인할 수 있다. 사회·문화적 변화, 기술 문명의 발달 등에 따라 쉴 새 없이 새로운 말들이 만들어진다. 하지만 그 말들 모두가 오래도록 생명력을 유지하지는 못한다. 어떤 말들은 오래오래 살아남아 사전에까지 등재되지만, 어떤 말들은 일 년도 넘기지 못하고 금세 사라지기도 한다. 이처럼 언어는 끊임없이 생겨나고 사회 구성원들 사이에 널리 퍼져서 사용되다가 어느새 사라지기도 한다. 그런가 하면 어떤 어휘들은 예전과는 다른 형태로 그 표기가 바뀌기도 한다. 표준어 규정은 이런 변화들 속에서 어떤 어휘를 표준어로 선택할 것인가에 대한 기준을 담고 있다.

언어는 끊임없이 변화한다. 새로운 어휘가 생겨나기도 하고 그동안 사용되던 어휘들이 사라질 뿐만 아니라 시간이 흐르고 사회가 변함에 따라 자연스럽게 발음도 변화한다. 예전에는 단모음이었고 규정상으로도 여전히 단모음인 소리도 현실적으로는 이중 모음으로 발음되기도 한다. '참외'와 '김밥'으로 이러한 사실을 확인할 수 있다.

'참외'는 [차뫼]와 [차붸]가 모두 표준 발음으로 인정된다. 'ㅚ'는 단모음이므로 '참외'는 규정대로라면 [차뫼]로 발음하는 것이 맞다. 하지만 현재 대다수의 한국인들은 'ㅚ'를 단모음으로 발음하기도 하고 이중 모음으로 발음하기도 한다. 어쩌면 이중 모음으로 발음하는 사람이 더 많을 수도 있다. 이러한 언어 현실을 반영하여 [차뫼]와 [차붸] 모두를 표준 발음으로 인정한다. '김밥'에서 '김'은 길게 소리 내어야 하므로 '김밥'의 표준 발음은 [김:밥]이 맞다. 장모음은 의미 변별 자질로 기능하기 때문이다. 하지만 대부분의 사람들은 '밥'을 된소리로 발음한다. 이러한 현실을 반영하여 [김:빱]도 표준 발음으로 인정한다.

발음 변화에 따른 표준어 규정은 이러한 발음상의 변화를 표기에 반영한 경우이다. 이때의 가장 큰 원칙은 어원에서 멀어진 형태로 굳어져서 쓰이는 것은 표준어로 삼는다는 것이다. 표기 원칙에 어긋나더라도 현실적으로 발음이 변화해서 원래의 형태에서 멀어져 있다면 그것을 표준어로 선택한다. 어떤 어휘들이 이와 같은 경우에 해당하는지 알아보고 그것을 감각적으로 인지할 정도로 익혀 둘 필요가 있다.

자음의 발음 변화에 따른 표준어 규정 중 몇 가지만 간략히 살펴보면 다음과 같다.

먼저, 예사소리나 된소리가 거센소리로 변한 경우 거센소리를 표준어로 삼는다. '끄나불, 나발꽃, 삵괭이' 대신 '끄나풀, 나팔꽃, 살쾡이'를 표준어로 삼는다. 거센소리가 예사소리로 변화한 말들을 표준어로 삼는다. 이에 따라 '가을카리, 거시키, 푼침'이 아니라 '가을갈이, 거시기, 분침'이 표준어이다. 용법의 차이가 사라진 어휘들은 한 가지 형태만을 표준어로 삼는다. '돐, 두째, 빌다'는 버리고 '돌, 둘째, 빌리다'를 표준어로 한다. 또 수컷을 이르는 접두사는 '수-'로 통일하지만 일부는 접두사 다음에 거센소리를 인정하고, 일부는 '숫'으로 표기한다. 이에 따라 '수캉아지, 수캐, 수컷, 수키와, 수탉, 수탕나귀, 수톨쩌귀, 수퇘지, 수평아리'로 적고, '숫양, 숫염소, 숫쥐'라고 적는다. 이를 제외한 경우는 모두 '수'로 적으며 '암-'도 마찬가지로 적용한다. 이에 따라 '수꿩, 수놈, 수소' 등으로 적는다.

모음의 발음 변화에 따른 표준어 규정 중 몇 가지만 간략히 살펴보자.

먼저, 양성 모음이 음성 모음으로 바뀌어 굳어진 몇몇 단어는 음성 모음 형태를 표준어로 삼는다. '깡충깡충, 발가숭이, 보퉁이, 오뚝이' 등이 그것이다. 다만, 어원 의식이 강하게 남아 있는 '부조(扶助), 사돈(査頓), 삼촌(三寸)'은 양성 모음 형태를 표준어로 삼는다. 또 'ㅣ' 역행 동화 현상에 의한 발음은 원칙적으로는 표준 발음으로 인정하지 않지만, '서울내기, 풋내기, 냄비, 동댕이치다'는 'ㅣ' 역행 동화가 적용된 형태를 표준어로 삼는다. 단, 기술자를 뜻하는 어휘 뒤에는 '-장이'를, 그 외에는 '-쟁이'를 붙이도록 한다. 이에 따라 '미장이, 유기장이', '멋쟁이, 소금쟁이' 등으로 적는다. 모음의 단순화가 일어나 몇몇 어휘는 그 형태를 표준어로 삼는다. '괴팍하다, 미루나무, 여느, 으레, 케케묵다, 허우적허우적' 등이 표준어이다. '웃-'과 '윗-'은 '위-'로 통일하지만 된소리나 거센소리 앞에서는 '위-'로, '아래, 위'의 대립이 없는 단어에는 '웃-'으로 쓴다. 이에 따라 '위쪽, 위층' 등으로 적어야 하며, '웃국, 웃돈, 웃어른, 웃옷' 등을 표준어로 인정한다.

이외에도 발음의 변화에 따른 표준어 규정에는 여러 항목이 있으니 더 알아보고 익히도록 하자.

 **[기초 학습 활동]**

■ 다음 중 맞는 표기를 고르고, 왜 그 표기가 맞는지 설명하세요.

① 강낭콩/ 강남콩?	'강낭콩'이 맞다. 표준어 규정 제5항은 "어원에서 멀어진 형태로 굳어져서 널리 쓰이는 것은, 그것을 표준어로 삼는다."라고 규정하고 있다. 이 말은 원래 '강남(江南)'에서 온 콩이라는 의미였다. 하지만 지금은 어원에 대한 의식이 희박해져서 '강낭콩'으로 쓰이고 있으므로 이를 표준어로 채택하였다.
② 사글세/ 삯월세?	
③ 수캐/수개?	'수캐'가 맞다. '암, 수'는 중세 국어에서는 히읗 종성 체언인 '암ㅎ, 수ㅎ'이었다. 이 'ㅎ'의 영향으로 그 뒤에 오는 'ㄱ, ㄷ, ㅂ'으로 시작되는 말은 [ㅋ, ㅌ, ㅍ]로 소리가 난다. 그럴 경우 뒤에 오는 말은 거센소리로 적는다.
④ 암평아리/ 암병아리?	
⑤ 깡충깡충/ 깡총깡총?	'깡충깡충'이 맞다. 표준어 규정 제8항은 '양성 모음이 음성 모음으로 바뀌어 굳어진 다음 단어는 음성 모음 형태를 표준어로 삼는다.'라고 규정하였다. 이에 따라 '깡충깡충'이 맞는 표기이다.
⑥ 삼촌(三寸)/ 삼춘?	
⑦ 웃어른/ 윗어른?	'웃어른'이 맞다. '윗'은 그 상대어로 '아랫'이 있는 경우에, '웃'은 그러한 대립이 없는 경우에 쓴다.
⑧ 윗사람/ 웃사람?	

1부 정확한 의사소통

⑨ 괴팍하다/ 괴퍅하다?	'괴팍하다'가 맞다. 모음의 단순화가 일어난 몇몇 어휘는 그 형태를 표준어로 삼는다. 사용 빈도가 높은 '괴퍅하다'는 '괴팍하다'로 발음이 바뀌었으므로 이를 표준어로 인정하였다.
⑩ 케케묵다/ 켸켸묵다?	

2) 어휘 선택의 변화에 따른 표준어

다음으로는 어휘 선택의 변화에 따른 표준어 규정을 살펴보자. 고유어, 한자어, 방언 중 그 어느 것이라도 더 널리 쓰이면 널리 쓰이는 형태를 표준어로 선택한다. 그러니까 고유어와 한자어 중에서 한자어가 더 널리 쓰이고 고유어는 사어에 가깝게 된다면 고유어를 버리고 한자어를 표준어로 채택한다. 표준어와 방언 중에서 방언이 압도적으로 널리 쓰인다면 기존의 표준어를 버리고 방언을 새로운 표준어로 선택한다. 물론 두 어휘가 우열을 가릴 수 없을 만큼 균등함에 가깝게 사용된다면 둘 다 표준어가 된다. 이런 사례는 '까탈스럽다'와 '주책이다'에서 찾아볼 수 있다. 두 어휘는 모두 이전에는 비표준어로 분류되었으나 표준어인 '까다롭다', '주책없다'나 다름없이 널리 쓰인다는 사실이 확인되면서 최근에 모두 표준어로 재분류되었다.

물론 많은 사람들이 사용한다는 이유만으로 어떤 어휘를 표준어로 채택하지는 않는다. 하지만 이 점이 표준어를 결정하는 과정에서 가장 중요한 이유로 작용하는 것만은 사실이다. 따라서 어휘 선택의 변화에 따른 표준어 선택에서는 언중들에 의한 어휘 사용 빈도가 가장 중요한 기준이라 하겠다.

좀 더 구체적으로 어휘 선택의 변화에 따른 표준어 규정 중 몇 가지만 살펴보면 다음의 것들이 있다.

먼저, 더 이상 쓰이지 않는 단어는 고어로 처리하고 현재 널리 사용되는 단어를 표준어로 취한다. 이에 따라 '봉, 낭, 설겆다, 애닯다, 머귀나무, 오얏' 등은 고어로 처리하고 '난봉, 낭떠러지, 설거지하다, 애달프다, 오동나무, 자두'를 표준어로 한다. 고유어와 한자어는 둘 중에서 쓰임이 많은 쪽을 표준어로 삼는다. '가루약, 구들장, 까막눈, 잔돈, 푼돈' 등은 고유어 계열이, '개다리소반, 고봉밥, 양파, 총각무, 칫솔' 등은 한자어 계열이 표준어로 선택된 경우이다. 또, 방언이던 단어가 표준어보다 더 널리 쓰이게 되면 방언과 표준어 둘 다를 표준어로 한다. 이런 경우는 복수 표준어가 되는데 '멍게/우렁쉥이, 물방개/선두리, 애순/어린순' 등은 모두 표준어이다. 이에 비해 '귀밑머리, 막상, 빈대떡, 역겹다' 등은 표준어이던 단어가 안 쓰이게 됨에 따라 방언이 표준어가 된 경우이다. 의미가 똑같은 형태가 몇 가지 있을 경우, 그중 어느 하나가 압도적으로 널리 쓰이면 그 단어만 표준어로 삼아서 단수 표준어가 되고, 둘 이상의 형태가 똑같이 널리 쓰이며 표준어 규정에 맞으면 복수 표준어가 된다. 이에 따라 '가뭄/가물, 가엾다/가엽다, 감감무소식/감감소식, 기승떨다/기승부리다, 꼬까/때때/고까, 넝쿨/덩굴, 뒷말/뒷소리, 보조개/볼우물, 아래위/위아래, 옥수수/강냉이, 우레/천둥, 재롱떨다/재롱부리다, 혼자되다/홀로되다' 등은 모두 복수 표준어이다.

　이외에도 어휘 선택의 변화에 따른 표준어 규정에는 여러 항목이 있으니 더 알아보고 익히도록 하자.

[기초 학습 활동]

■ **다음 중 맞는 표기를 고르고, 왜 그 표기가 맞는지 설명하세요.**

① 총각무/ 알타리무?	'총각무'가 맞다. 표준어 규정 제22항은 "고유어 계열의 단어가 생명력을 잃고 그에 대응되는 한자어 계열의 단어가 널리 쓰이면, 한자어 계열의 단어를 표준어로 삼는다."라고 규정하고 있다.
② 개다리소반/ 개다리밥상?	
③ 멍게/ 우렁쉥이?	'멍게'와 '우렁쉥이'는 둘 다 표준어이다. 표준어 규정 제23항은 '방언이던 단어가 표준어보다 더 널리 쓰이게 된 것은, 그것을 표준어로 삼는다. 이 경우, 원래의 표준어는 그대로 표준어로 남겨 두는 것을 원칙으로 한다.'라 하였다. 이에 따라 두 어휘 모두 표준어이다.

④ 가엾다/가엽다?	
⑤ 애달프다/애닯다?	'애달프다'가 맞다. 표준어 규정 제20항은 "사어(死語)가 되어 쓰이지 않게 된 단어는 고어로 처리하고, 현재 널리 사용되는 단어를 표준어로 삼는다."라고 정하고 있다. 이에 따라 이미 사어가 된 '애닯다'는 버리고 '애달프다'를 표준어로 삼는다.
⑥ 설거지/설겆이?	
⑦ 샛별/새벽별?	'샛별'이 맞다. 표준어 규정 제25항은 "의미가 똑같은 형태가 몇 가지 있을 경우, 그중 어느 하나가 압도적으로 널리 쓰이면, 그 단어만을 표준어로 삼는다."라고 밝히고 있다. 이에 따라 '샛별'을 표준어로 취한다.
⑧ 며느리발톱/뒷발톱?	
⑨ 우레/천둥?	'우레'와 '천둥' 모두 표준어이다. 표준어 규정 제26항은 "한 가지 의미를 나타내는 형태 몇 가지가 널리 쓰이며 표준어 규정에 맞으면, 그 모두를 표준어로 삼는다."라고 밝히고 있다. 이에 따라 '우레'와 '천둥'은 모두 표준어로 인정된다.
⑩ 옥수수/강냉이?	

표준어는 한번 결정되면 그대로 유지되는 것이 아니라 언중들의 언어 사용 현실에 따라 끊임없이 변화한다. 그렇다고 해서 표준어를 규정하는 원칙이 변하지는 않는다. 규정은 그대로 두되 그때그때 변화하는 언어 현실을 반영하여 표제어를 추가하거나 수정하거

나 삭제하는 등의 일이 벌어진다. 국립국어원에서는 해마다 분기별로 표준국어대사전을 수정하고 수정된 내용을 공개하고 있으니, 어떤 것들이 변화했는지 꾸준한 관심을 가지고 지켜볼 필요가 있다.

어떤 어휘들은 예전부터 쓰이던 말인데 뒤늦게 표준어로 등재되기도 한다. '저녁내, 끝부분, 풍물패'와 같은 어휘들이 그러하다. 이런 경우는 자주 쓰이고 있음에도 불구하고 표준국어대사전을 집필할 때 그 항목에 미처 넣지 못한 사례들이다.

예전에는 비표준어였던 어휘가 시간이 지나면서 표준어로 편입되기도 한다. '꺼림직하다, 추켜세우다, 추켜올리다' 따위가 그런 사례들이다. 어떤 어휘는 이미 생명력을 잃어서 그 쓰임이 없어지거나 표준 표기가 달라지면서 표준어 목록에서 사라지기도 한다. '좀모형'이라든가, 조사 '엔들'이 그러한 경우이다.

어떤 어휘들은 표기 관련 세칙이 수정되면서 그 결과로 표기에 수정이 이루어지기도 한다. 가장 대표적인 사례가 외래어 표기법의 일부 개정안과 관련된 것이다. 이전에는 외래어에 '해, 섬, 강, 산' 등이 붙을 때에는 띄어 쓰고, 우리말에 붙을 때에는 붙여 쓰도록 하였으나 이 조항이 삭제됨에 따라 이전에는 띄어 쓰도록 되어 있었던 '셈족, 유대족, 에게해' 등의 단어들이 하나의 표준 표기로 수정되었다. 이 개정안에 따라 표준국어대사전은 무려 17,608건을 수정하였다.

그런가 하면 새롭게 생겨난 말들이 표준어 목록에 추가되기도 한다. '분리배출, 도로명주소, 한국 수어' 등이 여기에 해당한다. 이 어휘들은 사회적·문화적 변화에 따라 생겨난 신조어들이다. 사회는 끊임없이 변화하고 문화 환경 역시 계속하여 달라지기 때문에 새롭게 생겨난 현상과 사물을 지칭하기 위한 어휘들은 계속하여 생겨날 것이다. 그리고 이러한 어휘들 중 일부는 언젠가는 표준어로 등재될 것이다. 그러므로 어떤 것이 상황과 맥락에 맞는 정확한 어휘인지에 대한 관심을 지속할 필요가 있다.

3. 비슷한 표기 다른 의미

글쓴이가 표현하려는 의미가 분명하게 드러난 글들은 정확한 의사소통에 성공할 수 있다. 그러기 위해서는 표기 규칙에 맞게 써야 하고, 맥락에 맞는 어휘들을 적절하게 사용해야 한다. 아주 잘 쓴 글이라 하여도 문맥에 맞지 않는 어휘를 사용하게 되면 그 글의 중심 의미가 무엇인지 파악하기가 어렵게 되기도 한다. 따라서 좋은 글을 쓰기 위해서는 단어 하나하나의 의미와 쓰임에 예민해질 필요가 있다.

문맥에 맞는 어휘 사용에는 특별한 규칙이나 원칙이 있는 것은 아니다. 그냥 자신이 드러내고자 하는 의미를 분명하게 전달할 수 있는 어휘를 선택하여 사용하면 된다.

간혹 한두 개의 어휘 때문에 전체적인 의미 파악이 어려운 글을 만나게 된다. 그런가 하면 상황에 맞지 않거나 의미가 불분명한 어휘로 인해서 중심 의미가 흐트러지는 글도 있다. 이런 경우들은 대체적으로 형태가 같거나 비슷한 어휘의 사용에서 곤란을 겪은 결과들이다. 여기에서는 일상적인 언어생활에서 그 쓰임에 혼란을 많이 겪는 어휘들을 선별하여 그 의미와 용례를 알아보겠다. 어휘의 형태와 그마다의 정확한 의미를 익혀서 의미를 전달하는 데 어려움이 없도록 하자.

아래 기술하는 어휘의 뜻풀이는 모두 국립국어원 표준국어대사전에서 가져왔음을 밝혀 둔다. 어휘들을 체언과 수식언, 용언으로 구분하여 살펴보겠다. 이 구분은 특별한 의미가 있는 것은 아니고 편의상의 기술 방법일 뿐이다.

1) 체언과 수식언

번호	어휘	뜻풀이	사용 예문
①	거저	아무런 노력이나 대가 없이. 아무것도 가지지 않고 빈손으로.	그는 돈도 안 내고 **거저** 가지려 했다. 생일파티를 한다는데 **거저** 갈 수는 없어.
	그저	변함없이 이제까지. 다른 일은 하지 않고 그냥. 특별한 목적이나 이유 없이.	하루 종일 비가 **그저** 내리고 있다. 아이는 **그저** 하염없이 울고만 있었다. **그저** 한 행동에 가슴이 두근거렸다.

②	계기	어떤 일이 일어나거나 변화하도록 만드는 결정적인 원인이나 기회.	그 나라에도 그 일을 **계기**로 거대한 개혁이 시작되었다.
	빌미	재앙이나 탈 따위가 생기는 원인.	그 사건을 **빌미**로 삼아 대대적인 탄압이 벌어졌다.
③	한글	우리나라 고유 문자의 이름.	**한글**은 세계에서 가장 과학적인 글자라는 평가를 받는다.
	한국어	한국인이 사용하는 언어.	요즘은 **한국어**를 배우려는 외국인이 많다고 들었다.
④	과반수	절반이 넘는 수.	그 법안은 출석 의원 **과반수**의 찬성을 얻어 통과되었다.
	반수	전체의 절반이 되는 수.	그 법안은 출석 의원의 **반수** 이상이 찬성을 하여 통과되었다.
⑤	너머	높이나 경계로 가로막은 사물의 저쪽. 또는 그 공간.	강 **너머**에는 누가 사는지 궁금하다.
	넘어 (넘다)	동사 '넘다'가 활용한 형태	너무 급한 나머지 담을 **넘어** 뛰어갔다.
⑥	유래	사물이나 일이 생겨남. 또는 그 사물이나 일이 생겨난 바.	사물의 **유래**를 알고 나면 그 사물이 더욱 친근하게 느껴진다.
	유례	같거나 비슷한 예. 이전부터 있었던 사례.	오늘 역사상 **유례**가 없는 일이 벌어졌다.
⑦	홀몸	배우자나 형제가 없는 사람.	교통사고로 가족을 모두 잃고 **홀몸**이 되었다.
	홑몸	아이를 배지 아니한 몸.	그녀는 이제 **홑몸**이 아님을 알고 배 속의 아이를 위해 모든 것을 조심하였다.

[기초 학습 활동]

■ 다음 단어들을 모두 사용하여 짧은 글을 완성하십시오. 단, 두 단어의 의미 차이가 분명히 드러나도록 작성하십시오.

① 거저/그저	나는 어떤 것이든지 **거저** 가지려는 사람들의 태도가 못마땅하다. 그저 열심히 노력하면 언젠가는 그에 대한 대가가 주어진다는 것을 그들은 왜 모를까. 나는 **거저** 얻으려는 마음을 멀리하고 **그저** 묵묵히 내 갈 길을 가야겠다.
② 계기/빌미	
③ 한글/한국어	
④ 과반수/반수	
⑤ 너머/ 넘어(넘다)	어렸을 때는 무지개를 보면 마음이 설렜다. 저 무지개 **너머**에는 어떤 나라가 있을까 하며 그 무지개를 **넘어** 동화에 나오는 앨리스처럼 다른 세계로 들어가는 상상에 빠지기도 했다.
⑥ 유래/유례	
⑦ 홀몸/홑몸	

■ 다음 단어들의 의미를 표준국어대사전에서 찾아 쓰고 사용 예문을 쓰십시오. 단, 단어의 의미가 분명히 드러나도록 작성하십시오.

번호	어휘	뜻풀이	사용 예문
①	결재		
	결제		
②	때문		
	덕분		
	탓		
③	껍데기		
	껍질		
④	반증		
	방증		
⑤	비율		
	비중		
⑥	한참		
	한창		
⑦	햇볕		
	햇빛		

2) 용언

번호	어휘	뜻풀이	사용 예문
①	가르치다	지식이나 기능, 이치 따위를 깨닫게 하거나 익히게 하다.	남편은 아내에게 운전을 **가르치다** 결국 싸우고 말았다.
	가리키다	손가락 따위로 어떤 방향이나 대상을 집어서 보이거나 말하거나 알리다.	그가 **가리키는** 곳을 바라보니 거기에는 사자가 서 있었다.
②	늘리다	물체의 넓이, 부피 따위를 본디보다 커지게 하다.	그 가게는 장사가 잘 되었는지 매장 규모를 두 배로 **늘렸다**.
	늘이다	본디보다 더 길게 하다.	고무줄을 너무 **늘이면** 끊어진다.
③	다리다	옷이나 천 따위의 주름이나 구김을 펴고 줄을 세우기 위하여 다리미나 인두로 문지르다.	아침마다 교복을 **다려야** 하니 너무 바쁘다.
	달이다	액체 따위를 끓여서 진하게 만들다. 약재 따위에 물을 부어 우러나도록 끓이다.	어렸을 때 온 집안이 간장을 **달이는** 냄새로 가득 찼던 기억이 있다. 할머니는 아직도 당신 손으로 한약을 **달이신다**.
④	담다	어떤 물건을 그릇 따위에 넣다.	김치는 김치통에 **담아야지**.
	담그다	김치·술·장·젓갈 따위를 만드는 재료를 버무리거나 물을 부어서, 익거나 삭도록 그릇에 넣어 두다.	엄마가 김치를 **담갔으니** 가져가라고 전화를 하셨다.
⑤	들르다	지나는 길에 잠깐 들어가 머무르다.	집에 오는 길에 편의점에 **들러** 삼각김밥을 샀다.
	들리다	사람이나 동물의 감각 기관을 통해 소리가 알아차려지다. '듣다'의 피동사.	밤마다 어디선가 쿵쾅거리는 소리가 **들려서** 잠을 잘 수가 없어.

⑥	부치다	모자라거나 미치지 못하다. 편지나 물건 따위를 일정한 수단이나 방법을 써서 상대에게로 보내다.	힘에 **부쳐서** 이제 일을 할 수가 없다. 여행지에서 편지를 **부치는** 일은 특별한 감상에 젖게 한다.
	붙이다	맞닿아 떨어지지 않게 하다. '붙다'의 사동사.	풀로 잘 **붙여야** 안 떨어지지.
⑦	바라다	생각이나 바람대로 어떤 일이나 상태가 이루어지거나 그렇게 되었으면 하고 생각하다.	언젠가는 멋진 모습으로 내 앞에 당당하게 나타나기를 **바랄게**.
	바래다	볕이나 습기를 받아 색이 변하다.	베란다에 두었더니 색이 모두 **바래**서 거의 흰색에 가까워졌다.

 [기초 학습 활동]

■ 다음 단어들을 모두 사용하여 문장을 완성하십시오. 단, 두 단어의 의미 차이가 분명히 드러나도록 작성하십시오.

① 가르치다/ 가리키다	선생님은 학생들에게 그 공식을 **가르치기** 위해서 많은 준비를 해 오셨다. 하지만 선생님이 **가리키는** 자료를 보아도 선생님이 하시는 말씀이 무슨 뜻인지 이해하기는 너무 어려웠다.
② 늘리다/ 늘이다	
③ 다리다/ 달이다	
④ 담다/담그다	

⑤ 들르다/ 들리다	아래층 집 아이들이 요즘 너무 심하게 뛴다. 밤 늦게까지도 쿵쾅거리는 소리가 **들려서** 잠을 이룰 수가 없을 정도이다. 오늘 퇴근길에는 아래층 집에 잠시 **들러서** 조심스럽게 말을 꺼내 봐야겠다.	
⑥ 부치다/ 붙이다		
⑦ 바라다/ 바래다		

■ 다음 단어들의 의미를 표준국어대사전에서 찾아 쓰고 사용 예문을 쓰십시오. 단, 단어의 의미가 분명히 드러나도록 작성하십시오.

번호	어휘	뜻풀이	사용 예문
①	나가다		
	나아가다		
②	벌리다		
	벌이다		
③	다르다		
	틀리다		
④	두껍다		
	두텁다		

⑤	맞추다		
	맞히다		
⑥	빌다		
	빌리다		
⑦	지양하다		
	지향하다		

[심화 학습 활동]

■ 다음의 사진을 자신의 사회관계망 서비스(SNS)에 올려 보세요.

1. 어떤 주제로 올릴까요?

2. 해시태그로 설정할 단어들을 쓰세요

3. 이 사진을 하나의 문장 안에 '반증'과 '방증'을 모두 사용하여 설명하세요.

4. 다른 친구들은 어떻게 설명하였는지 확인하세요.

5. 나와 친구들이 작성한 글에 단어 사용의 오류가 없는지 확인하세요. 오류가 있다면 표준국어대사전을 활용하여 바로잡으세요.

■ 다음의 사진을 자신의 사회관계망 서비스(SNS)에 올려 보세요.

1. 어떤 주제로 올릴까요?
2. 해시태그로 설정할 단어들을 쓰세요

3. 이 사진을 하나의 문장 안에 '바라다'와 '바래다'를 모두 사용하여 설명하세요.

4. 나와 친구들이 작성한 글에 단어 사용의 오류가 없는지 확인하세요. 오류가 있다면 표준국어대사전을 활용하여 바로잡으세요.

참고문헌

국립국어원(https://www.korean.go.kr)
국립국어원 표준국어대사전(https://stdict.korean.go.kr)
우리말샘(https://opendic.korean.go.kr)
이익섭 외, 『한국언어지도』(태학사, 2008)

5장
표준 문장: 정확한 문장, 바른 문장

단원 설정 배경

글의 중심 내용을 표현하는 단위는 중심 문장이다. 중심 문장으로 그 글에서 전달하려는 내용을 분명하게 표현하고, 뒷받침 문장들로 중심 문장의 내용을 상세하게 설명하거나 그 내용을 강조한다. 그러므로 문장은 글의 내용을 전달하는 데 가장 핵심적인 역할을 하는 단위이다. 그런데 문장이 구조적으로 올바르지 않거나 표현하는 바가 무엇인지를 파악하기 어렵게 쓰였다면, 그 글은 핵심 내용을 전달하는 데 실패할 수 있다. 따라서 독자들이 글쓴이의 의도를 정확하게 파악할 수 있도록 문장을 쓰는 데 심혈을 기울일 필요가 있다.

단원 설정의 필요성

좋은 문장이라 하면 흔히 누구도 생각해 내지 못한 새로운 표현이나 누구나 감탄할 만한 멋진 표현을 생각하기도 한다. 물론 그런 문장들도 좋은 문장이다. 하지만 새로운 표현, 멋진 표현이 내용을 정확하게 전달하는 데 실패한다면 좋은 문장이라 하기 어렵다. 오히려 단순하고 평범하지만 독자와 원활하게 소통할 수 있도록 정확한 의미를 담은 문장이 가장 좋은 문장이라 할 수 있다. 따라서 좋은 글을 쓰고 싶다면 어떤 것이 구조적으로 올바르고 전달하려는 바를 분명하게 표현한 문장인지를 익힐 필요가 있다.

학습 목표

1. 좋은 문장의 기본 조건을 알고 이를 실제 문장 쓰기에 적용할 수 있다.
2. 문장의 필수 성분을 알고 구조적으로 올바른 문장을 쓸 수 있다.
3. 문장의 오류를 파악하고 이를 바로잡아서 정확한 문장을 쓸 수 있다.

목표 핵심 역량

1. 좋은 문장의 기본 조건을 알고 이를 실제 문장 쓰기에 적용하여 정확한 의사소통 능력을 키운다.
2. 문장의 필수 성분을 알고 올바른 문장을 써서 정확한 표현 능력을 향상한다.
3. 오류 문장을 수정함으로써 정확한 문장을 익혀 정보 처리 능력을 키운다.

핵심어

문장, 문장 성분, 필수 성분, 주어, 목적어, 서술어, 목적어, 보어

[생각할 거리]

영국에서 마지막 날에는 지금까지 내가 영국에서 다양한 외국인 친구들과 학교도 다니면서 새로운 경험도 해보고 한국과 다른 학교생활을 하면서 새로운 것도 많이 보고 배우며 지내고, 도서관, 대형 마트, 멋지고 유명한 관광지 등 다니면서 하나하나씩 배워가며 나는 그 환경이 너무 좋아 계속 살고 싶었다.

■ 이 문장에는 어떤 문제가 있는지 말씀해 보세요.

■ 이 문장을 적절하게 수정해 보세요.

1. 좋은 문장의 조건

　문장은 하나의 완결된 내용을 표현하는 최소의 의미 단위이다. 이 문장들이 모여서 하나의 단락을 이루고, 여러 단락이 모여서 한 편의 글을 이룬다. 따라서 좋은 글의 가장 기초는 좋은 문장이라 할 수 있다. 문장이 올바르지 않으면 글 전체의 의미가 부정확해지면서 독자에게 의미를 전달하는 데 실패하기 때문이다.

　좋은 문장의 첫 번째 조건은 정확한 구조이다. 이는 문장에 필수적인 요소인 주어, 목적어, 보어, 서술어를 잘 갖추고 있으며, 그것들이 적절한 순서로 배치된 문장을 의미한다. 꼭 필요한 문장 성분이 빠져 있는 문장은 의미를 전달하는 데 실패하기 십상이다. 그러므로 문장을 쓰고 난 다음에는 필요한 성분들을 잘 갖춰서 썼는지를 점검해야 한다. 또한 불필요한 부분이 포함되어 있지는 않은지도 살펴야 한다.

　다음 문장을 보면서 어떤 부분이 잘못되었는지 살펴보자.

> ① 가족과 방문하게 될 경우 특히 아이와 동행하게 될 경우는 만지는 것은 피해야 한다.
> ② 그곳으로 들어가는 길은 단양 8경으로 들어설 수 있게 그 길을 택했다.

　①번 문장은 필요한 문장 성분이 부적절하게 생략되어 있다. ①번은 아이와 함께 동행할 경우에 '무엇을' 만지는 것을 피해야 하는지 알 수 없다. 이처럼 필요한 목적어가 생략되어 있다 보니 이 문장이 어떤 곳을 방문할 때의 유의 사항을 전하고 있는지 짐작이 되지 않는다. 또한 잘 살펴보면 이 문장에는 '누가' 만진다는 것인지도 생략되어 있다. 문장의 내용으로 보아 가족이나 아이가 그 주체가 될 것이라 유추할 뿐이다. 따라서 이 문장은 주어와 목적어를 모두 갖춰 주어야 한다. '가족과 방문할 경우, 특히 아이와 동행하면 이곳에 전시된 물건을 만지는 것을 피해야 한다.', '가족과 방문하였을 때 아이가 이곳에 전시된 물건을 만지지 않도록 해야 한다.' 정도로 수정하면, 전달하려는 내용이 좀 더 명확해진다.

　②번 문장은 '그곳으로 들어가는 길은'과 '단양 8경으로~길을 택했다.' 사이에 많은 내용이 생략되어 있다. 이 문장대로라면 '그곳으로 들어가는 길'과 '그 길을 택했다'고 할 때의

길이 같은 길인지 다른 길인지조차 알기가 힘들다. 그러니까 이 문장은 '그곳으로 들어가는 길은' 부분을 보완하여 완전한 문장으로 기술하여야 의미가 좀 더 명확해질 수 있다. 이 문장은 이 문장에 담고 있는 것보다 훨씬 많은 정보가 있어야 수정할 수 있다. 어쩌면 이 문장은 '그곳으로 들어가는 길은' 부분이 불필요한 경우일 수도 있다. 그러니까 이 맥락에서는 '그곳으로 들어가는 길'이라는 내용은 불필요한 정보일 가능성도 있다.

자신이 쓴 문장이 좋은 문장인지 아닌지를 판단하려면 문장의 필수 성분들이 잘 갖춰져 있는지, 혹시 불필요한 정보가 포함되어 있지는 않은지를 확인해 보면 된다. 필수 성분들이 부적절하게 생략되었다면 적절하게 보충하고, 불필요한 정보가 포함되어 있다면 과감하게 삭제하면 좋은 문장이 될 수 있다.

좋은 문장의 두 번째 조건은 명료한 의미 표현이다. 독자들이 글을 읽으면서 어렵다고 느끼는 이유는 대략 두 가지 정도이다. 하나는, 원래 어려운 내용을 다루고 있는 글인 경우이다. 자신이 배운 적이 없거나 관련 지식이 없는 분야의 글을 읽으면 내용이 어렵게 느껴질 수밖에 없다. 상대성 이론이라든가 천체 물리학 등을 다룬 글은 대부분의 사람들에게는 어렵다. 그와 관련된 기본 지식이 적거나 거의 없기 때문이다. 이 경우에 글의 내용을 이해하지 못한 책임은 글쓴이가 아니라 읽는 이에게 있다. 글을 읽는 사람이 글의 내용을 더 잘 이해할 수 있도록 좀 더 많은 정보를 습득하는 노력을 기울여야 한다.

다른 하나는, 잘못된 문장으로 가득 찬 경우이다. 잘못된 문장에서는 글쓴이가 무엇을 표현하고자 하였는지를 알아내기가 어렵거나 아예 무슨 말인지 알아내기가 불가능한 경우도 있다. 이 경우에 글을 어렵게 만든 책임은 전적으로 글쓴이에게 있다. 글쓴이에게는 자신이 쓴 글의 내용이 독자에게 잘 전달되도록 노력해야 할 의무가 있다. 따라서 글쓴이는 자신의 문장들이 의미를 명료하게 표현하고 있는지를 확인해야 한다.

문장이 명료하도록 하는 방법은 의외로 매우 쉽다. 문장을 단순하게 쓰면 그 내용은 자연스레 분명해진다. 좋은 글은 어떻게 쓰는지를 다루는 책들에서는, 하나의 문장 안에는 하나의 의미만 담기도록 하라고 조언한다. 흔히 말하는 '1 문장 1 의미의 원칙'이다. 하나의 문장 안에 하나의 의미만을 담으면 문장은 단순하고 짧아진다.

다음 문장은 하나의 문장 안에 여러 내용을 담고 있다. 그러다 보니 문장도 길어지고 이 문장으로 무슨 말을 하려는지 알아들을 수 없게 되어 버렸다.

> 영국에서 마지막 날에는 지금까지 내가 영국에서 다양한 외국인 친구들과 학교도 다니면서 새로운 경험도 해보고 한국과 다른 학교생활을 하면서 새로운 것도 많이 보고 배우며 지내고, 도서관, 대형 마트, 멋지고 유명한 관광지 등 다니면서 하나하나씩 배워가며 나는 그 환경이 너무 좋아 계속 살고 싶었다.

위 문장에서 글쓴이가 정말로 하고 싶었던 이야기는, '그 환경이 너무 좋아 계속 살고 싶었다'인 것으로 보인다. 이 문장의 상황을 유추해 보자. 글쓴이는 아마도 영국에서 일정 기간 동안 학교생활을 하였고, 지금은 그 생활을 마친 마지막 날인 듯하다. 그 마지막 날에, 영국에서 지냈던 시간을 되돌아보니 학교도 다녔고 여러 가지 새로운 경험을 했다는 생각에 이른 듯하다. 그러면 이 문장에서는 영국에서의 마지막 날 자신의 생각이나 느낌만 표현하면 된다. 마지막 날을 언급한 걸 보면, 이 문장은 영국 생활을 담은 한 편의 글에 포함된 하나의 문장으로 보인다. 그러면 아마도 영국에서 어떻게 생활하였는지는 이미 이 문장 앞에서 모두 기술되었을 것이다. 그렇다면 이 문장에서는 '지금까지 내가~하나하나씩 배워가며' 부분은 과감하게 삭제해야 한다.

그렇게 해서 이 문장을 수정해 보면, '마지막 날에 그동안 영국에서 학교를 다니면서 경험했던 모든 일들을 되돌아보니 나는 그곳에서 계속 살고 싶을 만큼 그곳이 너무 좋았다.' 정도가 될 수 있겠다. 수정한 문장에서도 앞부분은 과감하게 모두 삭제하고 '나는 그곳에서 계속 살고 싶을 만큼 그곳이 너무 좋았다.'만 남겨 두면 글쓴이가 전달하려는 의미가 훨씬 명료해진다. 글쓰기의 본래 목적인 타인과의 원활한 의사소통을 이루고자 한다면, 이처럼 의미가 분명하게 표현된 문장으로 글을 구성하는 것이 좋다.

좋은 문장은 누구에게나 쉽게 읽히고 누구에게나 쉽게 이해되는 문장이다. 필수 성분을 잘 갖추고 불필요한 내용은 포함하지 않도록 글을 쓰면, 그 글은 타인과 원만하게 소통을 이룰 수 있을 것이다.

> **[개념 확인 활동]**

| 좋은 문장을 쓰려면 어떤 점에 유의해야 할까요? |

| 자신이 생각하는 좋은 문장의 조건을 말해 보세요. |

2. 구조가 정확한 문장

구조가 정확한 문장을 쓰려면 문장을 단순하게 만들어야 한다. 문장이 길어지면 실수가 발생하기 쉽다.

구조적으로 정확한 문장인지 아닌지를 확인하는 방법은 매우 간단하다. 다른 문장 성분은 모두 놔두고 주어와 서술어, 주어와 목적어와 서술어, 주어와 보어와 서술어만 확인하면 된다.

먼저, 주어와 서술어가 적절하게 호응하는지를 살펴보면 된다. 목적어가 있는 문장의 경우는 주어와 서술어, 주어와 목적어, 목적어와 서술어의 관계가 정확한지 확인하면 된다. 보어가 있는 문장의 경우는 주어와 서술어, 주어와 보어, 보어와 서술의 관계에 어색함이 없는지 확인해 보자. 이처럼 문장 성분 간의 의미가 적절하게 연결되고 있는지를 살펴보면 문장의 잘된 부분과 잘못된 부분이 쉽게 눈에 들어온다.

문장의 구조적인 문제는 주로 필요한 주어가 생략된 경우, 필요한 서술어가 생략된 경우, 서술어가 적절하지 않은 경우, 목적어가 생략된 경우, 부사어가 적절하지 않은 경우, 부사어와 서술어의 호응이 부적절한 경우에 발생한다. 다음에서 좀 더 자세하게 살펴보자.

필요한 주어가 생략되는 오류는 주로 이어진문장에서 보인다. 이어진문장은 '둘 이상의 절(節)이 연결 어미에 의하여 결합된 문장'을 말한다. 문장의 앞부분과 뒷부분의 주어가 같을 때는 뒷부분의 주어를 생략하는 것이 일반적이다. 그런데 문맥상 주어가 무엇인지 추정할 수 있다고 해도, 문장의 앞부분과 뒷부분의 주어가 형태가 다를 때에는 주어를 모두 갖추어 적어야 한다. 이때 필요한 주어를 잘 챙기지 않으면 올바르지 않은 문장이 된다.

1	오류 문장	영희는 지금 당장 이사를 가려고 했지만, 자신의 경제적 사정을 고려하지 않은 성급한 결정이었다.
	수정 문장	영희는 지금 당장 이사를 가려고 했지만, **그것은** 자신의 경제적 사정을 고려하지 않은 성급한 결정이었다.
	수정 이유	위 문장은 '영희는 ~ 가려고 했다'와 '(누구/무엇) ~ 결정이었다'의 두 문장이 결합되어 이루어진 문장이다. 따라서 문장의 앞부분과 뒷부분은 각각의 주어와 서술어로 이루어져 있다. 그렇기 때문에 뒷부분의 주어를 생략해서는 안 된다.
2	오류 문장	작년에는 이 마을 사람 하나가 쓰나미로 세상을 떠났고, 올해에는 조난 사고로 목숨을 잃었다.
	수정 문장	작년에는 이 마을 사람 하나가 쓰나미로 세상을 떠났고, 올해에는 **다른 한 사람이** 조난 사고로 목숨을 잃었다.
	수정 이유	위 문장은 '이 마을 사람 하나는 ~ 떠났다'와 '(누구/무엇) ~ 잃었다'의 두 문장이 결합되어 이루어진 문장이다. 앞 문장과 뒷 문장은 각각의 주어와 서술어로 이루어져 있기 때문에 그 어느 것도 생략해서는 안 된다.
3	오류 문장	나는 피아노를 잘 치고 싶어서 학원에 다녔는데 엄마 친구였다.
	수정 문장	
	수정 이유	

4	오류 문장	외국에 가면 말은 저절로 배울 거라는 기대로 준비 없이 떠나면 낭패를 당하기 쉽다.
	수정 문장	
	수정 이유	
5	오류 문장	쓰레기는 인체에 유해할 뿐만 아니라 환경에 미치는 심각성을 잘 이해해야 한다.
	수정 문장	
	수정 이유	

필요한 서술어가 생략되어서 발생하는 오류는, 주로 두 개의 문장이 조사 '-와/과'나 연결 어미 '-고'로 이어지는 문장에서 보인다. 조사 '-와/과'나 연결 어미 '-고'로 이어지는 문장은 그 앞과 뒤의 문장이 같은 형식이어야 한다. 문맥상 생략된 부분을 추측하는 것이 가능하다 하여도 조사 '-와/과'나 연결 어미 '-고'의 앞뒤에 오는 문장이 서로 다른 주어나 서술어로 이루어져 있다면 반드시 이를 갖추어서 적어야 한다.

1	오류 문장	김치는 맛도 영양도 많아 점점 많은 사랑을 받고 있다.
	수정 문장	김치는 맛도 **좋고** 영양도 많아 점점 더 많은 사랑을 받고 있다.
	수정 이유	이 문장은 '김치는 맛이 + 서술어'와 '김치는 영양이 + 많다'의 두 문장이 결합되어 이루어졌다. 그런데 '영양이'의 서술어는 '많다'로 밝혀져 있으나 '맛이'의 서술어는 생략되고 없다. '맛이 많다'는 자연스럽지 않은 표현이므로 '많다'는 '맛이'의 서술어로 적절하지 않다. 따라서 '맛이'와 의미상 어울리는 적절한 서술어를 갖추어 적어야 한다.
2	오류 문장	특히 여름에는 에너지 절약 및 작업 능률을 향상하는 데 힘써야 한다.

2	수정 문장	특히 여름에는 **에너지를 절약하고** 작업 능률을 향상하는 데 힘써야 한다.
	수정 이유	'및'은 '그리고', '그 밖에', '또'의 뜻으로, 문장에서 같은 종류의 성분을 연결할 때 쓰는 부사이다. 위 문장에서 '및'은 조사 '-와/과'와 동일한 기능을 하고 있다. 위 문장은 '에너지 절약 + 서술어'와 '작업 능률을 + 향상하다'의 두 문장이 이어져 이루어졌다. 그런데 '작업 능률을 향상하다'는 자연스럽지만, '에너지 절약을 향상하다'는 의미상 자연스럽지 않은 문장이다. 따라서 문장의 내용에 맞게 '에너지를 절약하다'로 수정하는 것이 좋겠다.
3	오류 문장	주민들은 보상 거부와 환경 영향 재평가를 강력하게 요구하고 있다.
	수정 문장	
	수정 이유	
4	오류 문장	외국인 노동자에 대한 인식의 변화와 관심이 높아지고 있다.
	수정 문장	
	수정 이유	
5	오류 문장	이번 실험에서 과학자와 첨단 장비들이 얼마나 성능을 발휘할지 의문이다.
	수정 문장	
	수정 이유	

주어와 서술어가 호응이 되지 않는 데에는 위에서 살펴본 것처럼 필요한 주어나 서술어를 부적절하게 생략하는 것 말고도 여러 가지 이유가 있다. 여기에서는 주어와 서술어의 호응이 이루어지지 않는 여러 사례들을 오류 문장으로 살펴보기로 하자.

1	오류 문장	축사의 폐수를 분리하도록 한 것은 축사 주변의 환경 보호를 위한 조치를 강화한 대표적인 예로 들 수 있다.
	수정 문장	축사의 폐수를 분리하도록 한 것은 축사 주변의 환경 보호를 위한 조치를 강화한 대표적인 예이다./축사의 폐수를 분리하도록 하여 축사 주변의 환경 보호를 위한 조치를 강화하였다.
	수정 이유	위의 문장의 주어 부분과 서술어 부분을 간략하게 하여 보면 '분리하도록 한 것은 ~ 들 수 있다'가 된다. 이렇게 살펴보면 주어부와 서술어부의 품사가 서로 다르다는 것을 알 수 있다. 따라서 위의 문장은 '것은 ~ 예이다'로 수정해야 한다.
2	오류 문장	그의 주장은 기존의 이론을 새롭게 조명한 것이라 하여 크게 주목받았을 뿐만 아니라 반대도 많았다.
	수정 문장	그의 주장은 기존의 이론을 새롭게 조명한 것이라 하여 크게 주목받았을 뿐만 아니라 그 가치를 인정받았다.
	수정 이유	'뿐(만) 아니라'는 이 어구의 앞에 오는 내용이 긍정이면 뒤에 오는 내용도 긍정이어야 하고, 앞에 오는 내용이 부정이면 뒤에 오는 내용도 부정이어야 한다. 조사 '-도'로 이어지는 문장도 마찬가지이다. 'A도 + B도'의 문장이라면 A와 B가 모두 긍정이든지, 모두 부정이어야 한다. 그래야 내용 연결이 자연스럽다.
3	오류 문장	그의 어릴 때 소박한 꿈은 그녀와 결혼하고 싶었다.
	수정 문장	
	수정 이유	
4	오류 문장	수박의 당도는 줄무늬보다 꼭지를 보고 고르는 것이 요령이다.
	수정 문장	
	수정 이유	
5	오류 문장	의원들의 의견은 청년 실업 문제에 관심을 갖자는 데 뜻을 모았다.
	수정 문장	
	수정 이유	

목적어가 부적절하게 생략된 경우도 구조적으로 잘못된 문장이다. 한국어 문장에서는 문장의 필수 성분인 주어, 서술어는 물론이고 목적어도 흔히 생략된다. 하지만 생략되어서는 안 되는 목적어가 생략이 되어 버리면 문장의 의미가 모호해진다. 따라서 필요한 목적어는 반드시 갖추어서 적어야 한다.

1	오류 문장	우리가 전기를 아껴 쓴다면 자원 낭비와 깨끗한 환경을 지킬 수 있다.
	수정 문장	우리가 전기를 아껴 쓴다면 **자원 낭비를 줄이고** 깨끗한 환경을 지킬 수 있다.
	수정 이유	위 문장은 목적어와 서술어의 연결이 자연스럽지 않은 오류를 보이는 문장이다. 위 문장은 '자원 낭비를 + 서술어'와 '깨끗한 환경을 + 지키다'의 두 문장으로 이루어졌다. '깨끗한 환경을 지키다'는 자연스러운 연결이지만, '자원 낭비를 지키다'는 어색한 표현이다. 따라서 '자원 낭비를'에 어울리는 적절한 서술어를 갖추어 적어야 한다.
2	오류 문장	나는 좋은 의사가 되기 위해 남보다 두 배로 열심히 할 것이다.
	수정 문장	나는 좋은 의사가 되기 위해 남보다 두 배로 열심히 **공부를/노력을** 할 것이다.
2	수정 이유	위 문장은 '나는 ~ 할 것이다'로 이루어져 있다. 그런데 열심히 하는 이유('좋은 의사가 되기 위해')는 밝혀져 있지만 그러기 위해서 '무엇을' 하겠다는 것인지는 밝혀져 있지 않다. 물론 이 문장의 목적어는 '노력'이나 '공부' 정도가 들어가는 것이 자연스러울 것이다. 하지만 이렇게 대략 짐작이 가능하다고 해서 필요한 목적어를 갖추어 적지 않는다면, 읽는 사람이 자기 마음대로 글을 해석할 수도 있다. 따라서 필요한 목적어는 반드시 갖추어 적어야 한다.
3	오류 문장	그는 매사에 쉽게 처리하는 경향이 있다.
	수정 문장	
	수정 이유	

4	오류 문장	인간은 자연에 순응하면서도 이용하면서 살아간다.
	수정 문장	
	수정 이유	
5	오류 문장	그는 자신의 성격이 무척 오만하다는 것을 알면서도 남들에게서는 듣기 싫어한다.
	수정 문장	
	수정 이유	

필요한 부사어가 부적절하게 생략되는 경우에도 잘못된 문장일 수 있다. 부사어는 필수적인 문장 성분은 아니다. 하지만 부사어가 생략되면 의미가 모호해지는 문장들이 있다. 그럴 경우에는 문장의 의미에 맞는 적절한 부사어를 갖추어 적어야 한다.

1	오류 문장	길을 다니거나 놀 때에는 항상 차를 조심해야 한다.
	수정 문장	길을 다니거나 **길에서** 놀 때에는 항상 차를 조심해야 한다.
	수정 이유	이 문장대로라면, 이 문장은 '길을 다니다'와 '길을 놀다'가 결합한 문장이 되어 버린다. 하지만 '길을 놀다'는 매우 이상한 표현이다. 따라서 '놀다'에 어울리는 적절한 어구를 갖추어 적어야 한다.
2	오류 문장	그는 진실한 사랑의 약속으로 준비했던 반지를 주었다.
	수정 문장	그는 **그녀에게** 진실한 사랑의 약속으로 준비했던 반지를 주었다./그는 진실한 사랑의 약속으로 준비했던 반지를 **그녀에게** 주었다.
2	수정 이유	동사 '주다'와 '받다'는 '…에/에게 …을'의 구조를 취한다. 따라서 '무엇에 또는 누구에게' '무엇을'이라는 두 대상이 모두 밝혀져야 한다. 위 문장에서도 '그가 '누구에게' 반지를 주었는지를 밝혀 적어야 한다.
3	오류 문장	자격증은 취업은 물론 승진에서도 유리하다.
	수정 문장	

4	수정 이유	
	오류 문장	≪삼국유사≫에 보면 서동이 서동요를 퍼뜨려 선화 공주와 결혼하였다는 이야기가 나온다.
	수정 문장	
	수정 이유	

부사어와 서술어의 호응 관계에 유의해야 하는 문장 구조도 있다. 한국어 문장에는 특정한 부사어에는 반드시 특정한 서술어가 연결되는 것들이 있다. 그 호응 관계를 지키지 않으면 구조적으로 올바르지 않은 문장이 될 뿐만 아니라 문장의 의미도 모호해진다. 따라서 부사어와 서술어의 호응 관계에 유의하면서 문장을 적어야 한다.

1	오류 문장	새침한 표정과는 달리 말투가 여간 상냥하다.
	수정 문장	새침한 표정과는 달리 말투가 **여간** 상냥하**지 않다**.
	수정 이유	부사어 '여간'은 주로 부정적 의미를 나타내는 말과 함께 쓰인다. 그래서 '여간 ~ 아니다'나 '여간 ~ 지 않다'의 문장 구조를 취한다. 예를 들어, '여간 힘든 일이 아니다'라든가 '여간 기쁘지(가) 않다'와 같은 문장을 쓸 수 있다. 따라서 부사어 '여간'이 문장의 앞부분에 오면 뒷부분에는 부정적인 내용을 반드시 취해야 한다.
2	오류 문장	각 지방 자치 단체가 한 나라의 혈관이라면 중앙 정부는 마치 심장 구실을 한다.
	수정 문장	각 지방 자치 단체가 한 나라의 혈관이라면 중앙 정부는 마치 심장과 같은 구실을 한다.
	수정 이유	부사어 '마치'는 흔히 '처럼, 듯, 듯이' 따위가 붙은 단어나 '같다, 양하다' 따위와 함께 쓰여 '거의 비슷하게.'라는 의미를 나타낸다. 따라서 위 문장도 부사어 '마치'와 어울리도록 서술어부를 수정해야 한다.

3	오류 문장	마치 누군가가 집값을 조작하려는 인상을 받았다.
	수정 문장	
	수정 이유	
4	오류 문장	그것은 결코 우연한 일이었다.
	수정 문장	
	수정 이유	
5	오류 문장	선거법을 어기고도 뉘우치지 않는 국회의원은 마땅히 처벌받을 수 있다.
	수정 문장	
	수정 이유	

[기초 학습 활동]

■ 다음 문장들의 오류를 수정하고 그 이유를 설명하세요.

1	오류 문장	사고 예방법을 습득 및 응급 처치법을 실천할 수 있도록 지도하였다.
	수정 문장	
	수정 이유	
2	오류 문장	테니스를 즐기는 사람들 중 허리, 어깨, 팔꿈치의 통증은 누구나 한 번쯤 경험한다.
	수정 문장	
	수정 이유	

3	오류 문장	오물을 방치하고 노상에 방뇨하거나 소란스러운 행위는 타인을 고려하지 않는 이기주의적 발상의 행위다.
	수정 문장	
	수정 이유	
4	오류 문장	그해에 관련 종목의 협회가 창설되었고 빠르게 대중화되고 있는 종목 중 하나이다.
	수정 문장	
	수정 이유	
5	오류 문장	해당 기술을 알아보고 기술 습득을 위해 많은 노력을 해야 한다.
	수정 문장	
	수정 이유	
6	오류 문장	몇 년을 준비한 끝에 가장 접근성이 뛰어나고 경치가 좋은 이곳을 결정했다.
	수정 문장	
	수정 이유	
7	오류 문장	축구는 넓은 경기장에서 왕성한 체력과 투지를 필요로 하는 단체운동이다.
	수정 문장	
	수정 이유	
8	오류 문장	그 나라는 섬 국가들과 대륙 사이에 위치하여 다리 역할을 하는 지리적 여건으로 인해 근본적으로 서로 다른 문화들 간의 수많은 접촉이 있었다.
	수정 문장	
	수정 이유	

[심화 학습 활동]

■ 다음 사진으로 아래의 활동을 해 보세요.

이 사진을 5개의 문장으로 표현해 보세요.

모둠원끼리 순서대로 소리 내어서 문장을 읽어 보세요.
(1) 잘 쓴 문장이 있다면 어떤 부분이 좋은지 이야기를 나누어 보세요.

(2) 문장에 오류가 있다면 함께 오류를 수정해 보세요.

■ 인터넷에서 필요한 자료를 검색하여 읽은 다음 활동을 해 보세요.

| 자신이 읽은 글에서 오류가 있는 문장을 찾아보세요. |

| 오류가 있는 부분을 지적하시고 왜 오류인지를 설명하세요. |

| 문장의 오류를 모둠원들과 함께 수정하세요. |

참고문헌

국립국어원(https://www.korean.go.kr)
국립국어원 표준국어대사전(https://stdict.korean.go.kr)
이수라 외, 『융복합 시대의 교양 글쓰기』(글누림, 2015)

채굴 글쓰기
-장미영-

06장 서사(자초지종): 팔하를 찾아서

07장 설명(명실상부): Q는 A다

08장 논증(일이관지): 왜냐하면

09장 묘사(이심전심): 실감나게

10장 수사(문질빈빈): 꾸민 듯 안 꾸민 듯

채굴 글쓰기

1. 채굴 글쓰기란 무엇인가

'채굴 글쓰기(採掘 作文, Mining Writing)'란 유사(有史) 이래 인류가 축적해 놓은 언어자료 중에서 유용한 언어표현을 추출하여 새롭게 유의미한 글을 생성하는 글쓰기이다. '글쓰기'라는 일반명사에 '채굴(採掘, mining)'이라는 관형어가 붙은 이유는 '채굴 글쓰기'라는 용어가 무언가를 캐낸다는 것에 보다 더 큰 의미를 두고 있기 때문이다. 구체적으로 말하면 채굴 글쓰기란, 우리가 땅속의 금이나 다이아몬드와 같은 광물을 캐내어 정밀한 잔손질 과정을 거쳐 가치 있는 보석을 만드는 것처럼, 글쓰기 또한 유용한 언어자료를 발굴해서 새로운 언어 자산을 만들어내는데 정성어린 시간과 노력이 필요한 작업과정이라는 의미이다.

2. 채굴 글쓰기의 목적

'채굴 글쓰기'의 목적은 법고창신(法古創新)의 정신을 살려, 옛 것을 본받되 과거 양식(樣式, style, genre)의 흐름을 분석하고 현재 양식을 관찰하면서 미래를 주도적으로 살아가기 위해 새로운 양식을 만들어내는 것이다. 무언가를 만들어 새롭게 변화를 야기하려는 시도는 인간사회에 만연해 있는 불평등을 극복하고 각자 자신의 삶을 주도적이고 자발적으로 살아가면서 스스로 인간 가치를 고양시킬 수 있는 힘을 갖고 싶은 욕망의 발현이기도 하다.

자신의 인간 가치를 높이기 위해서는 기존 이념을 단순히 따르거나 남의 영향력에 휘둘리는 삶을 버리고 자기 스스로의 의지에 따라 행동하되 마음속에서 솟구치는 내적 자발성을 발휘할 수 있어야 한다. 이와 같이 자기 주체적인 삶을 살기 위해서는 자신이 경험하는 감정, 즉 오욕칠정을 제대로 표현할 수 있는 한편 자신이 추구하는 꿈과 이상을 활발하게 펼칠 수 있어야 한다.

3. 채굴 글쓰기 방법

내가 원하는 삶을 정확히 파악하고 남이 원하는 삶과 조율하면서 현실적인 균형감각을 가지고 세상을 살아갈 수 있는 안목을 갖도록 '채굴 글쓰기'에서는 5가지 글쓰기 방법론을 활용할 것이다. 필자가 주장하는 5가지 방법론은 '서사', '설명', '논증', '묘사', '수사' 등이다.

'서사(敍事, narrative)'란 어떤 상황을 시간의 연쇄에 따라 앞뒤 흐름의 변화과정을 줄거리가 있게 엮어내는 방법이다. '설명(說明, explanation)'이란 어떤 일의 내용, 이유, 의의 등을 상대방이 이해하기 쉽게 풀어내는 방법이다. '논증(論證, reasoning)'이란 본인이 내린 결론에 대하여 근거를 들어 그 이유를 밝히는 글쓰기 방법이다. '묘사(描寫, description)'란 어떤 대상이나 현상을 오감으로 느끼는 것처럼 생동감 있게 표현하는 방법이다. 마지막으로 '수사(修辭, rhetoric)'란 글을 다듬고 꾸며서 보다 가지런하고 아름답게 만드는 방법이다.

위에서 언급한 여러 가지 글쓰기 방법은 자기 의견을 표현하고 자기주장을 전략적으로 내세울 수 있는 효과적인 도구이다. 이를 기반으로 우리는 나만의 고유한 존재 가치를 스스로 증명해 낼 수 있는 또 다른 방법들을 발굴해냄으로써 나의 삶을 보다 더 주도적으로 살아갈 수 있다.

6장
서사(자초지종): 팔하를 찾아서

단원 설정 배경

　인생은 경험의 합이다. 누군가의 경험이 인류의 자산이 되기 위해서는 그것이 매체를 통해 남겨져야 한다. 경험이 글로 남겨질 때는 사실성뿐만 아니라 정확성과 효과성이 있어야 한다. 그래야 그 글이 가치 있게 생산되고 활용될 수 있다.

　누군가의 경험은 글을 통해 생산된 후에도 시간이 지나 의도한 가치가 아닌 전혀 다른 또 다른 가치가 생성되는 방식으로 가치의 확장성이 높을수록 좋은 경험이 된다. 이처럼 누군가의 경험을 가치 있는 경험으로 만들기 위해서는 그에 적합한 생산 방법을 개발할 필요가 있다.

단원 설정의 필요성

　서사는 글쓰기의 기본이다. 서사는 사실에 기반을 두고 정확하게 쓰는 방법을 익히는데 효과적이다. 서사란 생활하면서 있었던 여러 가지 일을 글감으로 삼아 의미 있는 글로 바꿀 수 있는 생활문이기 때문에 글쓰기의 초보자가 자신의 글쓰기를 발전시키기 위해 가장 쉽게 접근할 수 있는 쓰기 방법이다.

학습 목표

　1. 사건의 줄거리를 팔하원칙을 활용하여 정확하게 표현할 수 있다.

2. 일련의 사건을 인과관계를 활용하여 구체적으로 기술할 수 있다.

3. 하나의 사건을 주인공 시점과 관찰자 시점으로 드러낼 수 있다.

목표 핵심 역량

1. 자신의 생각을 효과적으로 표현하는 방법을 익혀 의사소통능력을 키운다.

2. 정보를 의미 있게 연결하는 방법을 익혀 지식정보처리능력을 키운다.

3. 하나의 사건을 다양한 관점으로 살필 수 있는 안목을 길러 자기관리능력을 키운다.

핵심어

서술자, 순차적 기술, 시점, 스토리-라인(story-line), 육하원칙, 팔하원칙, 인과관계

1. 서사란 무엇인가

서사란 자초지종을 털어놓는 것이다. 자초지종(自初至終)이란 '처음부터 끝까지'라는 사자성어로서, 무슨 일이 있었는지 또는 처음부터 이제까지 무슨 일이 어떻게 흘러왔는가의 과정을 의미한다.

서사(敍事, narrative)란 일반적으로 어떤 사실을 있는 그대로 기록하는 글의 양식이다. 즉 서사는 인간 행위와 관련되는 어떤 사건의 진행 과정이나 상황의 변화 과정을 시간의 앞뒤 흐름에 따라 연쇄적으로 서술하는 언어적 재현 양식이다. 좀 더 구체적으로 말하면 서사는 '누가 어떻게 하느냐', '무엇이 어떻게 움직이느냐', '그 사건이 어떻게 진행되느냐' 하

는 것을 시간적 순서에 따라 기술하는 것이다.

인간의 삶은 탄생부터 죽음까지 사건의 연속이다. 따라서 인간은 생을 마감하는 순간까지 여러 가지 사건을 겪는 서사적 존재라 할 수 있다. 그러나 단순히 시간의 경과에 따라 일어난 사건만 늘어놓은 서사는 소모적인 서사이다. 가치 있는 서사는 사건을 일으키는 사람이나 사물이 서로 관계하여 의미 있게 변화하는 모습을 보여준다.

2. 서사의 종류와 방법

서사를 활용한 글로는 언론의 취재 일지 또는 신문 기사가 대표적이다. 뿐만 아니라 자신의 생애를 기록한 자서전, 의사가 쓴 환자의 병상 기록, 과학자의 실험 일지, 예술가의 공연 일지, 사학자의 역사 서술 등에서 사건 기술이나 상황 보고에 서사가 널리 활용되고 있다. 이상과 같은 인간 활동은 체험을 바탕으로 사건에 담겨지는 정보의 실재성 자체를 본질로 한다는 점에서 '경험적 서사' 또는 '역사적 서사'라고 한다.

현실에 있을 법한 이야기를 작가가 상상을 통해 만들어 낸 문학에도 서사가 유용하게 사용되고 있다. 고대 국가의 성립과 함께 그 이전부터 전해지던 이야기는 건국 신화로 기술되었고 국가 중심의 통치 체제가 정착된 이후는 전설과 설화, 민담이 널리 퍼졌다. 이는 고전 소설의 성립에 영향을 끼쳤고, 근대에 들어와서는 현대 소설이 대표적인 서사문학으로 자리 잡았다. 이처럼 사실을 다루는 경험적 서사가 아니더라도 작가의 상상력에 의해 만들어지는 서사를 허구적 서사 또는 문학적 서사라 한다. 문학적 서사는 서사를 구성하는 허구성의 원리 자체가 미적 형상성을 목표로 한다는 점에서 역사적 서사와 구별된다.

현재 가장 대중성이 큰 문학적 서사는 시놉시스이다. 시놉시스(synopsis)는 영화, 드라마, 다큐멘터리 등 영상물 제작을 설명하는 청사진이다. 시놉시스의 줄거리 소개에는 영화 전체의 내용을 일목요연하게 서술하는 것이 필요하다. 이때 서사가 동원된다. 시놉시스에 포함되는 줄거리를 작성하려면 먼저 작품의 전체 내용 중 중요한 부분과 덜 중요한 부분을 구분하는 것으로부터 시작한다. 그 다음으로는 중요하다고 생각되는 장면들을 상영되는 시간 순서대로 나열하되 각 장면들이 인과관계로 연결될 수 있도록 기술하는 것이다. 여기에 카메라가 누구의 시점으로 이야기를 이끌어 가는지를 밝혀주면 서술자를 밝힌 상세한 시놉시스가 된다. 예를 들면 다음과 같다.

> **영화 〈욕망의 거리〉 시놉시스**
>
> 천 년 동안 799명의 망자를 저승으로 안내한 저승사자 규섭, 한 명만 더 저승으로 데려가 800명을 채우면 규섭은 이승에서 새로운 삶을 살 수 있다. 규섭은 800번째 망자를 철수로 지목하고 이승으로 나온다. 규섭은 철수를 저승으로 데려가려고 하는데, 철수는 온갖 방법을 동원하여 규섭을 따돌린다. 마침내 규섭은 철수에게 한 가지 조건을 내걸며 자신의 환생을 포기한다. 규섭의 1인칭 관찰자 시점으로 바라보는 인간의 생에 대한 집착이 다채롭게 펼쳐진다.

시놉시스보다 더 구체적으로 서사가 동원되는 것은 트리트먼트이다. 트리트먼트는 시놉시스의 다음 단계라 할 수 있다. 시놉시스가 주인공과 관련된 대략적인 사건을 기, 승, 전, 결 순서로 짧게 기술하는 것이라면, 트리트먼트는 그러한 시놉시스를 풀어서 앞뒤에 살을 붙이는 것이다. 그래서 시놉시스가 A4 용지 1~4매라면 트리트먼트는 A4 용지 10~40장 정도가 된다.

트리트먼트(treatment)란 특정 상황의 시작부터 끝까지, 중요한 장면 위주로, 즉 시퀀스(sequence)나 씬(scene) 별로 핵심적인 사건을 서술하는 것이다. 시놉시스에서 작품의 전체 내용을 기, 승, 전, 결의 4부분으로 나누었다면 트리트먼트에서는 발단(1~5씬), 전개(6~60씬), 위기(61~71씬), 절정(72~77씬), 결말(78~80씬)로 보다 세분해서 각 씬(장면, scene)별로, 즉 전체가 80개의 장면으로 이루어진다면 80씬 각각에 등장인물과 관련된 사건을 구체적으로 서술하는 것이다. 예를 들면 다음과 같다.

> **영화 〈욕망의 거리〉 트리트먼트**
>
> 트리트먼트 제3화
>
> 　철수가 눈을 떠서 맨 처음 본 것은 저승에 사는 사람들이다. 이때 저승사자 규섭은 갑자기 철수 앞에 나타나서 자신의 임무를 설명한다. 규섭은 철수가 죽음으로 가는 길을 안내하는 임무를 맡았다고 말한다. 그리고 덧붙여서 규섭은 자신이 철수를 현세에서 더 살 수 있게 할 수도 있다고 말하며 거래를 하자고 제안한다.
>
> 트리트먼트 제5화
>
> 　철수는 장례식장 앞에서 문상 오는 사람들을 지켜보고 있다. 이상한 것은 문상 오는 사람들의 표정이 슬퍼하기보다는 기쁨에 차 있다는 것이다. 그리고 놀랍게도 이들은 철수의 시체를 보고 싶어서 안달하고 있다. 철수는 깜짝 놀라서 달아나기 시작한다.
>
> 트리트먼트 제8화
>
> 　규섭은 철수를 악착같이 따라다닌다. 철수는 어렵사리 규섭을 피해 나래스님을 찾아간다. 나래스님은 철수의 얼굴을 살피면서 벌써 죽었을 사람이 어떻게 살아서 돌아다닐 수 있는지 의아하다고 말한다.
>
> 트리트먼트 제12화
>
> 　철수는 규섭이 들고 있는 자신의 영정 사진을 보고 깜짝 놀란다. 규섭은 저승에 가면 철수가 어떤 벌을 받게 되는지를 설명한다. 철수는 영정 사진을 낚아채면서 황급히 도망가다 구덩이에 빠진다. 뒤따라온 규섭은 구덩이 위에서 큰 바위를 번쩍 들더니 철수의 얼굴 위로 힘껏 던진다.

서사에는 서사 내적 상황을 독자에게 전달하는 서술자가 필요하다. 영상에서는 카메라가 서술자의 역할을 대신한다. 이때 서술자는 이야기를 풀어 나가는 주체의 역할을 하는데, 서사 내적 상황에 참여하는 방식에 따라 내적 서술자와 외적 서술자로 구분된다. 내적 서술자는 이야기의 내용 속에 등장하고 외적 서술자는 이야기의 외부에서 이야기의 내용을 말해준다. 이처럼 서술자가 사건을 바라보는 위치에 따라 시점이 달라지고 시점에 따라 서술자와 독자와 등장인물 간의 거리가 결정된다.

서사의 가장 중요한 특징은 시간적 차원과 인과관계 이다. 사건과 상황은 시간의 흐름에 따라 바뀌기 마련이다. 시간의 경과에 따라 관찰한 기록은 사건과 상황의 전개 과정을 보여준다. 이때 보이는 전개 과정은 단순히 시간의 흐름뿐만 아니라 상황의 맥락을 밝혀준다. 따라서 서사문을 쓸 때는 처음부터 끝까지 시간적 흐름에 따른 과정을 기술하되, 그 과정이 의미 있는 인과관계를 밝혀줄 수 있어야 한다.

3. 유의할 점

'서사'를 사용할 때 유의할 점은 다음과 같다.
1. 중요한 사건과 중요하지 않은 사건을 구분한다.
2. 행위의 주체와 객체를 분명히 밝힌다.
3. 사건이나 상황을 시간적 순서에 따라 기술하되, 인과관계가 드러나게 한다.
4. 시간의 경과에 따른 사건을 공간과 결합시킨다.
5. 글의 목적에 맞게 내용을 취사선택하되, 팔하원칙이 드러나게 한다.
6. 일관된 시점을 선택하여 내용의 통일성을 확보한다.

[기초 학습 활동]

1. 팔하(八何) 찾기

팔하(八何)란 7W1H로 ①Who 누가 하는가?(행위 주체) ②Whom 누구에게 하는가?(행위 객체) ③What 무엇을 하는가?(행위 내용) ④With what 무엇으로 하는가?(행위 수단) ⑤Why? 왜 하는가?(행위 이유) ⑥When 언제 하는가?(행위 시간) ⑦Where 어디서 하는가?(행위 장소) ⑧How? 어떻게 하는가?(행위 방법) 등 이다. 팔하(八何, 7W1H)는 기존에 있던 육하원칙에 두 가지를 더한 것이다. 육하원칙(六何原則, 5W1H)이란 보도 기사의 서사문을 쓸 때 지켜야 하는 기본 원칙으로, '누가', '언제', '어디서', '무엇을', '어떻게', '왜'의 여섯 가지를 이른다. 팔하(八何, 7W1H)는 이러한 육하원칙에 '행위 객체(to whom)'와 '행위 수단(with what)'을 추가한 것이다.

■ 다음 글에서 팔하(八何, 7W1H)를 찾으시오.

> 영화 <아마데우스, Amadeus>는 한 노인의 자살 소동으로 시작한다. 1832년 밤, 자기 몸에 자해를 하던 한 노인은 자살에 실패하자 정신병원에 수감된다. 노인은 정신병원을 찾아온 한 신부를 만난다. 노인은 신부에게 고해성사를 하듯 자신의 지난 삶을 털어놓는다.
>
> 젊었을 때, 노인은 비엔나 왕실, 즉 요제프 2세의 궁정 음악장 살리에리였다. 살리에리는 피아니스트이면서 작곡가로 활동할 때 당대의 최고 음악가로 인정받고 있었다. 어느 날 살리에리는 우연히 궁정에서 어린 모차르트를 처음 보게 된다. 신동으로 알려져 있던 모차르트의 공연을 보면서 살리에리는 그의 천재성에 반하고 말았다. 당대 1인자이던 살리에리 자신이 들어도 모차르트의 연주는 감동적이었다.

세월이 흘러 살리에리는 청년이 된 모차르트의 오만하며 방탕한 모습에 실망하고 만다. 다시 궁정에 나타난 모차르트는 살리에리의 피아노 연주를 듣고 마음에 들지 않는다며 즉석에서 각색하여 더 참신한 곡을 요제프 2세에게 선보이기도 한다. 이에 살리에리는 내색을 하지는 못했지만 이 젊은 음악 천재에게 감탄하면서도 강한 질투심을 느낀다.

급기야 모차르트가 살리에리의 약혼녀를 범하는 사건이 일어났다. 이때부터 살리에리는 모차르트를 저주하기 시작한다. 그는 또, 오만방자하면서도 천박한 성격의 모차르트에게 자신이 갖고 있지 않은 천재성을 부여한 신을 미워하기에 이른다. 살리에리는 성실하게 노력하는 자신에게 천재성을 주지 않은 신을 증오하고 원망하며 기도를 올린다.

"갈망을 주셨으면 재능도 같이 주셨어야죠. 왜 모차르트 같은 자에게 그러한 능력을 주셨나요. 왜 저를 버리셨나요."

살리에리는 어떻게든 모차르트를 따라잡으려고 온갖 노력을 아끼지 않는다. 모차르트가 작곡한 것을 몰래 읽어보기도 하고 모차르트의 아내를 이용해 작곡의 아이디어를 캐내려 하는 등, 살리에리는 가능한 모든 수단을 동원했으나 모차르트의 적수가 될 수 없었다. 1700년대는 확고부동한 모차르트의 세상이었다.

한편 모차르트는 자신이 존경하고 좋아하는 아버지가 죽자 충격을 받고 상심하게 된다. 이에 살리에리는 모차르트가 아버지의 환상에 시달리도록 교묘하게 조종한다. 게다가 엎친 데 덮친 격으로 모차르트는 가난과 병마에 시달리게 되었다. 그런 모차르트에게 살리에리는 자신의 신분을 감춘 채, 죽은 자를 위한 진혼곡을 작곡해달라고 부탁한다. 이에 모차르트는 죽은 아버지의 환상과 진혼곡 작곡에 대한 심리적 압박으로 젊은 나이에 세상을 떠나게 된다.

"당신들의 자비로운 신은 사랑하는 자를 파멸시켰소. 자신의 아주 작은 영광 한 조각도 나눠주지 않으면서. 신은 모차르트를 죽이고 날 고통 속에서 살게 만들었소. 32년간을 고통 속에서, 아주 천천히 시들어가는 나를 주시하면서, 나의 음악은 점점 희미해 갔어, 시간이 지날수록 더욱 더 희미하게. 끝내는 아무도 내 곡을 연주 하는 사람이 없게 됐지. 나는 보통 사람들의 대변자요, 모든 평범한 사람들의 대변자요, 난 그 평범한 사람 중 챔피언이지! 그들의 후원자이기도하고."

살리에리는 모차르트의 죽음을 보고서야 뉘우친다. 자신이 정말 잘못했다는 것을. 그리고 자신 때문에 모차르트가 죽었다는 것을. 이때부터 살리에리는 평생을 죄책감에 시달리게 된다.

-영화 〈아마데우스〉 줄거리

팔하 원칙		
순	원칙	내용
1	누가	살리에리
2	누구에게	모차르트
3	무엇을	죽음에 이르게
4	무엇으로	죽은 아버지의 환상과 진혼곡 작곡으로

5	왜	질투
6	언제	1700년대
7	어디서	비엔나
8	어떻게	환상 조장, 심리적 압박감을 주어

(1) 영화 〈아마데우스〉의 트리트먼트(treatment), 즉 영화에 등장하는 주요 장면을 상영 순서에 따라 간략히 요약해 보시오.

영화 〈아마데우스〉		
순	주요 장면	내용
1		
2		
3		
4		
5		
6		
7		
8		
9		
10		

(2) 영화 〈파리넬리〉를 보고 다음 빈 칸을 채우시오.

① 영화 〈파리넬리〉의 시놉시스를 써보시오.

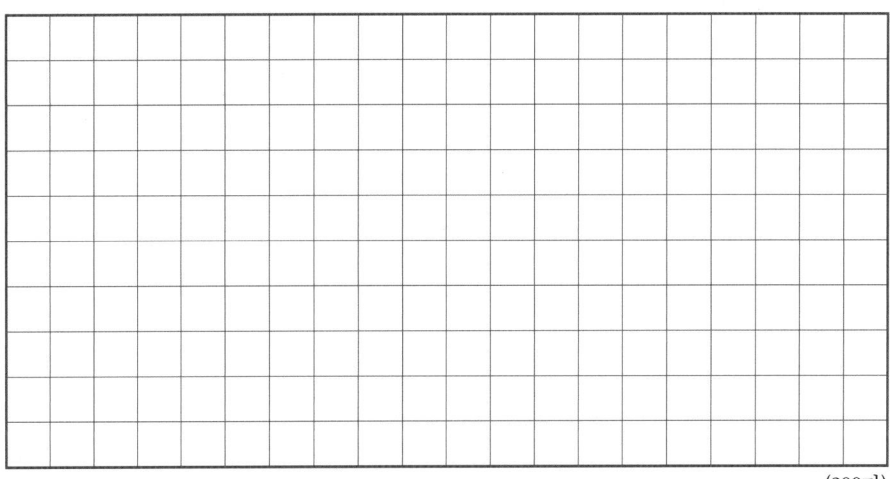

(200자)

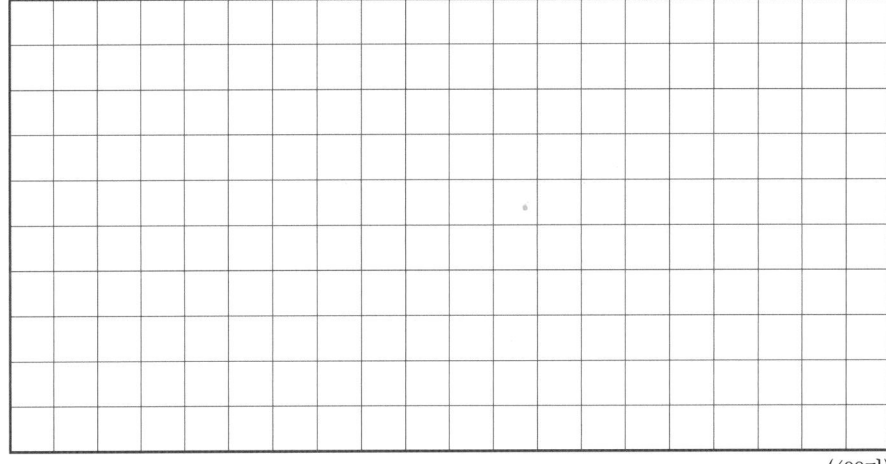

(400자)

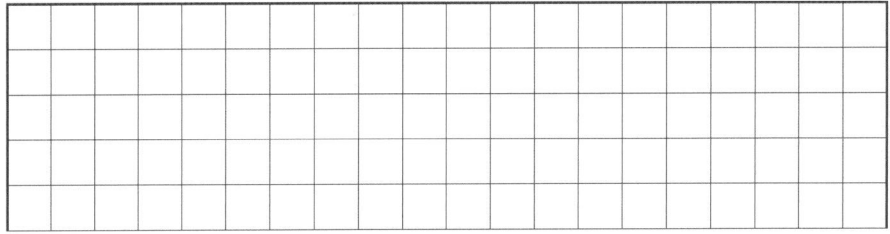

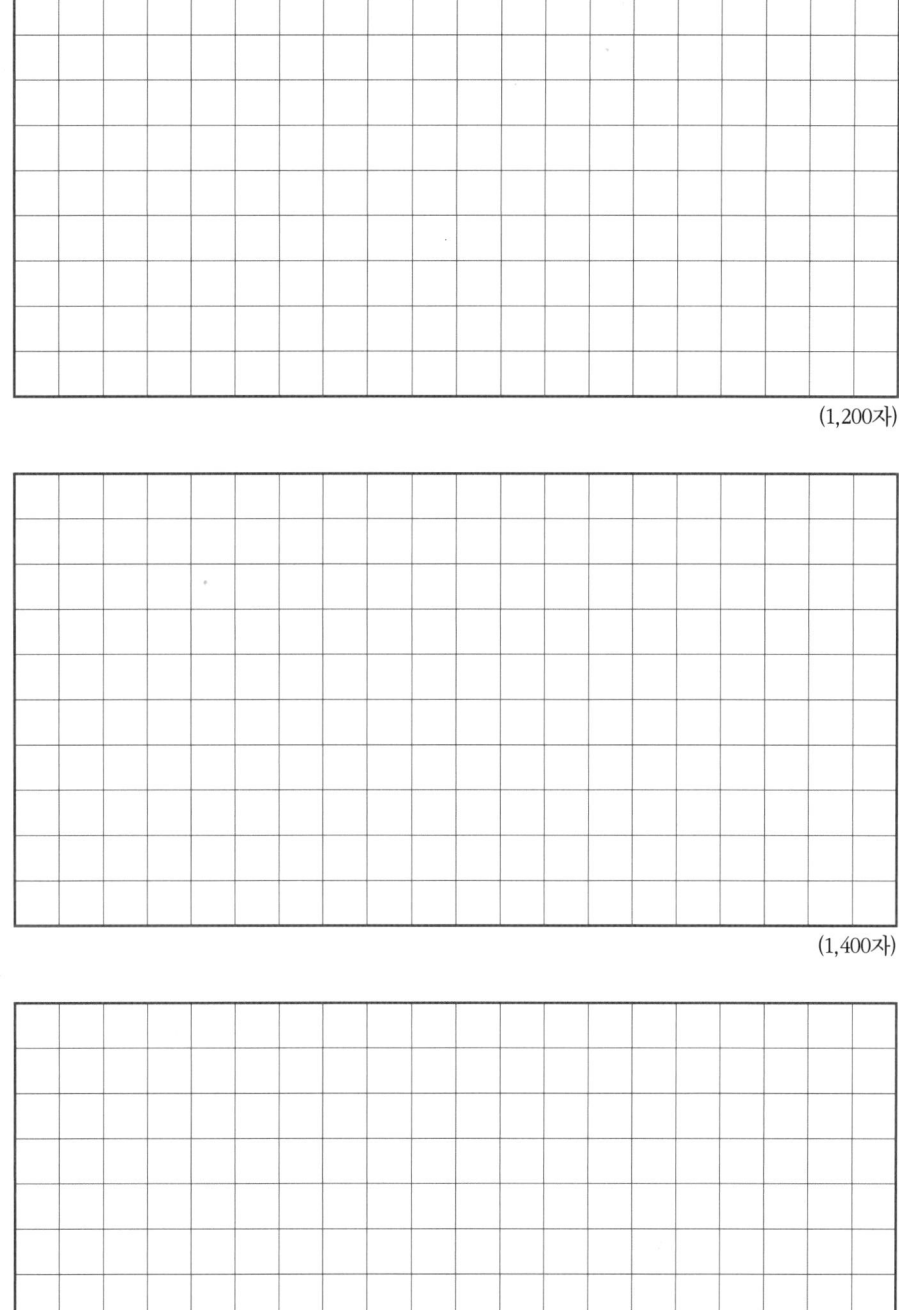

(1,200자)

(1,400자)

(1,600자)

(1,800자)

(2,000자)

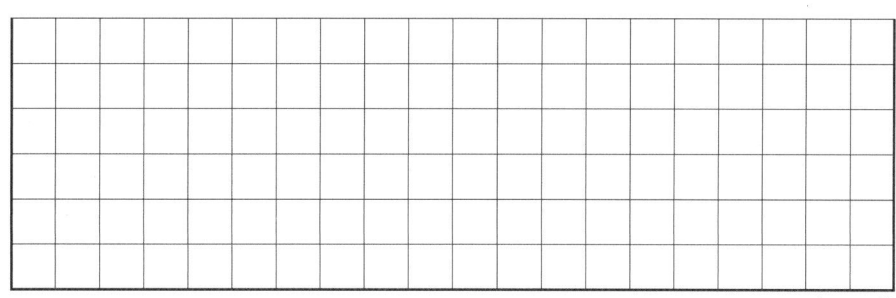

(2,200자)

② 영화 〈파리넬리〉에서 팔하(八何, 7W1H)를 찾아보시오.

	팔하 원칙	
순	원칙	내용
1	누가	
2	누구에게	
3	무엇을	
4	무엇으로	
5	왜	
6	언제	
7	어디서	
8	어떻게	

③ 영화 〈파리넬리〉의 트리트먼트(treatment), 즉 영화에 등장하는 주요 장면을 상영 순서에 따라 간략히 요약해 보시오.

	영화 〈파리넬리〉 트리트먼트	
순	주요 장면	내용
1		

2		
3		
4		
5		
6		
7		
8		
9		
10		

(200자)

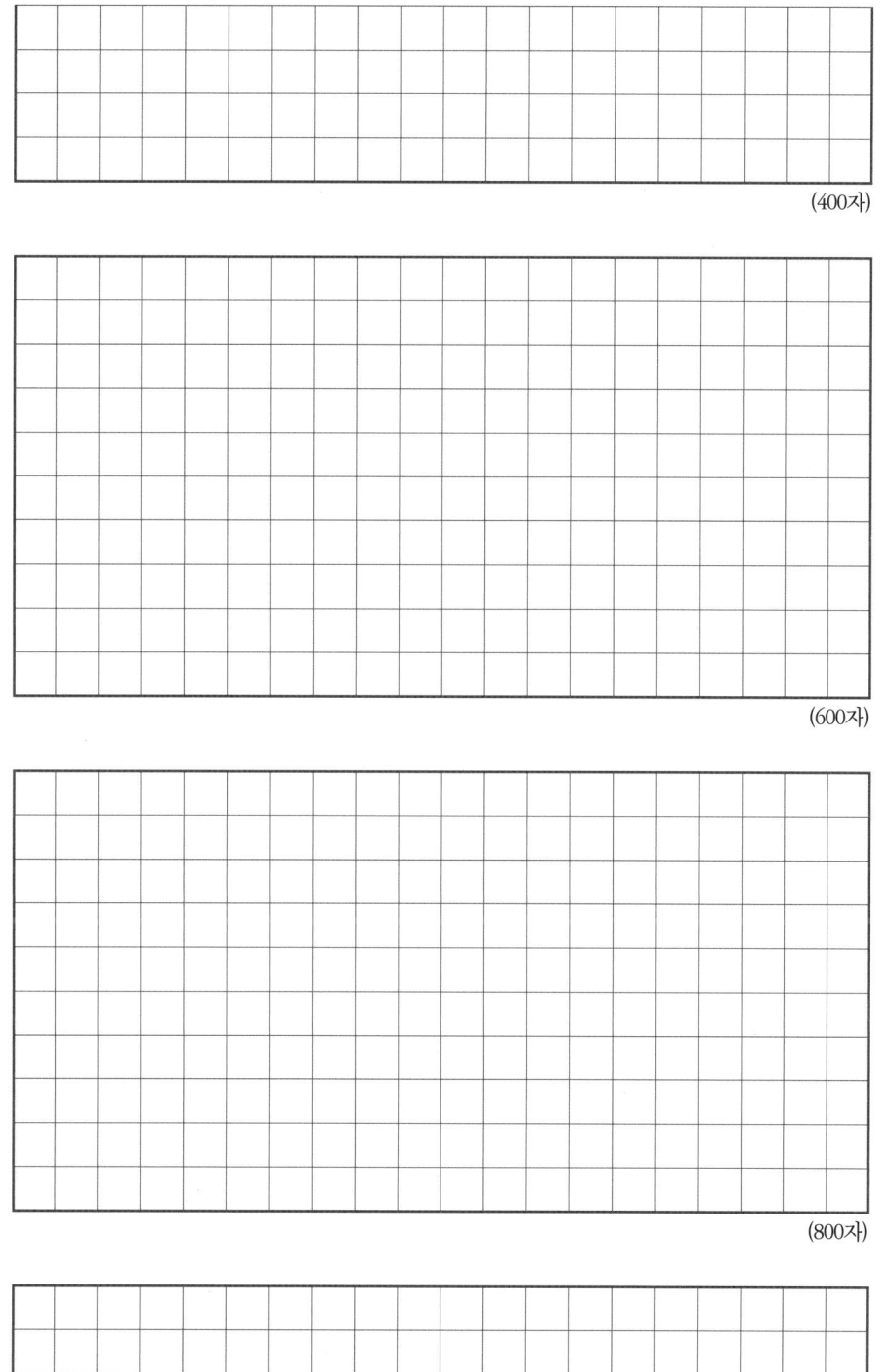

(400자)

(600자)

(800자)

(1,000자)

(1,200자)

(1,400자)

(1,600자)

(1,800자)

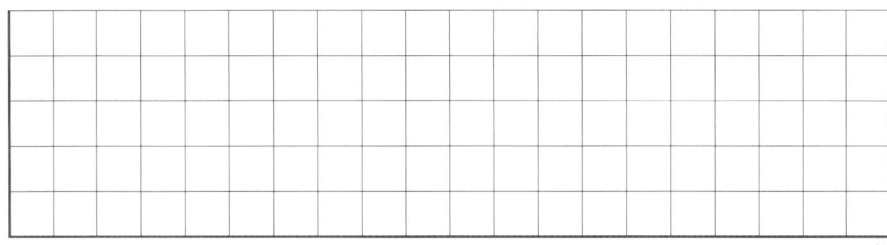

(2,000자)

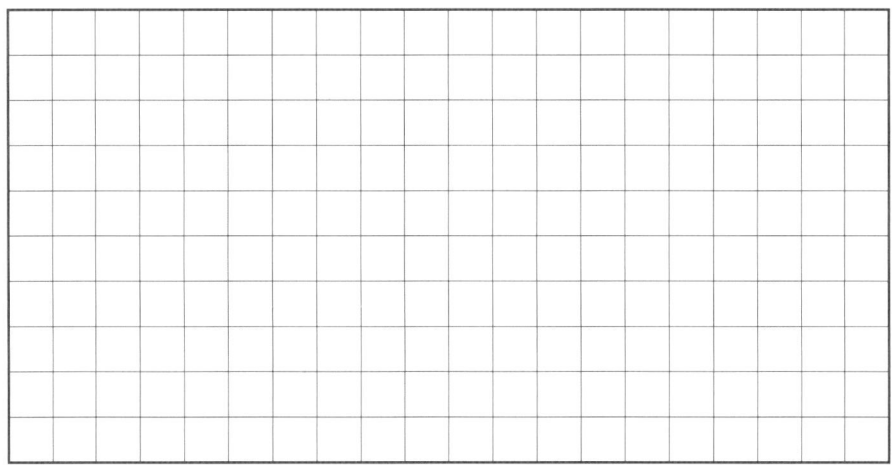

(2,200자)

[기초 학습 활동]

1. 서술자 찾기

서술자(敍述者)는 다른 말로 화자(話者) 또는 내레이터(narrator)라고도 한다. 서술자란 이야기를 이끌어 나가는 주체이다. 즉 서술자란 이야기를 말해주는 서술기능을 수행하는 허구적 화자를 말한다.

이야기 속에서 서술자가 보이는 서술 태도의 수준, 이야기 속의 참여 범위 등은 서술자의 위상을 결정한다. 서술자의 위상에 따라 독자가 이야기를 이해하는 정도나 이야기에 대한 독자의 태도가 결정된다. 이와 같이 서술자는 독자와 등장인물 간의 거리를 결정하게 된다. 또 서술자의 위상에 따라 서술자의 유형도 결정된다. 따라서 서술자가 사건을 바라보는 위치에 따라서 시점이 달라진다.

2. 서술자와 시점

서술자의 위치에 따라 시점이 두 가지 유형으로 분류된다. 시점(視點)이란 어떤 대상을 볼 때, 시력의 중심이 가서 닿는 점을 말한다. 시점은 서술자가 이야기 속 등장인물인가, 아니면 이야기 바깥에서 사건을 바라보고 있는가에 따라 구분된다.

서술자가 이야기의 바깥에서 이야기의 모든 과정을 중재할 뿐 이야기 속에서 자신을 명시적으로 드러내지 않는 유형의 서술자는 '이야기 외적 서술자' 이다. 이와 반대로 서술자가 자신이 서술하고 있는 이야기의 등장인물인 경우는 '이야기 내적 서술자'라고 한다.

구분	내용	서술자 위치	
		이야기 속(1인칭 시점)	이야기 밖(3인칭 시점)
서술자 태도	속마음까지 드러냄	'나' 주인공 시점	전지적 참견 시점
	외양만 관찰	'나' 관찰자 시점	작가 관찰자 시점

'이야기 외적 서술자' 또는 '이야기 밖 서술자'는 3인칭 시점으로, 독자는 서술자의 서술을 통해서만 이야기를 들을 수 있다. 따라서 독자는 서술자와 가까워지는 대신 등장인물과는 거리가 멀어진다.

3인칭 시점

독자 (가깝다)────서술자────등장인물

독자 (멀다)──────────────등장인물

'이야기 내적 서술자' 또는 '이야기 속 서술자'는 1인칭 시점으로, 서술자가 이야기 속 등장인물과 동일 인물이므로 독자와 서술자, 독자와 등장인물의 거리는 동일하게 가깝다.

1인칭 시점

독자 (가깝다)──────────서술자/등장인물

(1) 다음 글에서 '서술자'를 찾으시오.

1932년 4월 29일 윤봉길 의사의 상해의거가 있자, 동진농장에서는 이가리 지배인을 비롯하여 전 직원이 구수회의를 했다.

"요것들을 개돼지처럼 단단히 을러메야 돼."

키가 작고 이마가 툭 내민 지배인이 긴장에 찬 목소리로 말한다. 실은 그보다도 더 가까운 데서 충격적인 일이 생겼다. 1월 17일 바로 북쪽으로 경계가 되어 있는 이웃 다목농장에서 소작쟁의 시위가 벌어졌던 것이다. 다목농장 사무실과 주재소를 포위하고 수백 명 소작인들이 농성을 벌였다. 소작료 인하를 부르짖었던 것이다. 이렇게 되자 긴장한 김제 경찰서가 총 동원되어 무차별하게 총개머리로 농부들을 치고 칼을 휘둘렀다. 할 수 없이 피하기 시작하자 경찰들은 잉크를 군중에게 뿌렸다.

"이놈들 못 도망간다."

살기가 등등해서 잉크 묻은 옷을 보고 도망가는 소작인들을 무차별 잡았다. 삽시간에 40여 명이 피검된 사건이었다. 뿐만 아니라 이보다 앞서 1930년 4월 20일에 전주 삼례농장 소작인들이 경찰과 충돌하기 시작하여 5월 5일에 재연되었었다. 그리고 5월 10일에는 동척 부안농장 소작인들이 소작권 이동에 항쟁을 벌여 각처에서 떠들고 일어났다. 그래도 이곳 이민 사람들이야 순한 양 같았지만 지배인은 "꼼짝 못하게 목을 졸라매야 돼." 농구 주임 외 감독들에게 단단히 주의를 시킨다.

"만일 벼이삭 하나만 건드는 놈 있으면 가차 없이 당장 쫓아내는 거야."

엄명으로 지시한다. 이가리 지배인은 매일 창고 위에 세워놓은 관망대에 올라가 망원경을 들고 동서남북 사방을 둘러보는 것이다.

-임영춘, 『갯들』, 160쪽

3인칭 관찰자 시점

(2) 다음 글에서 '서술자'를 찾으시오.

'나'의 아버지와 어머니는 점례를 밥이나 먹여주면서 집안의 식모로 부리려고 했다. 하지만 점례는 태어나서 열 살이 된 지금까지 일을 해본 적이 없다는 것이다. 이에 덕 볼 일 하나 없다며 '나'의 아버지는 손을 내두르며 점례를 나가라고 했다. 그러자 점례는 금반지를 보이며 자기에게는 이런 것이 많다고 떠벌였다. 그러자 '나'의 어머니는 점례가 가지고 있다는 금반지를 찾으

> 려고 점례의 보따리를 뒤지려 했다. 이에 점례는 잽싸게 보따리를 거머쥐고 집을 나갔다. 밤이 늦도록 점례가 돌아오지 않자 '나'의 어머니와 아버지는 이장을 앞세워 동네 사람들과 함께 점례를 찾아 나섰다.

1인칭 관찰자 시점: 나

(3) 영화 〈덕혜옹주〉를 보고 다음 빈 칸을 채우시오.

① 영화 〈덕혜옹주〉에서 팔하(八何, 7W1H)를 찾아보시오.

	팔하 원칙	
순	원칙	내용
1	누가	
2	누구에게	
3	무엇을	
4	무엇으로	
5	왜	
6	언제	
7	어디서	
8	어떻게	

② 영화 〈덕혜옹주〉의 트리트먼트(treatment), 즉 영화에 등장하는 주요 장면을 상영 순서에 따라 간략히 요약해 보시오.

	영화 〈덕혜옹주〉 트리트먼트	
순	주요 장면	내용
1		

2	
3	
4	
5	
6	
7	
8	
9	
10	

③ 영화 〈덕혜옹주〉의 줄거리를 3인칭 관찰자 시점으로 써보시오.

(200자)

(400자)

(600자)

(800자)

(1,000자)

(1,200자)

(1,400자)

(1,600자)

(1,800자)

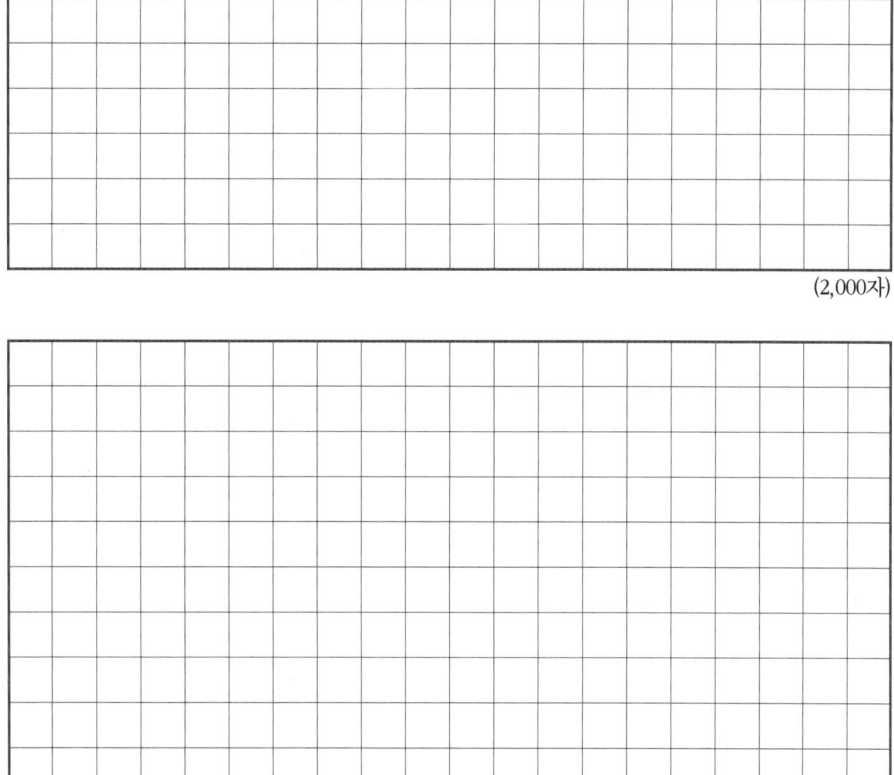

(2,000자)

(2,200자)

[심화 학습 활동]

■ 자신이 소개하고 싶은 영화, 책, 애니메이션 중 하나를 골라 스포일러(spoiler) 해보시오.

(1) 팔하를 찾으시오

팔하 원칙		
순	원칙	내용
1	누가	
2	누구에게	
3	무엇을	
4	무엇으로	
5	왜	
6	언제	
7	어디서	
8	어떻게	

(2) 트리트먼트를 작성하시오.

영화 〈　　　　〉 트리트먼트		
순	주요 장면	내용
1		
2		
3		
4		
5		
6		

7	
8	
9	
10	

(3) 시놉시스를 작성하시오

영화 〈   〉 시놉시스

(200자)

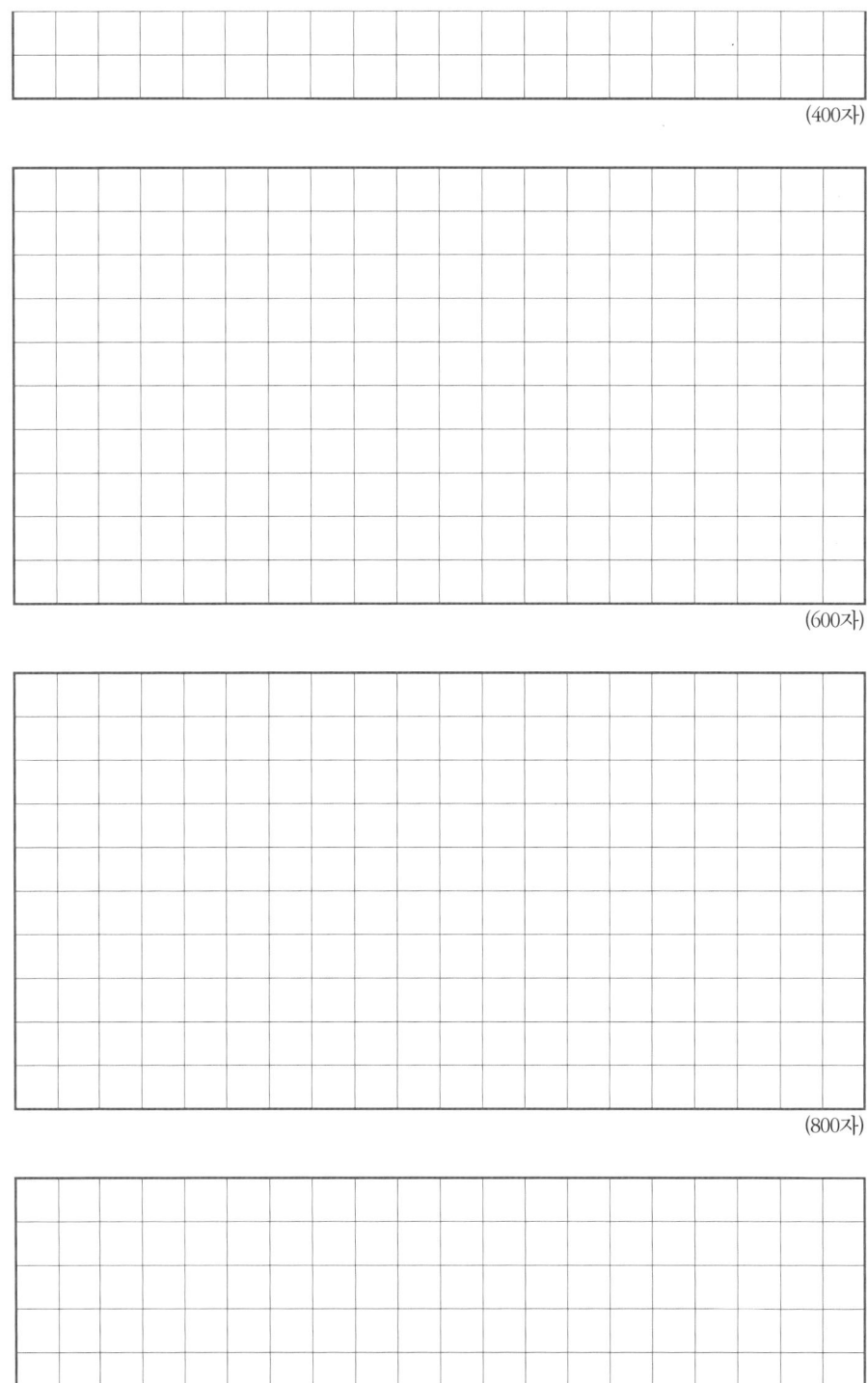

(1,000자)

(1,200자)

(1,400자)

(1,600자)

(1,800자)

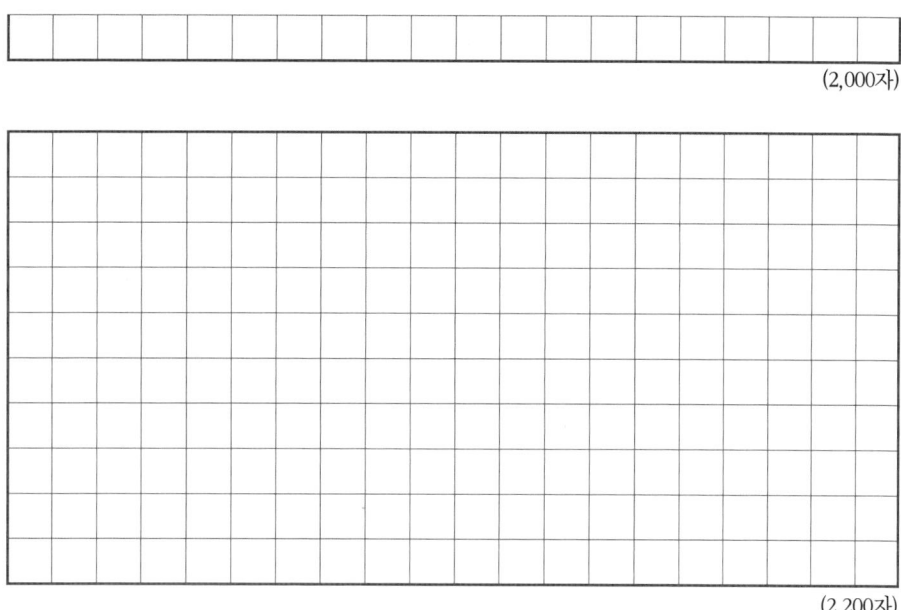

(2,000자)

(2,200자)

참고문헌

네이버 사전(http://dic.naver.com)
다음 사전(http://dic.daum.net)
임영춘,『갯들』, 현암사, 1981.

7장
설명(명실상부): Q는 A다

단원 설정 배경

공동체 내에서 의사소통이 제대로 이루어지려면 내가 알고 있는 사실이나 정보, 지식 등이 정확하고 알기 쉽게 전달되어야 한다. 그래야 상대방이 나를 제대로 이해할 수 있고 나도 상대방에 대한 오해나 편견을 줄일 수 있다. 이처럼 내가 아는 것을 남에게 전달하는 것뿐만 아니라 이전 세대에서 획득한 정보를 다음 세대로 전수하는 교육도 공동체의 발전을 위해 제대로 시행되어야 한다.

단원 설정의 필요성

설명은 실생활과 교육 현장에서 가장 많이 쓰이는 의사소통 방법이다. 설명은 사실에 기반을 두고 정확하게 쓰되 이해하기 쉽게 전달하는 방법을 익히는데 효과적이다. 이처럼 듣는 사람이 알기 쉽게, 어떤 것을 남이 잘 알아듣게 의사 표현을 하기 위해서는 그에 적합한 전달 방법을 개발할 필요가 있다.

학습 목표

1. 어떤 대상에 대한 정보를 개념화 할 수 있다.
2. 둘 이상의 대상들 사이에 존재하는 공통점과 차이점을 뚜렷하게 밝힐 수 있다.
3. 구체적인 사례를 제시할 수 있다.

> **목표 핵심 역량**
>
> 1. 누군가의 궁금증을 효과적으로 풀어줄 수 있는 방법을 익혀 의사소통능력을 키운다.
> 2. 정보를 개념화 하는 방법을 익혀 지식정보처리능력을 키운다.
> 3. 구체적인 사례를 메타적 관점으로 분석할 수 있는 안목을 길러 창의적사고 능력을 키운다.
>
> **핵심어**
>
> 객관성, 지정, 정의, 비교, 대조, 예시, 분석, 분류, 질문, 답, 순서

 **[생각할 거리]**

1. 설명이란 무엇인가

설명이란 명실상부(名實相符)하게 언어 표현과 실상이 서로 꼭 들어맞게, 즉 이름과 실제가 서로 부합하게 만드는 것이다. 명실상부(名實相符)란 알려진 것과 실제의 상황이 차이가 없다는 뜻의 사자성어로서, 개인적 의견이나 감상적 소감을 배제하고 사실 그대로 전달이 이루어진 상태를 의미한다.

설명(說明, explanation)은 생활에 도움을 줄 목적으로 사용하는 실용적 설명과 지식을 전해 줄 목적으로 사용하는 과학적 설명으로 구분할 수 있다. 실용적 설명에는 자동차 사용설명, 스마트폰 사용설명, 가전제품 사용설명, 의약품 사용설명, 학교 소개, 박물관 소개, 취업 박람회 소개, 놀이동산 안내서, 해외유학 안내서 등이 있다. 과학적 설명에는 수학공식 설명, 과학원리 설명, 비평 용어 설명 등이 있다.

2. 설명하는 방법

설명의 기본은 사실성이다. 추측이나 소문, 불확실한 사실, 부정확한 정보 등은 설명의 근거가 될 수 없다. 어떤 사실이나 정보의 실체가 무엇인가를 알기 쉽게 풀이하는 설명 방법으로는 지정, 정의, 비교, 대조, 예시, 분류, 구분, 분석, 질문, 답 등이 있다.

'지정'이란 동일성의 확인이라고도 하는데, 전달하고자 하는 몇 가지 후보가 되는 사실 가운데 해당되는 사실을 찾아내어 알려 주는 것이다. 지정은 'Q는 무엇인가'라는 물음에 대해 답변 형식을 취하는 것이다. 즉 'Q는 A이다'의 형태라 할 수 있다. 이때 A는 Q가 가지고 있는 여러 속성 중 어느 하나의 속성만을 가리키면 된다. Q와 A의 관계는 서로 필요충분조건일 필요가 없고, A가 Q의 충분조건이면 되는 것이다. 예를 들어 '포유류는 새끼를 낳아서 젖을 먹여 기르는 동물이다'라고 했을 때, A(새끼를 낳아서 젖을 먹여 기르는 동물)는 Q(포유류)의 속성을 드러낸 것이다. 그렇다고 해서 A(새끼를 낳아서 젖을 먹여 기르는 동물)가 곧 Q(포유류)는 아니다. 왜냐하면 포유류 중에는 오리너구리처럼 알을 낳은 후 새끼를 젖 먹여 기르는 동물도 있기 때문이다. 이처럼 지정이란 Q가 무엇인지를 지적하여 확인해 주는 방식이다.

> 아우라(aura)란 기품이다. 우리는 어떤 사람이나 예술품에서 고상하고 독특한 분위기를 느낄 때 '아우라가 있다'고 표현한다.

(2) 정의

'정의'란 단어나 구(句), 또는 다루고자 하는 대상이나 개념에 대해 명확하게 제시하고 의도하는 바를 뚜렷하게 밝히는 방법으로, 정의하려는 항과 정의되는 항으로 구성한다.

피정의항=정의항(종차+유개념)

지정과 정의는 똑같이 'Q는 A이다'의 형식을 취하면서도, 지정이 Q와 A의 관계가 충분조건이면 성립되는 것임에 반해, 정의는 Q와 A의 관계가 필요충분조건이어야 한다. 즉 정의는 'Q는 A이고 A는 Q이다'의 형식을 갖는 것이다. 정의가 'Q는 A이다'의 형식을 취할 때, 우리는 Q를 피정의항이라 하고 A를 정의항이라 부른다. 정의는 피정의항을 종개념으로 하고 정의항을 '종차(種差) + 최근유개념'으로 구체화하면 된다. '종차'란 말 그대로 같은 유개념에 속하는 다른 종(種)들과의 차이를 나타낸다.

예를 들어 '대학생'의 정의를 내리려면 먼저 그것의 최근유개념을 찾아야 한다. 대학생을 포함하는 유개념 가운데서 가장 가까운 유개념은 '학생'이다. 그 다음 '학생'에 속하는 종개념, 즉 '고등학생', '중학생', '초등학생'과 '대학생' 간의 종차를 밝힌다. '고등학생', '중학생', '초등학생'과 '대학생'의 종차는 고등학교나 중학교가 아닌 대학교에서 공부한다는 것이다. 그러므로 '대학생은 대학교에서 공부하는 학생이다'라고 정의를 내릴 수 있다.

정의가 제대로 이루어지기 위해서는 다음과 같은 원칙을 지켜야 한다. 정의를 제대로 하기 위해서는 피정의항에 속하는 최근유개념을 적절하게 설정해야 하며, '종차'도 분명히 해야 한다. 종차가 다른 종들과 구별할 수 없는 내용으로 이루어져 분명하지 않다면 제대로 정의한 것이 아니다.

첫째, 피정의항과 정의항은 대등해야 한다. 즉 '피정의항=정의항'이 되어야 한다.
예를 들면 '공학이란 천연자원을 인간에게 이익이 되도록 최적으로 바꾸기 위해 과학을 응용하는 학문이다'라고 정의할 수 있다. 그런데 '공학은 과학을 응용하는 학문이다'라고 하면 '과학을 응용하는 학문'이 공학만 있는 것이 아니라 사회과학, 자연과학도 있을 수 있기 때문에 '피정의항=정의항'의 관계를 이루기 어렵다. 따라서 이런 정의는 바른 정의라고 볼 수 없다.

둘째, 피정의항은 정의항의 부분이어서는 안 된다. 이는 피정의항의 진술이 정의항에서 되풀이 되어서는 안 된다는 뜻이다. 예를 들어 '공학도는 공학을 연구하는 학생이다'라고 했을 때, '공학'이라는 말은 전혀 설명이 되지 않은 채 남아있게 되므로 좋은 정의라 볼 수 없다.

셋째, 피정의항이 부정적이 아닌 한, 정의항도 부정적이어서는 안 된다. 정의항에 부정적인 표현이 들어가면 종차가 엄청나게 복잡해 질 수 있다. 예를 들어 '박쥐는 새가 아닌 동물이다'라고 했을 때, '새가 아닌 동물'에 속하는 종들은 엄청나게 많기 때문에 종차가 커져서 '박쥐'를 정확하게 설명한 것이라 할 수 없다.

넷째, 정의항의 내용이 비유적인 표현이어서는 안 된다. 비유적인 표현은 대상에 대한 직접적인 설명이 되지 못하기 때문이다. '친절은 귀먹은 사람이 들을 수 있고 눈 먼 사람이 볼 수 있는 또 하나의 언어이다'라고 했을 때, 이 문장은 '친절'의 속성에 대해서 설명하고 있기는 하지만 '친절' 그 자체에 대한 설명이 될 수는 없다.

(3) 비교, 대조

'비교'는 둘 이상의 대상들 사이에 존재하는 공통점을 중심으로 설명하는 방법이고, '대조'는 둘 이상의 대상들 사이에 존재하는 차이점을 중심으로 설명하는 방법이다. '비교'와 '대조'는 사물이나 의견 간의 공통점과 차이점을 정확하게 이해하는 동시에 나름대로의 주관을 세울 수 있다는 장점이 있다. 이처럼 비교와 대조는 서로 대립되는 의미를 가지고 있지만 어떤 대상에 대해 진술할 때 그와 관련이 있는 다른 대상과 견주어 설명함으로써 좀 더 선명한 인식을 갖도록 한다.

> 개와 고양이는 사람에게 가장 친근한 동물이라는 점에서 종종 비교, 대조된다. 특히 한국에서 개와 고양이는 사람들이 집에서 가장 많이 키우는 가축이었다. 오늘날에는 가축을 넘어, 애완동물로, 더 나아가 사람과 동일하게 취급받는 가족으로서 반려동물이 되어 가고 있다. 이들은 공통적으로 후각과

청각이 뛰어나며 주인을 알아보는 능력이 탁월하다는 점에서 사람들의 인기를 끌고 있다. 이 밖에도 이들은 원래 야생동물이었다는 점, 꼬리와 수염이 있는 네 발 가진 동물이라는 점, 새끼를 낳는 포유동물이라는 점에서 공통적이다.

이들은 사람과 아주 친밀한 관계를 유지하는 친인간 동물이면서도 공통점이 많지 않아 앙숙관계로 묘사되기도 한다. 이들의 가장 큰 차이점은 먹이이다. 개와 고양이는 기본적으로 육식동물이지만 개는 잡식성을 갖고 있기 때문에 고기가 없다면 채식으로도 생명을 유지해 나갈 수 있다. 하지만 고양이는 육식을 하지 않으면 견뎌내지 못한다.

또 다른 차이점은 활동성에서 드러난다. 고양이는 움직임이 얌전하고 실내에서 지내는 것을 더 좋아한다. 반면 개는 조금 더 활동적이며 집안에만 있으면 우울증에 걸릴 가능성이 크다. 고양이는 물도 얌전하게 마시는데 혀 끝을 물 표면에 마치 물에 도장을 찍듯 가져다 댄다. 물이 고양이의 혀에 달라붙는 듯 하는 순간 고양이는 이 순간을 놓치지 않고 혀를 입 안으로 바로 넣어 물을 입 속으로 끌어당기기 때문에 아주 깔끔하게 물을 마실 수 있다. 이에 비해 개는 혀를 쭉 늘어뜨린 채 철벅거리며 물을 핥아 마시기 때문에 물 마시는 모습이 다소 요란해 보이는데다 물을 흥건하게 흘린다.

인간의 측면에서 겪게 되는 이들의 차이점은 개는 배변훈련을 시켜야 하지만 고양이는 훈련을 시키지 않아도 대소변을 가린다는 점이다. 개는 여러 가지 목적으로 훈련을 시킬 수 있지만, 고양이 훈련은 거의 불가능하다. 개는 지구력이 뛰어나고 사람을 잘 따르기 때문에 사람의 생활 주기에 맞춰 주로 낮에 활동한다. 반면 고양이는 순발력은 뛰어나지만 지구력이 부족하다. 그래서 고양이는 사람의 생활 주기에 아랑곳하지 않고 주로 밤에 순발력 넘치게 활동을 한다.

한편 개는 건강할 때는 언제나 코가 촉촉하다. 그러나 더울 때는 몸에 땀

> 샘이 없어 입으로 열기를 뿜는다. 그래서 개는 항상 혀를 내빼고 꼬리를 뒤흔들며 주인의 뒤를 바쁘게 쫓아다닌다. 이에 반해 고양이는 도도하고 거만한 표정으로 앞발을 까딱대며 주인이 무엇을 하든 별로 관심을 두지 않고 낮잠을 즐긴다.

(4) 예시

예시는 구체적인 사례를 들어 설명하는 기술 방식이다. 어떤 대상을 설명할 때 적절한 보기를 들어 준다면 읽는 사람이 이해하기 쉽고 읽는 이의 흥미와 관심도 이끌어 낼 수 있다. 예시를 할 때는 객관적인 사실이나 지식은 물론 글쓴이의 주관적인 경험이나 견문 등을 다양하게 사용할 수 있다. 예시는 풍부할수록 좋기는 하지만 그렇다고 해서 너무 많은 예를 들면 글이 산만해지고 글의 초점이 흐려진다.

예시를 통한 설명은 복잡하고 추상적인 대상을 구체적이고 분명하게 전달할 수 있으므로 직접적인 전달 효과가 있다. 예시는 대개 단독으로 쓰이는 경우가 드물고 다른 기술 방식의 부분으로 사용되는 경우가 많다.

> <자기소개서>의 '성장 배경' 난을 쓸 때는 자신에 대한 이미지를 심어주는 것이 중요하다. 예를 들면 '저는 화목하고 단란한 가정에서 주위의 귀여움을 받으며 별다른 어려움 없이 자랐습니다.'로 평범하게 시작하기보다는 유년기의 일화나 가족관계에 얽힌 이야기, 고향환경 등을 배경 삼은 서술이 자신의 이미지 구축에 도움이 된다.
>
> 만일 성장 과정에 어려움이 있었다면 솔직하게 밝히면서 그 어려움을 극복한 과정이나 본인에게 미친 영향을 설명하면 좋은 인상을 줄 수 있다.

(5) 분류, 구분

분류와 구분은 어떤 대상의 특성을 명확히 하기 위한 방법으로, 복잡한 구성으로 되어 있는 대상을 손쉽게 파악하고 이해하려 할 때 쓰는 글쓰기 방식이다. 분류는 한 무리의 대상을 일정한 기준에 의해 묶어 보는 것이고, 구분은 대상을 나누어 보는 것이다. 분류는 대상을 공통성 있는 것끼리 한 데 모으고 갈라서 체계화하는 방법으로, 예를 들어 도서관에 있는 책들을 공학, 자연과학, 의학 등의 분야로 한 데 묶어서 정리하는 방식이다. 이러한 분류는 개체들에서 출발하여 전체적인 개념으로 체계화하는 글쓰기 방식이라 할 수 있다.

한편 구분은 하나의 대상을 작은 부분으로 나누는 것을 말하는 데, 상위 개념을 여러 개의 하위 개념으로 나누어 기술하기 때문에 각각의 개념간의 연관성을 제시하는 데 매우 편리하다. 예를 들어 어떤 회사의 조직에 대하여 설명할 때, '우리 회사의 사원은 대표이사, 일반이사, 부장, 과장, 대리, 실장, 일반 사원 등으로 나뉜다'고 하면 구분의 글쓰기 방식이 된다. 이러한 방식으로 글을 쓸 때는 분류나 구분하는 기준이 명확하고 일관성이 있어야 한다.

> 우리는 지력과 관련하여 5가지 프로그램을 제공한다. 지식운용능력, 다중언어능력, 자연세계의 이해능력, 역사의 이해능력, 약점위주의 학습능력이 바로 그것이다.
>
> 간단하게 지식운용 능력이란 지식이 어떻게 운용되는가를 잘 알아서 지적능력을 향상시키는 것이다. 지식운용 능력이란 지식을 잘 흡수하는 것이고, 지식을 잘 고도화하는 것이고 지식을 잘 표출하는 것이다. 우리교육은 지식을 잘 입수하는 것에 중점을 두었다. 그러나 지식을 고도화할 수 있는 능력을 높이고 표출하도록 해야 지적인 능력을 극대화 할 수 있는 것이다.
>
> 아울러 다중언어 능력을 훈련시켜야 지적인 능력을 극대화 할 수 있다. 모국어뿐만 아니라 외국어도 잘하게 하는 것이다. 모든 지식은 언어에 담겨있다. 한국말에 인류가 가진 지식이 다 담겨 있는 것이 아니다. 한국말을 잘하는 사람과 영어 또한 잘 하는 사람은 처음부터 지적인 능력에서 차이가 난다. 다중언어 능력은 지적능력을 향상시키는데 아주 중요하다.
>
> — 원동연 박사 특강, "5차원 전면학습법"에 대하여

(6) 분석

분석은 한 대상을 이루고 있는 구성 성분을 분해해 내는 글쓰기 방식이다. 분석은 분석할 대상이 구조를 가지고 있을 때에만 가능하다는 점에서 구분과 다르다. 분석은 대상의 구성성분을 공간적으로 분해해 낼 수 있는 물리적 분석과 한 관념을 다른 관념에 의해 심리적으로 분석하는 개념적 분석으로 구분할 수 있다. 또 분석에는 대상이 어떻게 작용하는가를 기술하는 기능적 분석과 어떤 사건의 계기적인 단계를 밝히고자 하는 연대기적 분석, 원인과 결과의 관계를 밝히는 인과적 분석이 있다.

> 한국 드라마 중에서 법정 드라마는 귀한 편이다. 법정 드라마는 필연적으로 법을 악용하는 사람들의 양심을 저버린 행위나 권력에 무릎 꿇게 되는 사회적 약자를 다루게 된다. 그래서 제대로 된 법정 드라마는 가진 자에 대한 현실 풍자의 강도가 셀 수밖에 없다. 따라서 전문지식을 갖춘 대찬 작가나 소신 넘치는 연출가 없이는 완성도 높은 법정 드라마가 만들어지기 어렵다.
>
> 그런데 대찬 드라마가 등장했다. 한국 사회를 크게 뒤흔들었던 몇 가지 사건-즉, 1997년 국민 소주라는 수식어가 붙은 진로그룹과 외세 투기자본인 골드만삭스의 싸움, 2007년 태안 기름 유출 사고, 2008년 키코 사태, 2010년 현대건설사 인수전, 2012년 일제 강제동원 피해자들이 일본 기업을 상대로 낸 손해배상 청구 소송, 2013년 동양그룹 기업어음 회사채 사태 등-2000년을 전후하여 한국 내의 주요 뉴스를 장식했던 굵직굵직한 사건들이 법정 드라마를 통해 생생하게 재현되었다. <개과천선>이 그것이다.
>
> ...(중략)...
>
> 대형로펌 변호사 중에서도 단연 최고의 변호사라는 평판을 얻었던 주인공 김석주는 가진 자의 편에서는 믿을만한 충복이었고, 그 반대편에서는 피도 눈물도 양심도 없는 냉혈한이었다. 그러던 그가 교통사고로 인해 단기기억상실 환자가 된다는 설정, 게다가 그로 인해 느닷없이 불의에 맞서는 정의의 수호자, 약자의 편에 선 의로운 변호사로 돌변한다는 설정은 지극히 현실

성이 떨어진다. 그럼에도 불구하고 김석주의 정의로운 행보가 시청자에게 어필할 수 있었던 것은 법조계가 그렇게 의인으로 변해야 한다는 당위성을 담보하고 있었기 때문이다. 즉 이 드라마는 제목에 나타나 있는 것처럼 한국의 법조계는 개과천선해야한다는 메시지를 강하게 내뿜음으로써 시청자들의 공감을 이끌어냈던 것이다.

 실제 동양그룹 사태의 피해자들이 드라마 <개과천선> 촬영장을 일부러 찾아와 고맙다는 인사를 건네고 야식을 제공했다는 일화는 이 드라마가 극사실주의에 가깝다는 평자들의 언급에 힘을 실어주었다. 동시에 이는 작가를 비롯하여 <개과천선>을 만들어낸 관계자들이 얼마나 현실에 충실하고자 노력했는지를 입증한다. 그간 냉철한 사회 반영 대신 로맨스나 환타지로 빠져버린 법정 드라마를 보면서 실망했던 시청자들은 오래간만에 진정성 넘치는 휴먼 법정 드라마를 보면서 희망을 품을 수 있게 되었다.

 …(중략)…

 프랑스의 저술가인 기 드보르(Guy Debord)는 "인간은 자기 조상들을 닮은 것보다 자신의 시대를 더욱 닮는다."고 주장하면서 오늘날의 남녀는 그들 부모와 다르게 "과거를 잊고 싶어 하며 이제 미래도 믿지 않는 듯한 그러한 현재를 살고 있다."고 갈파한 바 있다.(『액체근대』, 206~207) 돈과 권력은 현재를 살기 위해 꼭 필요한 것이다. 그런데 그 현재를 이루어 낼 수 있는 원동력은 과거에 대한 기억과 미래에 대한 신뢰이다. 그래서 지속가능한 현재를 만들기 위해서는 과거의 잘못을 천착하고 현재의 어떤 행동이 미래에까지 끼치는 영향에 대해 숙고할 수 있는 도덕성이 필요하다.

 경쟁이 있어야 인류가 발전한다는 믿음 때문에 오늘날 세계는 무한경쟁의 시대에 돌입했다. 그러나 무한경쟁은 발전이 아니라 전멸을 가져온다는 것을 우리는 과거의 경험으로부터 터득한 바 있다. 비명조차 지르지 못하는 연약한 토끼와 밀림 속을 활보하는 사자를 한 울타리에 넣어 놓고 무한경쟁을 시킨다면 그 결과는 어떻게 될까. 처음에는 토끼를 싹쓸이 해버린 사자가 승리한 듯 보이겠지만 이내 사자 또한 굶주려 죽게 될 것이다. 결국 토끼든 사자든 아무 것도 남지 않는 멸종만이 그들의 미래가 될 것이다.

법조계, 재계, 정치권이 오직 돈과 권력만을 목적으로 움직이는 순간, 인류는 아비규환의 나락으로 향할 뿐이다. 극중 주요 무대가 되었던 거대 로펌을 비롯한 대한민국 상위 1% 집단이 강한 군락을 이루어 오직 수익만을 목적으로 움직인다면 그들은 세상에서 가장 잔인한 가해자가 되어 섬뜩한 공포로 인류를 잠식하게 될 것이다.

주인공인 김석주 변호사 역할을 했던 배우 김명민의 연기는 기억을 잃기 전과 후가 극명하게 달라진다. 기억을 잃기 전의 냉혹하고 인정머리 없는 김석주는 김명민에 의해 차갑고 딱딱하게 표현되었다. 반면 기억을 잃은 후의 인간미 넘치는 김석주는 울 수도 웃을 수도 있는 부드럽고 따뜻한 사람으로 표현되었다. 우리는 딱딱함보다 부드러움을 추구하고 차갑기보다는 체온이 느껴지는 따뜻함을 추구한다. 그것이 지속가능한 건강함의 징후이기 때문이다.

-장미영, "(드라마 비평) 개과천선: 대한민국 상위 1%의 비밀", 수필과비평사, 『수필과비평』, 2014. 8월호.

(7) 질문, 답

'질문과 답에 의한 전개'는 설명에 널리 사용되는 방법이다. 주제를 질문의 형식으로 바꾸면, 무엇을 설명해야 할지가 분명하게 떠오를 수 있다. 질문으로 시작되는 글은 답을 찾도록 독자의 생각을 자극하고 글에 집중하도록 하는 효과가 있다

질문: 남북한 통일정책은 무엇이 같고 무엇이 다른가?
답: 남북한 통일정책은 공히 1948년에 시작된 제1공화국으로부터 현재에

이르기까지 줄기차게 이어지고 있다. 이것은 남한이든 북한이든 모두 한반도 통일을 원하고 있다는 의미에서 공통점이라 할 수 있다. 그런데 통일에 대한 접근 방법의 측면에서 보면 남한은 실현가능한 것부터 점진적으로 해나가려는 기능주의적 접근을 하고 있고 북한은 최고 지도자의 정치적 결단에 의한 접근을 한다는 점에서 큰 차이가 있다.

3. 유의할 점

'설명'을 사용할 때 유의할 점은 다음과 같다.
1. 주제 관련 자료를 풍부하게 수집한다.
2. 쉬운 표현으로 짧게 쓴다.
3. 주제와 비슷한 것, 반대되는 것을 고려하며 쓴다.
4. 개념을 설명할 때는 사례를 통해 이해를 높인다.
5. 사진, 그림, 도표, 그래프 등을 설명에 곁들인다.
6. 지나친 수식, 추상적인 낱말 등은 가능한 쓰지 않는다.

 [기초 학습 활동]

■ 다음은 조선 후기 북학의 대표적 학자, 연암 박지원 소설 〈양반전〉이다. 아래 글을 참고하여 빈 칸을 채우시오.

정선군(旌善郡)에 한 양반이 살았다. 이 양반은 어질고 글읽기를 좋아하여 매양 군수가 새로 부임하면 으레 몸소 그 집을 찾아가서 인사를 드렸다. 그런데 이 양반은 집이 가난하여 해마다 고을의 환자를 타다 먹은 것이 쌓여서 천석에 이르렀다. 강원도 감사(監使)가 군읍(郡邑)을 순시하다가 정선에 들러 환곡(還穀)의 장부를 열람하고는 대노해서

"어떤 놈의 양반이 이처럼 군량(軍糧)을 축냈단 말이냐?"

가난해서 갚을 힘이 없는 것을 딱하게 여기고 차마 가두지 못했지만 무슨 도리도 없었다. 양반 역시 밤낮 울기만 하고 해결할 방도를 차리지 못했다. 그 부인이 역정을 냈다.

"당신은 평생 글 읽기만 좋아하더니 고을의 환곡을 갚는 데는 아무런 도움이 안 되는군요. 쯧쯧 양반, 양반이란 한 푼어치도 안 되는 걸."

그 마을에 사는 한 부자가 가족들과 의논하기를

"양반은 아무리 가난해도 늘 존귀하게 대접받고 나는 아무리 부자라도 항상 비천(卑賤)하지 않느냐. 말도 못하고, 양반만 보면 굽신굽신 두려워해야 하고, 엉금엉금 가서 정하배(庭下拜)를 하는데 코를 땅에 대고 무릎으로 기는 등 우리는 노상 이런 수모를 받는단 말이다. 이제 동네 양반이 가난해서 타먹은 환자를 갚지 못하고 시방 아주 난처한 판이니 그 형편이 도저히 양반을 지키지 못할 것이다. 내가 장차 그의 양반을 사서 가져 보겠다."

부자는 곧 양반을 찾아가서 자기가 대신 환자를 갚아 주겠다고 청했다. 양반은 크게 기뻐하며 승낙했다. 부자는 즉시 곡식을 관가에 실어 가서 양반의 환자를 갚았다. 군수는 양반이 환곡을 모두 갚은 것을 놀랍게 생각해 몸소 찾아가서 양반을 위로하고 또 환자를 갚게 된 사정을 물어 보려고 했다. 그런데 뜻밖에 양반이 벙거지를 쓰고 짧은 잠방이를 입고 길에 엎드려 '소인'이라고 자칭하며 감히 쳐다보지도 못하고 있지 않는가. 군수가 깜짝 놀라 내려가서 부축하고

"귀하는 어찌 이다지 스스로 낮추어 욕되게 하시는가요?"

하고 말했다. 양반은 더욱 황공해서 머리를 땅에 조아리고 엎드려 아뢴다.

"황송하오이다. 소인이 감히 욕됨을 자청하는 것이 아니오라, 이미 제 양반을 팔아서 환곡을 갚았습지요. 동리의 부자가 양반이올습니다. 소인이 이제 다시 어떻게 전의 양반을 모칭(冒稱)해서 양반 행세를 하겠습니까?"

군수는 감탄해서 말했다.

"군자로구나 부자여! 양반이로구나 부자여! 부자이면서도 인색하지 않으니 의로운 일이요, 남의 어려움을 다급하게 여기니 어진 일이요, 비천한 것을 싫어하고 존귀한 것을 사모하니 지혜로운 일이다. 이야말로 진짜 양반이로구나. 그러나 사사로 팔고 사고서 증서를 해 두지 않으면 송사(訟事)의 꼬투리가 될 수 있다. 내가 너와 고을 사람들을 모아 놓고 이를 증인 삼고 증서를 만들어 미덥게 하되 본관이 마땅히 거기에 서명할 것이다."

그리고 군수는 관부(官府)로 돌아가서 고을 안의 사족(士族) 및 농공상(農工商)들을 모두 불러 동헌 뜰에 모았다. 부자는 향소(鄕所)의 오른쪽에 서고 양반은 공형(公兄)의 아래에 섰다. 그리고 증서를 만들었다.

건륭(乾隆) 10년 9월 모일에 이 문서를 만드노라. 몸을 굽혀 양반을 팔아서 환곡을 갚으니 그 값은 천석이다. 오직 이 양반은 여러 가지로 일컬어지나니 글을 읽으면 사(士)라 하고 정치에 나아가면 대부(大夫)가 되고 덕이 있으면 군자(君子)이다. 무반(武班)은 서쪽에 늘어서고 문반(文班)은 동쪽에 늘어서는데 이것이 '양반'이니 너 좋을 대로 따를 것이다. 야비한 일을 딱 끊고 옛을 본받고 뜻을 고상하게 할 것이며, 늘 오경(五更)만 되면 일어나 유황에다 불을 당겨 등잔을 켜고서 눈은 가만히 코끝을 보고 발꿈치를 궁둥이에 모으고 앉아 [동래박의(東萊博義)]를 얼음 위에 박 밀듯 왼다. 주림을 참고 추위를 견뎌 입으로 구차스러움을 남에게 말하지 아니하되 고치·탄뇌(叩齒彈腦)를 하며 입안에서 침을 가늘게 내뿜어 연진(嚥津)을 한다. 소매자락으로 모자를 쓸어서 먼지를 털어 물결무늬가 생겨나게 하고, 세수할 때 주먹을 비비지 말고, 양치질을 지나치게 말고, 소리를 길게 뽑아서 여종을 부르며, 걸음을 느릿느릿 옮겨 신발을 땅에 끈다.

그리고 〈고문진보(古文眞寶)〉, 〈당시품휘(唐詩品彙)〉를 깨알 같이 베껴 쓰되 한 줄에 백 자를 쓰며, 손에 돈을 만지지 말고, 쌀값을 묻지 말고, 더워도 버선을 벗지 말고, 밥을 먹을 때 맨상투로 밥상에 앉지 말고, 국을 먼저 훌쩍 떠먹지 말고, 무엇을 후루루 마시지 말고, 젓가락으로 방아를 찧지 말고, 생파를 먹지 말고, 막걸리를 들이켠 다음 수염을 쭈욱 빨지 말고, 담배를 피울 때 볼에 우물이 파이게 하지 말고, 화난다고 처를 두들겨 패지 말고, 성내서 그릇을 내던지지 말고, 아이들에게 주먹질을 말고, 노복(奴僕)들을 야단쳐 죽이지 말고, 마소를 꾸짖되 그 판 주인까지 욕하지 말고, 아파도 무당을 부르지 말고, 제사 지낼 때 중을 청해 재(齋)를 드리지 말고, 추위도 화로에 불을 쬐지 말고, 말할 때 이 사이로 침을 흘리지 말고, 소 잡는 일을 말고, 돈을 가지고 놀음을 말 것이다. 이와 같은 모든 품행이 양반에 어긋남이 있으면 이 증서를 가지고 관(官)에 나와서 변정할 것이다.

성주(城主) 정선군수(旌善郡守) 화압(花押)·좌수(座首) 별감(別監) 증서(證署).

이에 통인(通引)이 탁탁 인(印)을 찍어 그 소리가 엄고(嚴鼓) 소리와 마주치매 북두성(北斗星)이 종으로, 삼성(參星)이 횡으로 찍혀졌다. 부자는 호장(戶長)(시골의 아전)이 증서를 읽는 것을 쭉 듣고 한참 멍하니 있다가 말했다.

"양반이라는 게 이것 뿐입니까? 나는 양반이 신선 같다고 들었는데 정말 이렇다면 너무 재미가 없는 걸요. 원하옵건대 무어 이익이 있도록 문서를 바꾸어 주옵소서."

그래서 다시 문서를 작성했다.

"하늘이 민(民)을 낳을 때 민을 넷으로 구분했다. 사민(四民) 가운데 가장 높은 것이 사(士)이니 이것이 곧 양반이다. 양반의 이익은 막대하니 농사도 안 짓고 장사도 않고 약간 문사(文史)를 섭렵해 가지고 크게는 문과(文科) 급제요, 작게는 진사(進士)가 되는 것이다. 문과의 홍패(紅牌)(문과과거의 합격증)는 길이 2자 남짓한 것이지만 백물이 구비되어 있어 그야말로 돈 자루인 것이다. 진사가 나이 서른에 처음 관직에 나가더라도 오히려 이름 있는 음관(蔭官)이 되고, 잘 되면 남행(南行)으로 큰 고을을 맡게 되어, 귀밑이 일산(日傘)(볕을 가리는 양산)의 바람에 희어지고, 배가 요령 소리에 커지며 방에서 기생이 귀고리로 단장하고, 뜰에는 학(鶴)을 기른다. 궁한 양반이 시골에 묻혀 있어도 능히 무단(武斷)을 하여 이웃의 소를 끌어다 먼저 자기 땅을 갈고 마을의 일꾼을 잡아다 자기 논의 김을 맨들 누가 감히 나를 괄시하랴. 너희들 코에 잿물을 디리붓고 머리끄뎅이를 회회 돌리고 수염을 낚아채더라도 누구 가히 원망하지 못할 것이다."

부자는 증서를 중지시키고 혀를 내두르며

"그만 두시오, 그만 두어. 맹랑하구먼. 장차 나를 도둑놈으로 만들 작정인가."

하고 머리를 흔들고 가버렸다. 부자는 평생 다시 양반 말을 입에 올리지 않았다 한다.

(1) 위 글의 구성 방법을 밝히시오.

글 구성 방법		
순	방법	내용
1	지정	
2	정의	
3	비교	
4	대조	
5	예시	
6	분류	
7	구분	
8	분석	
9	질문	
10	답	

(2) 위 글을 참고하여 '양반'이란 무엇인지 설명해 보시오.

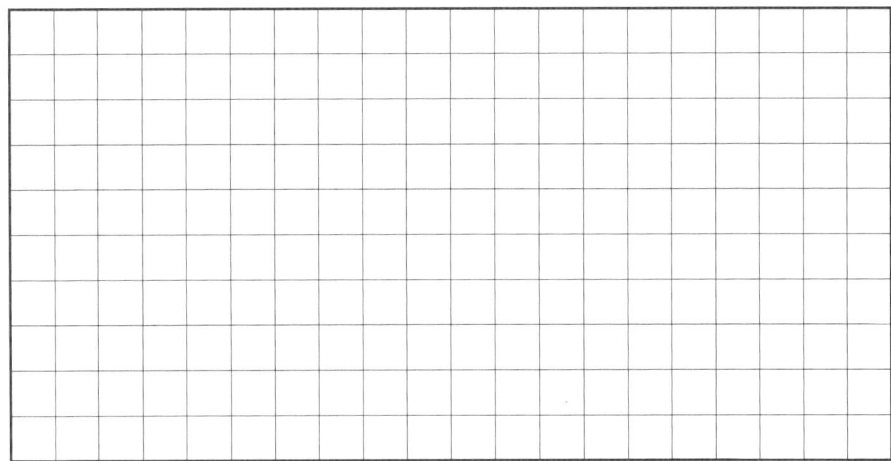

(200자)

(400자)

(600자)

(800자)

(1,000자)

(1,200자)

(1,400자)

(1,600자)

(1,800자)

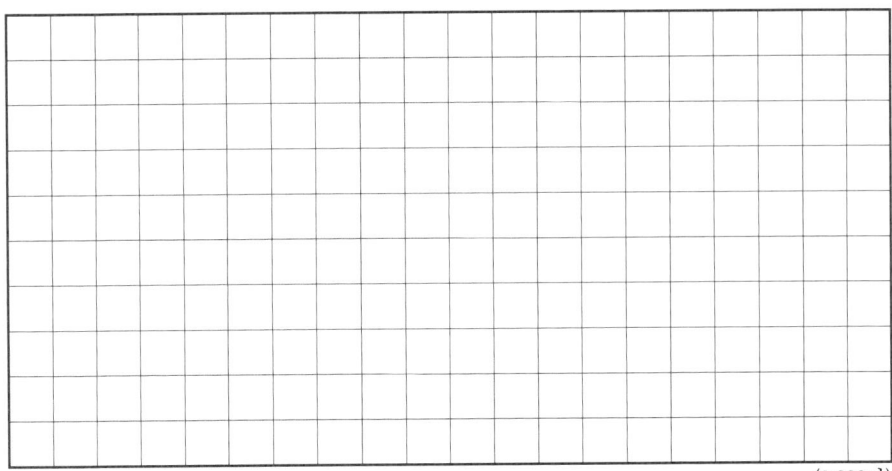

(2,000자)

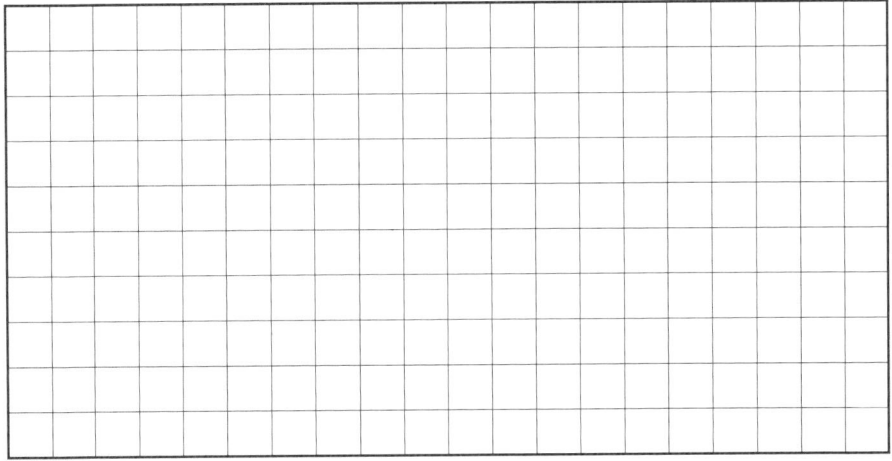

(2,200자)

(3) 러시아 태생의 프랑스 화가, 마르크 샤갈(Marc Chagall)의 〈자화상〉과 조선 후기 화가, 윤두서 〈자화상〉은 어떻게 같고 다른지, 비교, 대조 방법을 사용하여 설명하시오.

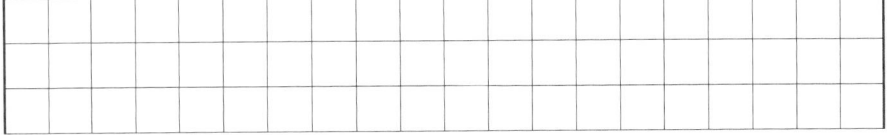

(200자)

(400자)

(600자)

(800자)

(1,000자)

(1,200자)

(1,400자)

(1,600자)

(1,800자)

(2,000자)

(2,200자)

[심화 학습 활동]

■ 외국인 유학생에게 자신이 소개하고 싶은 한국 문화 중 하나를 골라 설명해보시오.

(1) 소개할 내용을 어떻게 구성할 것인지 구성안을 설계해 보시오.

글 구성 방법		
순	방법	내용
1	지정	
2	정의	
3	비교	
4	대조	
5	예시	
6	분류	
7	구분	
8	분석	
9	질문	
10	답	

(2) 소개문을 작성해 보시오.

(200자)

(400자)

(600자)

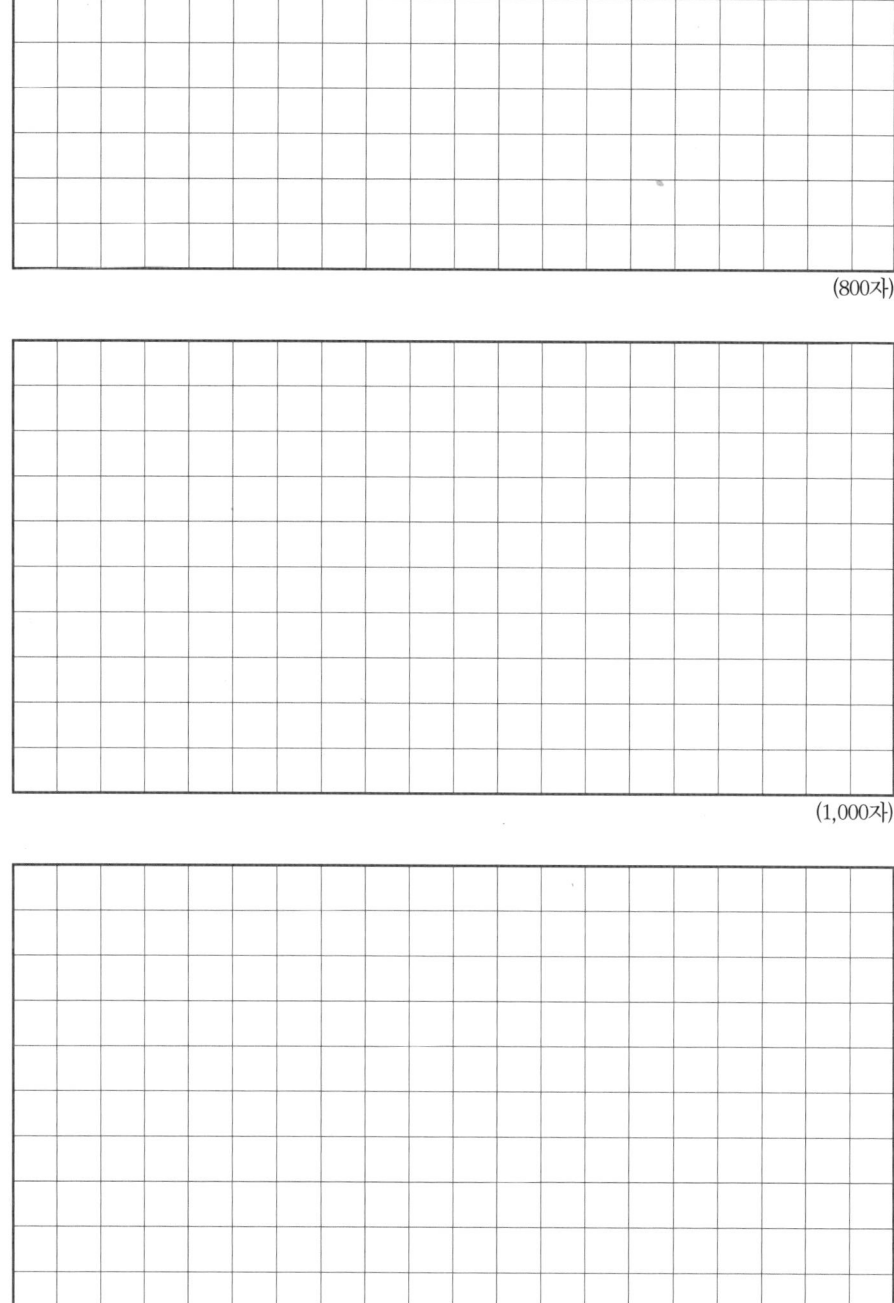

(800자)

(1,000자)

(1,200자)

(1,400자)

(1,600자)

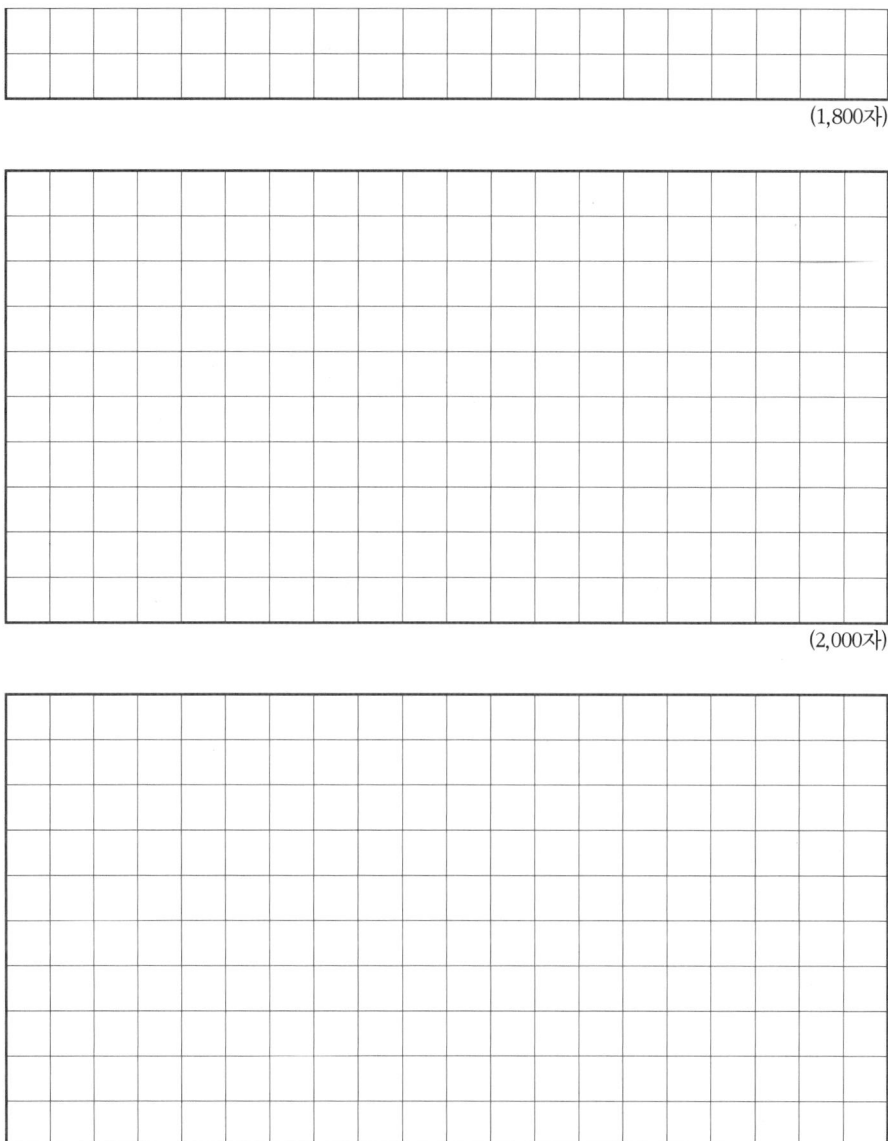

(1,800자)

(2,000자)

(2,200자)

참고문헌

네이버 사전(http://dic.naver.com)
다음 사전(http://dic.daum.net)
원동연, 특강, "5차원전면학습법", 대전 DIY센터. 2003.
장미영 외, 수필과비평사, 『수필과비평』, 2014. 8월호.

8장
논증(일이관지): 왜냐하면

단원 설정 배경

나의 입장, 우리의 입장, 조직의 입장, 사회의 입장, 국가의 입장, 인종의 입장 등 인간이 사회생활을 제대로 하기 위해서는 각각의 입장에 따라 어떤 판단을 내려야 한다. 그런데 어떤 판단을 내리는 것으로 그친다면 다른 판단을 가지고 있는 사람과의 충돌을 피하기 어렵다. 그러므로 어떠한 판단을 내린다면 그러한 판단을 할 수 밖에 없는 이유를 근거를 들어 입증해야 한다. 그래야 갈등을 줄이면서 원만한 공동체 생활이 가능해지는 것이다.

단원 설정의 필요성

옳고 그름은 시대에 따라 다르고, 상황에 따라 다르다. 따라서 시시비비를 가려야 하는 경우가 발생하면 그 이유나 근거를 들어 결정을 내려야 한다. 옳고 그름뿐만 아니라 좋고 싫음, 찬성과 반대 등 자신의 입장을 분명히 해야 할 경우가 늘 발생한다. 이때 보다 나은 결정을 내릴 수 있도록 세상의 지혜를 일깨우는 단련의 시간이 필요하다.

학습 목표

1. 연역 논증으로 자신의 주장을 내세울 수 있다.

2. 귀납 논증으로 자신의 의견을 피력할 수 있다.
3. 판단의 오류를 근거를 들어 지적할 수 있다.

목표 핵심 역량

1. 자신의 판단을 효과적으로 내세울 방법을 익혀 의사소통능력을 키운다.
2. 합리성을 고려하여 판단하는 방법을 익혀 지식정보처리능력을 키운다.
3. 사적 입장과 공적 입장을 구분하여 바라보는 안목을 길러 공동체능력을 키운다.

핵심어

논증, 귀납, 연역, 논리, 추리, 논거

 **[생각할 거리]**

1. 논증이란 무엇인가

논증이란 '일이관지'하는 것이다. 일이관지(一以貫之)란 '하나의 이치로써 만물을 꿰뚫는다.'는 뜻을 가진 사자성어로, 한 사람의 사상이나 행동이 하나의 원리로 통일되어 있다는 뜻이다. 현대에 와서는 '일이관지'가 '처음부터 끝까지 변함없이'라는 뜻으로 변형되어 쓰이기도 한다. 일이관지가 '초지일관(初志一貫)'과 유사한 의미로 사용되면서 '처음에 먹은 마음을 끝까지 밀고 나간다.'거나 '자기주장을 변함없이 끝까지 밀고 나가는 것'을 말하기도 한다.

논증(論證, reasoning, proof, demonstration)이란 원래 논리학에서 결론을 지지하는 이유를 밝히는 절차로 시작하여 지금은 여러 분야의 학술 논문을 비롯하여 자기주장을 내세워 상대방을 설득하기 위해 내가 하고 싶은 말을 조리 있게 하는 여러 가지 방식을 일컫는다.

논증은 '증명' 또는 '입증'이라고도 한다. 논증에는 세 가지 요소가 필요하다. 의견, 논거, 추리가 그것이다. 의견이란 어떤 판단이나 현상에 대해 '옳다', '그르다' 등의 생각을 말하는 것이다. 논거는 그러한 의견을 뒷받침하는 이유나 근거를 일컫는 용어이다. 추리는 의견과 논거를 이치에 맞게 연결하기 위해 자신의 의견이 옳다는 것을 논리적인 인과관계를 통해 추측하는 것이다.

논리(論理, logic)는 추리를 이끌어 가는 원리이다. 즉 논리란 바르고 참된 인식을 얻기 위해 이성적인 사고 작용을 밟는 과정인 것이다. 논리가 성립되기 위해서는 기본적으로 4가지 원칙이 지켜져야 한다. 논리의 4원칙으로는 일반적으로 동일률(同一律, The Principle of Identity), 모순율(矛盾律, The Principle of Contradiction), 배중률(排中律, The Principle of Excluded Middle), 충족이유율(充足理由律, The Principle of Sufficient Reason)을 들 수 있다.

동일률(同一律, The Principle of Identity)은 'A는 A이다' 형식으로 표현된다. 동일률이란 앞에서 한 번 사용했던 판단은 뒤에서 사용할 때도 동일하게 사용해야 한다는 긍정판단이다. 예를 들어, 내가 운전을 할 때는 어떤 보행자가 신호를 지키지 않고 횡단보도를 건너는 행위에 대해 문화시민의 자질이 없다고 질책해놓고, 반대로 내가 보행자일 때는 빨간 신호등을 무시하고 횡단보도를 건너면서도 바빠서 어쩔 수 없었다고 자기 합리화를 한다면 이는 동일률을 어긴 논리가 되는 것이다. 만일 누군가가 소나무를 '나무'라고 했다면 어떤 소나무든지 공간을 달리 해도 소나무는 일관되게 '나무'라고 일컬어지는 것이다. 이중국적을 가진 사람이 어떤 때는 '자신은 한국인'이라고 하다가 또 어떤 때는 '자신은 미국인'이라고 한다면 이것도 동일률을 어기는 것이다. 이때 동일률을 지키려면 '나는 이중국적자로 한국인이면서 동시에 미국시민이다.'라는 것을 제대로 밝혀야 한다.

모순율(矛盾律, The Principle of Contradiction)은 'A는 비(非)A가 아니다' 형식으로 표현된다.

모순율이란 함께 성립할 수 없는 관계에 있는 판단을 동시에 쓸 수 없다는 부정판단이다. 즉 동일한 주장은 참인 동시에 거짓일 수 없다. 예를 들어, 어떤 방패도 뚫을 수 있는 창과 모든 창을 막아낼 수 있는 방패를 동시에 판매한다는 것은 모순이라는 것이다.

배중률(排中律, The Principle of Excluded Middle)은 'A는 A이거나 비(非)A이거나이다' 형식으로 표현된다. 배중률이란 동일률과 모순률에서 도출되는 원리로서, 중간을 배제하자는 규칙이다. 즉 동일한 주장은 '참'이거나 '허위'이거나 둘 중 하나이지 '참'도 '거짓'도 아닌 중간일 수 없다는 것으로 이는 선언판단을 할 때 사용된다. 예를 들어, '지구는 태양의 주위를 돌기도 하고 태양은 지구의 주위를 돌기도 한다.'는 식의 논리는 있을 수 없다는 것이다.

위에서 언급한 모순율, 배중률은 동일률을 다르게 표현한 것에 불과하다. 사람은 어떤 판단을 내릴 때, 긍정하거나 아니면 부정하거나 아니면 여러 가지 중에 한 가지를 선택할 수밖에 없기 때문이다. 따라서 긍정판단을 할 때는 동일률로, 부정판단을 할 때는 모순율로, 선언판단을 할 때는 배중률로 나타낸다.

위 3가지 원칙에 한 가지를 더 추가하자면 충족이유율을 들 수 있다. 충족이유율(充足理由律, The Principle of Sufficient Reason)은 '어떤 것이 그렇게 된 것은 충분한 이유가 있다.'는 추론으로, 어떤 사실에 대해 '왜'라고 묻는다면 반드시 '왜냐하면'이라는 형태의 설명이 있을 것이다'라고 기대하는 원리이다. 충족이유율이란 논리적 형식 이외에 실제적 내용을 고려하여 생성의 이유, 인식의 이유, 존재의 이유, 행위의 이유 등을 고려하는 것으로, 어떤 결과는 무작위로 생기는 것이 아니므로 반드시 그렇게 될 수밖에 없는 어떤 원인이 있다고 보는 것이다. 즉 세상의 모든 것은 원인과 결과의 관계이며 이 인과과정에는 필연성과 보편타당성이 작동한다고 보는 추론이다.

2. 논증 방법

이와 같은 논리적 사고를 바탕으로 결론을 유추할 때, 우리는 이것을 논증이라고 일컫는다. 논증에서 중요한 것은 왜 그런 주장을 하는지, 왜 그런 말을 하고 싶은지에 대한 타당한 이유를 제시할 수 있어야 한다는 것이다. 타당한 이유를 제시하는 방법으로는 연역적 방법과 귀납적 방법 두 가지를 들 수 있다.

연역적 방법은 전제가 결정적 근거를 결론에 제공하는 것을 말한다. 즉 연역 논증은 전제로부터 결론이 필연적으로 도출되는 것이다. 연역 논증은 정언적 삼단논법, 가언적 삼단논법, 선언적 삼단논법 등의 형식을 취한다.

정언적 삼단논법은 'A=B이다. C=A이다. 그러므로 C=B이다.'의 형태로 표현된다.

> 모든 포유동물은 척추동물이다.
> 모든 개는 포유동물이다.
> 그러므로 모든 개는 척추동물이다.

가언적 삼단논법은 'A=B라면 C=D이다. A=B이다. 그러므로 C=D이다.'의 형태로 표현된다.

> 봄이 오면 꽃이 핀다.
> 봄이 왔다.
> 그러므로 꽃이 피었다.

선언적 삼단논법은 'A이거나 B이다. A가 아니다. 그러므로 B이다.'의 형태로 표현된다.

> 이 병아리는 암컷이거나 수컷이다.
> 이 병아리는 암컷이 아니다.
> 그러므로 이 병아리는 수컷이다.

연역적 방법과 반대로 귀납적 방법은 전제가 근거를 제공하기는 하나 결정적 근거가 아닌 어느 정도의 개연성 근거를 제공하는 것을 말한다. 즉 귀납 논증은 결론을 내기 전에 먼저 여러 가지의 개별적인 사실들의 자료가 밑받침되어야 결론을 도출할 수 있다.

귀납 논증은 크게 일차적 귀납과 이차적 귀납으로 나눌 수 있다. 일차적 귀납은 보통 과학에서 사용되는데, 개별 사실들에 대한 실험으로부터 일반적인 법칙을 추론하는 것이다. 이차적 귀납은 여러 일반 명제들로부터 하나의 결론을 추론하는 것을 말한다. 또 귀납은 추론 과정상의 비약의 유무에 따라 완전귀납과 불완전 귀납으로 구분할 수도 있다. 완전 귀납은 개별적 사실과 특수한 사실들이 모두 이용되어 결론이 도출된 경우를 말한다. 반면 불완전 귀납은 특수한 사실이 모두 열거되지 않은 상태에서 결론이 이루어진 경우를 말한다.

3. 유의할 점

'논증'을 사용할 때 유의할 점은 다음과 같다.
1. 글을 쓰는 과정 내내 글 쓰는 자신에게 '왜?'라고 묻는다. '왜 그런데?'
2. 시각적 효과를 위해 글의 내용을 구분하여 단락을 나눈다. 한 단락에는 하나의 중심 생각이 있게 한다.
3. 용어, 단어의 정확한 뜻을 신중하게 확인한다.
4. 사례를 들어 증명할 때는 과거의 역사적인 사실보다 현재의 현실적 사례를 든다.
5. 원인과 결과를 엮을 때, 개인적 측면과 사회구조적 측면을 구분하여 생각한다.
6. 문장의 길이는 짧고 문장 내용은 간결하게 쓴다.

[기초 학습 활동]

(1) 다음 글은 연역 논증과 귀납 논증 중 어떤 방법으로 이루어졌는가?

　　나는 낙태를 반대한다. 낙태는 살인이기 때문이다. 낙태란 생명을 얻은 태아를 자연 분만 이전에 모체 밖으로 배출하는 행위이거나 살아 있는 태아를 모체 내에서 죽이는 행위를 말한다. 태아는 사회의 약자 중의 약자이다. 낙태는 좀 더 힘 있는 사람이 힘없는 약자를 함부로 해도 된다는 생각을 바탕에 깔고 있는 것이다. 낙태는 약자의 생명까지를 함부로 하는 좀 더 힘 있는 사람들의 오만한 결정이다.

　　또 낙태는 헌법에 보장되어 있는 천부인권을 침해하는 행위이기 때문에 범죄이다. 천부인권이란 국가 및 법률에 앞서서, 사람이 태어나면서부터 저절로 가지고 있는 권리이다. 세상에는 다양한 사람들이 함께 살아가고 있다. 세상에는 머리가 좋은 사람, 그렇지 못한 사람, 운동을 잘하는 사람, 그렇지 못한 사람, 심지어는 몸의 움직임조차 불편한 사람도 있다. 사람들 간의 이러한 차이에도 불구하고 모든 사람은 똑같이 인간으로서의 존엄성을 지니고 있다. 따라서 자유롭고 평등한 삶을 누릴 권리는 누구에게나 보장되어야 한다. 이렇게 인간이라면 누구나 가지고 있고 함부로 침해되어서는 안 되는 기본적인 권리가 인권이다. 헌법은 이러한 천부인권에 바탕을 두고 있다.

　　사회가 급속도로 발전하면서 물질만능주의가 판을 치고 있다. 그로 인해 생명 경시 풍조도 만연해 있다. 여성의 삶을 주장하는 사람들은 태아의 삶에 대해서는 외면하고 있다. 이들은 태아의 삶이 우선 당장 이득을 주지 않는다고 생각하는 것이다. 태아는 인간이 함부로 할 수 있는 물건이 아니다. 임신 순간부터 태아는 인간이다. 인간사회에서 인간이 인간을 죽이는 것은 용서될 수 없는 일이다.

(연역 논증)

이유	주장	낙태 반대
	내용	근거
1	낙태는 살인이기 때문에	태아를 강제로 모체 밖으로 배출하는 것은 살인이다. 태아를 모체 내에서 직접적으로 살해하는 것은 살인이다. 낙태는 강자가 약자를 살해하는 살인이다.
2	낙태는 범죄이기 때문에	헌법을 침해하는 것이다. 천부인권을 침해하는 것이다.
3	낙태는 생명경시 풍조의 하나이기 때문에	낙태는 태아를 물건 취급하는 현상 중 하나이다.

(2) 낙태 찬성론자들의 주장과 이유, 근거를 조사하여 다음 빈 칸을 채우시오.

이유	주장	낙태 찬성
	내용	근거
1		
2		
3		

(3) 한자교육 실시 찬성론자들의 주장과 이유, 근거를 조사하여 다음 빈 칸을 채우시오.

이유	주장	한자 교육 실시 찬성
	내용	근거
1		
2		
3		

(4) 한자교육 실시 반대론자들의 주장과 이유, 근거를 조사하여 다음 빈 칸을 채우시오.

이유	주장	한자 교육 실시 반대
	내용	근거
1		
2		
3		

(5) 한자교육 실시에 대한 본인의 의견을 서술해 보시오.

이유	주장	
	내용	근거
1		
2		
3		

(200자)

(400자)

(600자)

(800자)

(1,000자)

(1,200자)

(1,400자)

(1,600자)

(1,800자)

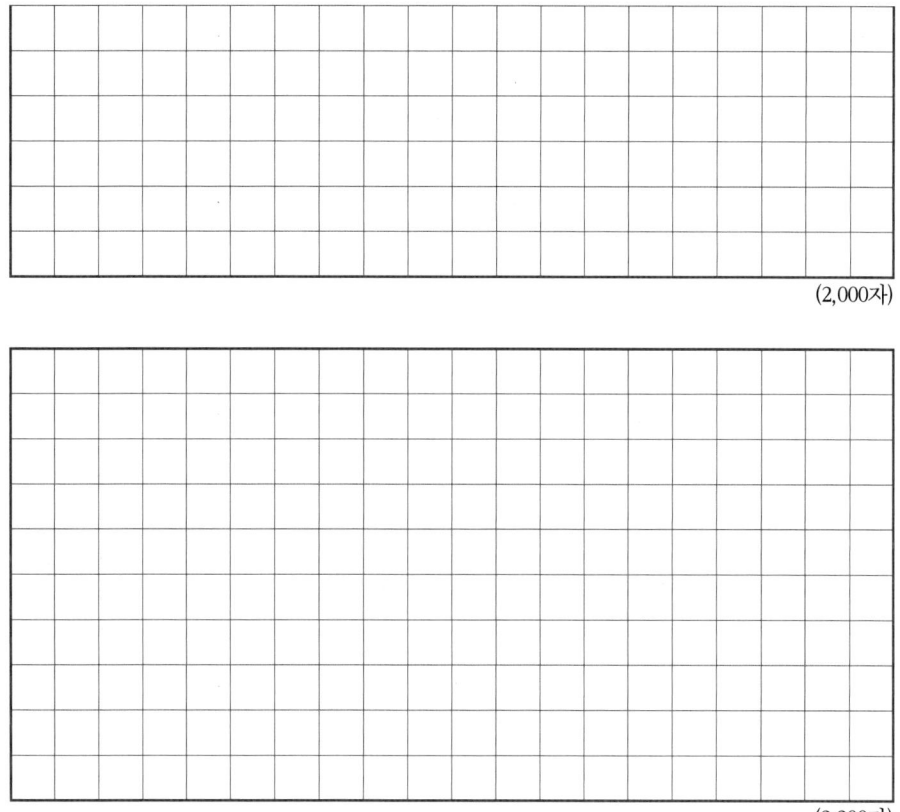

(2,000자)

(2,200자)

[심화 학습 활동]

(1) '유전자 조작 농산물의 생산과 소비' 금지론자들의 주장과 이유, 근거를 조사하여 다음 빈 칸을 채우시오.

주장		유전자 조작 농산물의 생산과 소비를 금지하자
이유	내용	근거
1		
2		
3		

(2) '유전자 조작 농산물의 생산과 소비' 허용론자들의 주장과 이유, 근거를 조사하여 다음 빈 칸을 채우시오.

주장		유전자 조작 농산물의 생산과 소비를 허용하자
이유	내용	근거
1		

2		
3		

(3) '유전자 조작 농산물의 생산과 소비'에 대한 본인의 의견을 밝히고 그 근거를 제시해 보시오.

	주장	
이유	내용	근거
1		
2		
3		

(200자)

(400자)

(600자)

(800자)

(1,000자)

(1,200자)

(1,400자)

(1,600자)

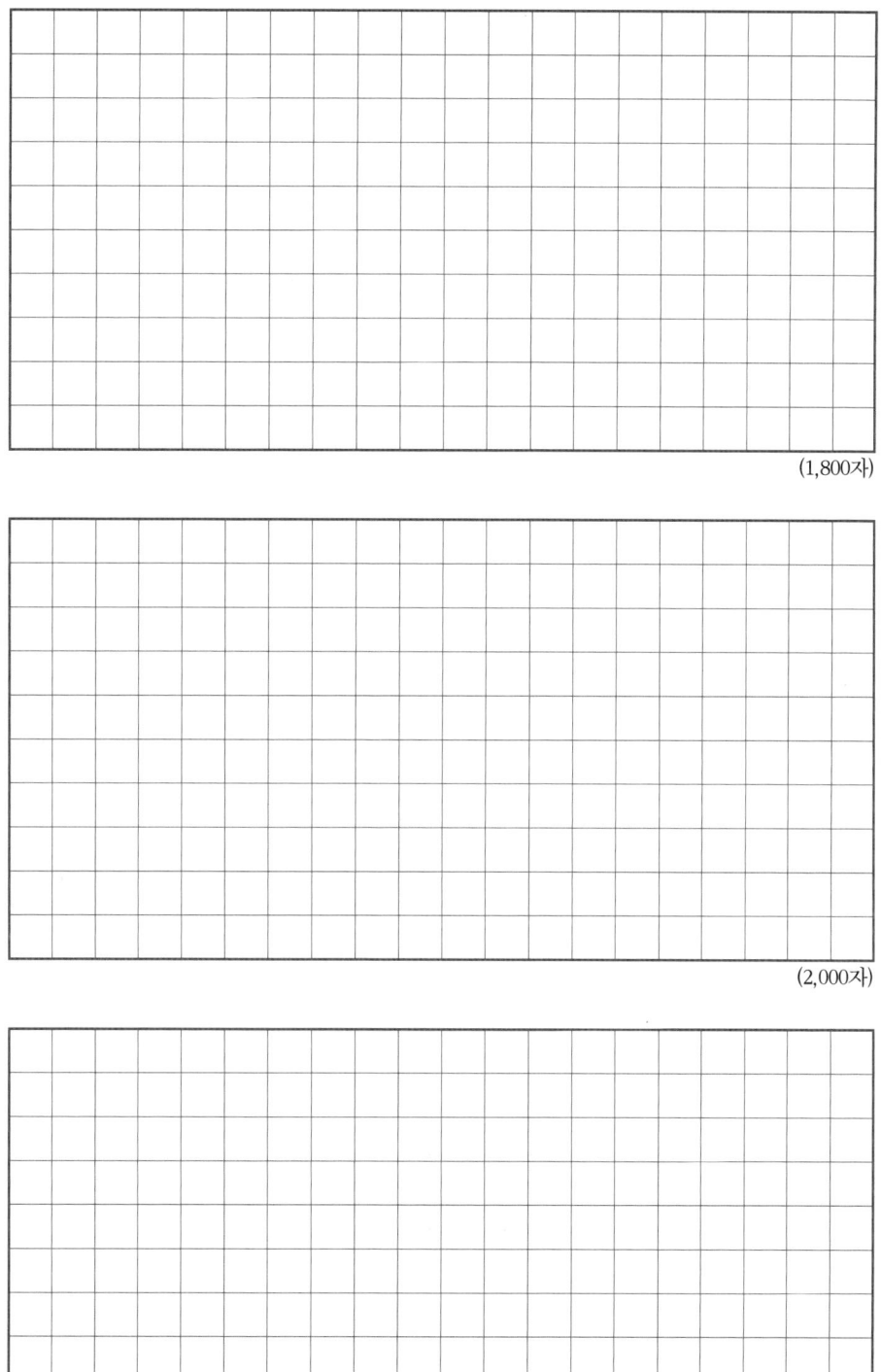

(1,800자)

(2,000자)

(2,200자)

참고문헌

네이버 사전(http://dic.naver.com)
다음 사전(http://dic.daum.net)

9장
묘사(이심전심): 실감나게

단원 설정 배경

우리는 나 자신이 눈으로 보거나 마음으로 느끼는 대상을 다른 사람도 똑같이 보고 느끼기를 바란다. 이것은 내가 다른 사람과 바탕이 같다고 느끼는 마음, 즉 동질감을 유지하고 싶은 속마음이 있기 때문이다. 인간이 동질감을 갈구하는 것은 누군가와 함께 같은 여정을 같은 시기에 힘들게 걸어왔다고 느낌으로서 스스로 자신을 지탱할 수 있는 힘을 확보하려는 것이다.

단원 설정의 필요성

묘사는 내면에 담긴 자기만의 미묘한 감정을 효과적으로 표현해낼 수 있는 요용한 도구이다. 글쓴이는 묘사를 통해 독자뿐만 아니라 자기가 속한 사회 내지 시대와 심정적으로 연결된다. 내가 누구와 연결되어 있다고 느끼는 동질감은 근원적인 두려움, 슬픔, 절망 등을 이겨낼 수 있는 힘을 준다. 점차 죽음이라는 소멸의 길로 나아가는 것에 대한 두려움, 한계에 부딪치는 것에 대한 슬픔, 정신과 육체가 소진되어 피폐해져 가는 것에 대한 절망 등은 고독을 먹고 큰다. 이 고독을 극복하는 지름길은 누군가와 진정으로 공존하려 하는 마음, 즉 '함께', '같이'를 잊지 않고 그들과 소통하며 사는 것이다.

> **학습 목표**
>
> 1. 어떤 대상을 오감을 동원하여 글로 표현할 수 있다.
> 2. 어떤 상황에 대해 현장 중계방송을 하듯 글로 표현할 수 있다.
> 3. 어떤 대상을 그림을 그리듯 글로 표현할 수 있다.
>
> **목표 핵심 역량**
>
> 1. 어떤 대상을 실감나게 표현하는 방법을 익혀 의사소통능력을 키운다.
> 2. 수집한 자료를 의미 있게 연결하는 방법을 익혀 지식정보처리능력을 키운다.
> 3. 오감을 동원하는 능력을 길러 창의적 사고역량을 키운다.
>
> **핵심어**
>
> 그림, 고정 시점, 이동 시점, 순서 이미지

 **[생각할 거리]**

1. 묘사란 무엇인가

묘사란 이심전심을 지향하는 방법이다. 이심전심(以心傳心)이란 말이나 글을 쓰지 않고 '마음과 마음으로 서로 뜻이 통함'을 일컫는 사자성어로서, 마음에서 마음으로 전하게 되면 모든 것을 이해하고 깨닫게 된다는 뜻이다.

묘사(描寫, description)란 정지 상태에 있는 어떤 대상이나 사물의 현상 따위를 언어로 서술하거나 그림을 그려서 실감나게 나타내는 것으로, 자신이 느낀 것을 다른 사람도 똑같이 보고, 듣고, 느끼기를 기대하는 바람을 담아내는 양식이다. 정지 상태에 있는 대상이란 일정한 공간에서 움직이지 않고 놓여 있는 사물화 된 것들을 가리키기 때문에 묘사의 순서가 중시된다. 영상이나 사진이라면 부분들을 통합하여 대상의 전체 모습을 한 순간에 제시할 수도 있다. 그런데 글쓰기나 말하기에서의 묘사는 대상의 모습을 부분으로 나누어 차례로 표현할 수밖에 없다.

순서에 따라 대상을 묘사하는 방법에는 여러 가지가 있다. 첫째는, 먼저 전체를 표현하고 그 다음으로 부분을 표현하는 방법이다. 반대로 어떤 것의 세부를 먼저 표현하고 그 다음으로 전체를 표현할 수도 있다. 둘째는 대상의 어느 쪽부터 묘사를 시작해서 어떻게 진행하고 어느 쪽에서 끝낼 것인지를 정해 가지런한 느낌을 주는 방법이다. 이때는 앞-중앙-뒤, 좌-중앙-우, 위-중간-아래, 동-서-남-북, 동남, 동북, 서북, 서남 등의 방향감각을 느끼게 하는 것이다. 셋째는 원근법 또는 투시법을 적용하여 가까운 대상을 먼 곳에 있는 것보다 더 자세히 묘사하거나 아니면 역투시법을 적용하여 멀리 있는 것을 더 자세하게 관찰하는 방식이다.

묘사는 대체로 시간적인 정지 상태에 한하지만 시점은 고정시킬 수도 있고 이동시킬 수도 있다. 고정된 관점에 의한 고정적 묘사는 대상을 관찰하는 관찰자의 시점을 고정시킨 채 대상의 특징을 묘사하는 기법이다. 이에 반해 이동하는 관점에서의 묘사는 한 부분에서 다른 부분으로 관점을 이동시키며 관찰되는 순서에 따라 대상을 서술하는 경우에 쓰인다. 예를 들면 '그 남자는 팔짱을 낀 팔에 턱을 괴고 그녀를 응시했다. 때마침 서쪽으로 기우는 석양빛으로 그녀의 머리카락은 붉게 빛났다.'라고 하면 고정 시점 묘사라 할 수 있다. 이와 달리 '그 남자는 팔짱을 낀 팔에 턱을 괴고 그녀를 응시하다가 석양의 화려한 하늘을 올려다보며 감탄사를 연발했다. 석양은 붉고 윤기 있게 빛나는 강물 위에도 낮게 머물렀다.'라고 하면 이는 이동 시점 묘사라 할 수 있다.

2. 묘사의 종류

묘사는 글쓴이의 의도에 따라 설명적인 것과 암시적인 것으로 나뉜다. 설명적 묘사는 어떤 대상을 가능한 있는 그대로 상세하게 표현하는 것이다. 이때 표현되는 대상은 직접 눈으로 보거나 귀로 듣는 것 같은 느낌, 몸에 닿는 것 같은 느낌, 냄새를 직접 코로 맡는 것 같은 느낌, 혀로 맛보는 것 같은 감각적 느낌을 주도록 한다. 반면 암시적 묘사는, 읽는 이가 표현되는 대상을 상상하고, 상상된 대상으로부터 정서적 영향을 받도록 하는 것이다. 정서적 영향이란 읽는 이의 마음에 기쁨, 분노, 애처로움, 즐거움, 부끄러움, 반가움, 슬픔, 놀람, 무서움, 끔찍함 같은 심리적 동요가 일어나게 하는 것이다. 예컨대, '그 유리창은 눈이 시리도록 투명하게 맑았다.'라고 시각적으로 묘사했다면 이는 설명적 묘사에 해당한다. 그런데 '그 술잔은 얼음처럼 차가워 섬뜩했다.'라고 묘사했다면 이는 단순히 술잔의 외관상의 특징만을 묘사한 것이 아니라 놀라움, 무서움 등의 정서적 영향을 기술한 암시적 묘사라 할 수 있다. 이를 달리 표현하면 외면적 묘사, 내면적 묘사 또는 외적 묘사, 심리 묘사라고 지칭할 수 있다.

묘사는 대상에 따라 상황묘사, 배경묘사, 사건묘사, 인물묘사, 사물묘사 등으로도 구분할 수 있다.

상황묘사를 할 때는 방송에서 현장 중계를 하듯 위치와 방향성뿐만 아니라 색, 소리, 냄새, 모양, 분위기, 느낌 등을 오감을 동원해 표현한다.

> 7월 17일 저녁 8시부터 9시 30분까지 약 1시간 30분 동안 3,500여 명의 서울 시민들이 청계광장에서 평화롭게 촛불집회를 전개했다. 시민들은 종이컵을 뚫어 만든 촛불을 들고 소리 높여 구호를 외쳤다. 뜨거운 촛농이 흘러내리면서 촛불이 광장을 점점이 붉게 수놓았다. 밤 9시 30분부터는 청계광장→종로1가→조계사→안국 로터리→일본 대사관 등 3개 대오로 나누어 가두시위를 벌였다. 시민들의 걸음에 따라 불빛이 흐느적거렸다. 밤 10시 20분부터 12시

> 까지 약 1시간 40분 동안 시위대는 일본 대사관 앞에서 시위를 가로 막는 경찰과 대치하였다. 시위대 중 일부 청년들은 경찰차의 바퀴 바람을 빼고 쇠 파이프로 버스 철망과 유리창을 파손하는 등 극렬하게 시위를 전개하였다. 이에 경찰은 살수차를 동원하여 약 5분간 시위대를 향하여 물을 뿌리며 해산에 나섰다. 물 폭탄에 놀란 시위대는 사방으로 흩어져 해산되었다. 별빛처럼 피어오르던 촛불도 꺼지고 가로등 불빛만 싸늘하게 거리를 비추고 있었다. 경찰은 끝까지 해산에 불응하는 격렬 시위자 7명을 현장에서 체포하여 경찰서로 연행하였다.

배경묘사를 할 때는 '지금 거기가 어디야?'라는 질문에 대답을 하듯 시각과 통찰력에 의해 세밀하게 주변 환경에 대해 서술하되 독자나 듣는 사람이 상상할 수 있는 여지를 남기지 않게 하는 것이 정석이다. 비록 독자는 상상의 나래를 무한히 펼치면서 현실을 벗어나려 한다 해도 글 쓰는 이는 배경을 현실세계에 가깝게 묘사해야 배경묘사의 묘미를 제대로 살릴 수 있다.

> 지금 여기는 횃불이 타오르는 듯 번개가 치고 있고 하늘이 쪼개지는 듯 천둥소리가 우르릉 거려. 내가 서 있는 곳은 아스팔트가 진흙처럼 물렁물렁하게 느껴져. 세찬 바람에 가로수들이 이리저리 흔들거리고 대기는 라벤더 향이 실린 짙은 공기로 가득해. 내 앞에 보이는 아파트 창문은 주황색 불빛을 내뿜고 있고, 빗줄기가 아파트 베란다를 두드려대고 있어.

사건묘사는 일반적으로 6하 원칙이 드러나게 하되, 사건의 추이를 시간적 순서대로 쭉 따라가는 서사와 달리 사건마다 각각 그 사건이 벌어지고 있는 상황을 묘사해나가는 것이다.

> 1월 2일, 강원도 원주에는 초속 4미터의 남서풍이 거세게 불었다. 빗방울이

솜털처럼 약하게 날렸고, 기온은 2.5도로 평년보다 상당히 높았다. 평년 기온은 영하 4도 정도였다. 밤사이 얼었던 물방울은 해변에 널어 둔 명태처럼 낮이 되면 녹았다가 해가 지면 다시 얼었다. 김 모(50세) 씨는 자신의 흰색 승용차를 타고 오후 2시 50분쯤 오빠 묘가 있는 D 공동묘지에 나타났다. 검은색 승용차로 먼저 와 있던 남편 최 모(52세) 씨가 김 씨를 기다리고 있었다. 김 씨는 오빠 묘 앞에서 10분가량 남편과 이야기를 나누다가 황급하게 혼자 자리를 떴다. 그들을 비추고 있던 공동묘지 CCTV에서 김 씨가 사라졌다. 묘지는 인적이 드물었다. 화요일에 묘지를 찾는 사람은 거의 없었다.

그 다음날 황망히 일을 마치고 집에 돌아온 남편은, 매일처럼 초인종을 누르며 큰소리로 아내 이름을 불렀다. 그러나 집 안에서는 아무런 인기척이 나지 않았다. 남편은 계속해서 손으로 문을 세게 두들겼으나 아내가 나오지 않았다. 하는 수 없이 남편은 평소 아내가 친하게 지내던 옆집 아파트를 찾아 옆집 여자가 자신의 아내와 함께 있는지 물었다. 옆집 여자는 검은 눈알을 휘둥그레 굴리면서 무슨 일이 있는 것이 아니냐며 득달같이 내려가서 아파트 경비를 불러올렸다. 경비와 함께 문을 열고 들어간 집은 아수라장이 되어 있었고 아내는 교살된 상태로 죽어 있었다. 아내는 목에 올가미가 조여진 채로 새우처럼 등을 구부리고 방바닥에 엎어져 있었는데 머리에는 투명한 비닐봉투가 씌워진 채였다.

아파트 창문은 묵직하게 닫혀 있었다. 방범 창살도 전혀 훼손되지 않았다. 아파트는 15층이었기 때문에 외부인의 침입은 상상하기 어려웠다. 주방에는 식사 준비를 하던 음식 재료들이 손질하다 만 것처럼 신선하게 남아 있었다.

인물묘사는 외양묘사, 심리묘사, 성격묘사, 감정묘사, 갈등묘사 등을 포함한다. 인물의 자태와 용모를 묘사할 때는 그들의 눈초리, 미소, 행동까지도 직접 본 것처럼 느끼게 쓴다. 인물을 묘사할 때는 서술체뿐만 아니라 대화체도 효과적이다.

나는 오래도록 창가에 서서 아버지가 샤워하는 소리를 들으며 바깥을 내다보았다.

"아이고 시원하다."

욕실에서 나오는 아버지를 돌아보다가 나는 아! 하고 소리를 지를 뻔했다. 나는 못된 짓을 하다 들킨 사람처럼 놀라면서 얼굴을 돌렸다. 팬티만 입은 아버지의 하체가 보기 흉했다. 넓적다리에 약간 남은 살은 녹아내린 아이스크림처럼 축 처져 있고, 툭 불거진 무릎 아래 털이 듬성듬성한 정강이는 마른 나뭇가지처럼 깡말라 보였다. 순간적으로 얼굴에 열이 받치면서 구역질이 났다. 닭살이 돋을 것처럼 혐오스러웠다. 징그러운 것하고는 달랐다. 징그럽다는 느낌에는 그래도 약간의 연민이 있기 마련인데, 이건 다시 돌아보고 싶지 않은 혐오 그 자체였다.

윌리엄 김은 V자 모양의 길고 각진 턱 위에 성난 조개처럼 꽉 다문 자물통 모양의 입을 통해 그의 까다로운 성격을 고스란히 드러내고 있었다. 아래로 구부러진 그의 매부리코는 작은 삼각형 모양의 콧구멍과 함께 그의 인상을 더욱 강하게 만들었다. 누르스름한 빛이 살짝 도는 그의 큰 갈색 눈동자는 반듯하게 수평을 이루고 있어 선하고 정직한 느낌을 풍겼다.

그러나 매부리코 위에 깊이 파인 두 줄의 주름에서 바깥쪽으로 굵고 곧게 뻗은 검은 눈썹은 다시 V자 형태를 이루면서 그의 강직함을 분명하게 표시해주는 듯 했다. 또 진한 갈색의 뻣뻣한 머리카락은 돌출된 관자놀이에 얹혀 턱의 각진 모습을 더욱 강조해주고 있었다. 약간 떨어져서 그를 바라보면 그의 모습은 나라를 구하려는 사명감 넘치는 영웅의 형상과 사리사욕을 채우려는 간신의 형상이 뒤섞인 묘한 이중성을 가진 '야누스' 혹은 '지킬 앤 하이드'였다.

"발이 시려 혼났네. 불을 안 때서 그런가? 왜 그렇게 추운지. 내 참 가소로워서."
　월리엄 김은 궁둥이를 방바닥에 문질러대며 이불 밑으로 발을 들이밀었다. 그가 움직일 때마다 먼지가 풀썩 풀썩 일었다.

"무슨 소리에요? 무슨 말이냐고요."

"그 놈이 고약한 놈이야. 살살 거짓말만 시키고. 제깟 놈이 뭔 짓을 하겠다고? 그 오라질 놈의 인간이."

사물묘사는 실생활에서도 자주 쓰이는 것으로 사물의 크기, 색깔, 모양 등을 포함한다.

　말벌의 덩치는 꿀벌의 세 배가 넘는다. 말벌은 헬멧처럼 생긴 오렌지색 머리를 가졌다. 부리부리하게 치켜 올라간 겹눈과 미간에 있는 세 개의 홑눈은 사탄을 연상시킨다. 위협적인 집게턱이며 근육질의 다리는 호전적인 기운을 뿜어낸다. 게다가 검붉은 털이 뒤덮인 전신은 외모부터 상대를 압도한다. 외피는 등황색 바탕에 흑갈색 띠가 원형으로 새겨져 있다. 원형의 강렬한 갈색은 상대방으로 하여금 착시 현상을 일으켜 실제보다 더 커 보이게 만들기도 한다.

3. 유의할 점

'묘사'를 사용할 때 유의할 점은 다음과 같다.
1. 상황을 설명하는 대신 마치 그림을 그려내듯이 표현한다.
2. 덜 중요한 것은 과감히 버리고 지배적인 인상을 집중적으로 표현한다.
3. 생생한 느낌을 표현하기 위해 비유를 사용한다.
4. 속담과 같은 관용적 표현뿐만 아니라 은어, 속어까지 동원할 수 있다.
6. 구어체, 문어체, 논문체, 서한체, 서사체, 간결체, 만연체, 강건체, 우유체, 건조체, 화려체 등의 문체를 활용한다.

 **[기초 학습 활동]**

(1) 다음 단어에 여러 가지 비유, 형용사, 오감 등을 적용하여 실감나는 표현을 만들어 보시오.

	아빠				
1단계	형용사	단단하다	헤지다	온화하다	사납다
2단계	형용사+명사	단단한 아빠	헤진 아빠	온화한 아빠	사나운 아빠
3단계	비유	밤나무처럼 단단한 아빠	낡은 셔츠처럼 헤진 아빠	봄볕처럼 온화한 아빠	칼날처럼 사나운 아빠
4단계	문장	선산의 밤나무는 평생 노동일로 삼남매를 건사하신 아버지처럼 단단했다.			
		오랜만에 집에 들어 온 아버지의 얼굴은 낡은 셔츠처럼 색이 바래고 헤져 보였다.			
		전군가도의 만발한 벚꽃은 봄볕처럼 온화한 아버지의 눈빛과 닮아 있었다.			
		그 남자의 성난 모습에서 나는 칼날처럼 사나웠던 아버지를 보았다.			
5단계	단락	그 밤나무는 평생 노동일로 삼남매를 건사하신 아버지처럼 단단하게 꿈쩍도 하지 않고 선산을 지키고 있었다. 구 개월 만이던가. 오랜만에 건설 현장을 벗어나 집에 돌아 온 아버지의 얼굴은 낡은 셔츠처럼 색이 바래고 헤져 보였다. 아버지는 환자가 되어 있었다. 아버지는 알코올 중독을 넘어서 폐암을 앓고 있었던 것이다. 그렇게 나는 아버지와 이별하고 말았다. 나는 아버지를 그리워하며 나보다 열두 살이나 많은 띠 동갑의 남자를 만났다. 그 남자를 처음 만난 곳은 군산이었다. 전주에서 군산으로 가는 전군가도의 만발한 벚꽃은 봄볕처럼 온화한 아버지의 눈빛과 닮아 있었다. 나는 그 길이 좋았다. 그 길을 가는 내내 나는 아버지를 떠올리며 남자 친구를 아버지처럼 생각했다. 하루는 남자 친구가 나에게 몹시 화를 냈다. 내 옷차림이 눈에 거슬린다고 말이다. 나는 어처구니가 없었다. 그 남자의 성난 얼굴에서 나는 칼날처럼 사납게 가출한 엄마 사진을 응시하던 아버지의 모습을 보았다.			

엄마				
1단계	형용사				
2단계	형용사+명사				
3단계	비유				
4단계	문장				
5단계	단락				

(2) 다음은 19세기 후반 네덜란드 후기 인상주의 화가, 빈센트 반 고흐(Vincent Van Gogh) 작, 〈별이 빛나는 밤에〉를 소개한 글이다.

> 〈별이 빛나는 밤에〉는 프랑스 남부에 있는 생레미 마을에서 야외의 밤풍경을 그린 그림이다. 이 그림은 화가가 마을의 높은 곳에서 마을을 내려다보며 그린 듯하다. 왜냐하면 옹기종기 모여 있는 여러 집들의 지붕이 화면 아래쪽에 조그맣게 보이기 때문이다.
>
> 고흐가 그린 밤하늘은 우주의 대사건이 일어나는 현장처럼 보인다. 푸른 빛깔의 하늘에서는 회오리바람처럼 소용돌이치는 많은 혜성들이 노란 빛을 발하며 꿈틀거리고 있다. 대각선으로 캔버스를 가로지르며 이어진 산은 파도처럼 이어지는 노란색의 선들로 더 두드러져 보인다. 이 노란 선들은 마치 지평선을 따라 흘러내리는 은하수와 발을 맞추고 있는 것 같다. 별은 이발소의 사인볼처럼 둥글게 돌아간다. 왼쪽 전경에는 시커먼 사이프러스 나무가 높이 솟아 있다. 이 나무는 교회의 첨탑을 투사한 듯하다. 마을에서 가장 높이 솟아 있는 교회 첨탑은 화면 중앙에 위치해 있는데 사이프러스 나무와 묘한 대조를 이룬다. 작게 그려진 교회 첨탑에 비해 사이프러스 나무는 상당히 크게 그려져 있어 그 사이가 꽤 멀다는 느낌을 준다.

(3) 〈별이 빛나는 밤에〉를 몇 부분으로 나누어 특징적인 점을 써보시오.

고흐, 〈별이 빛나는 밤에〉				
위치		모양	색깔	느낌
전체 인상				
	위			

부분 인상	중간			
	아래			
	왼쪽			
	중앙			
	오른쪽			
	대각선			

(4) 〈별이 빛나는 밤에〉 그림을 묘사해 보시오.

(200자)

(400자)

(600자)

(800자)

(1,000자)

(1,200자)

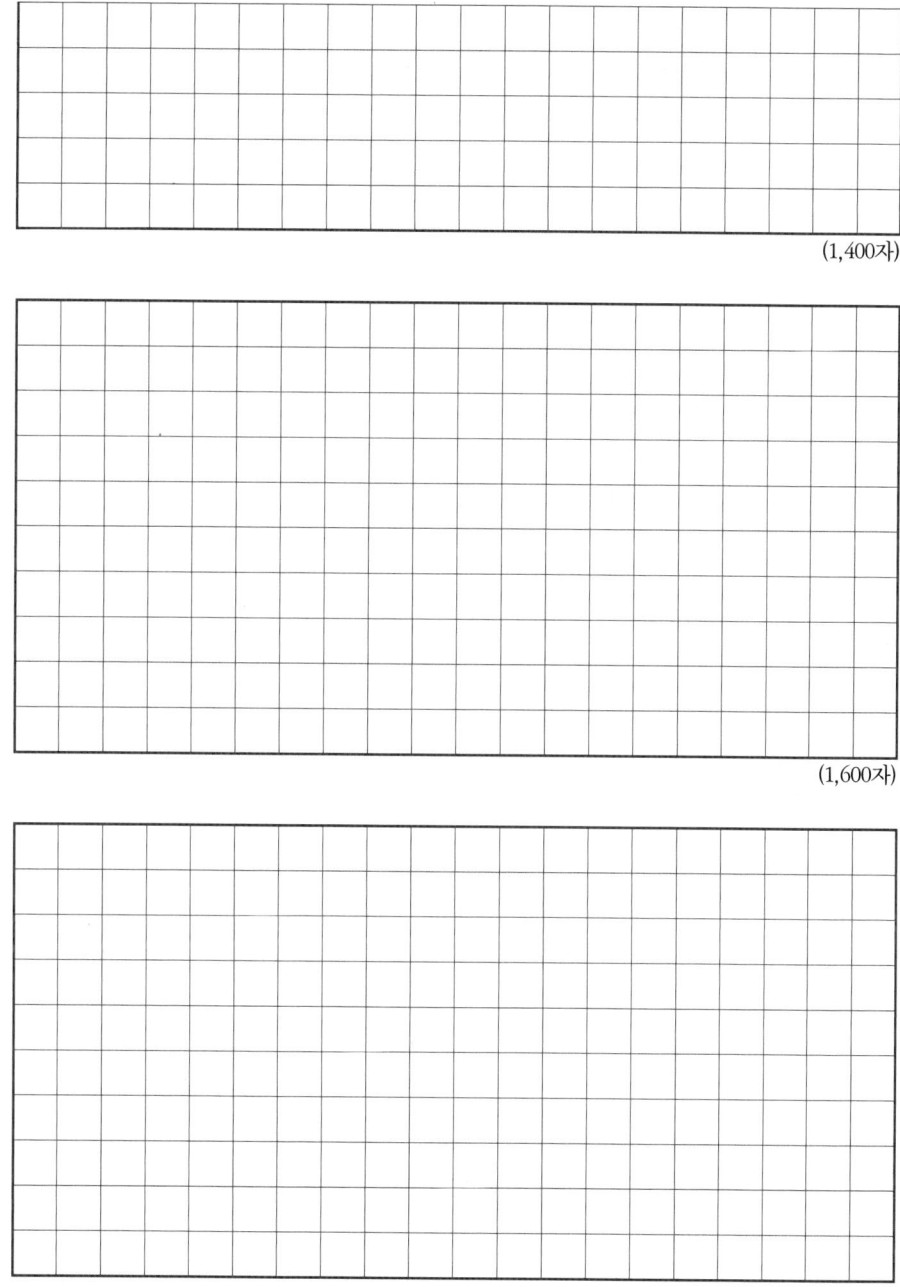

(1,400자)

(1,600자)

(1,800자)

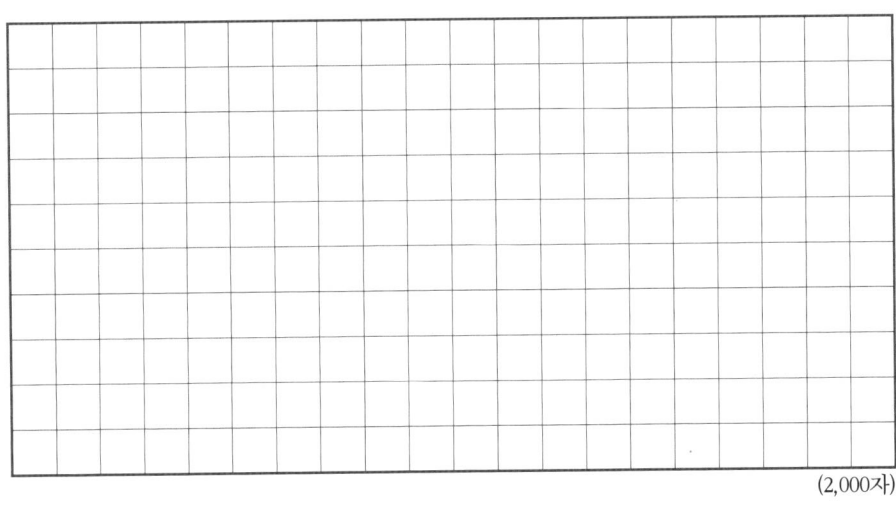

(2,000자)

(2,200자)

(5) 다음은 조선시대 4대 화가 중 하나인 김홍도 그림, 〈기와 이기〉를 소개한 글이다.

> **배경 설명**
>
> 김홍도의 풍속화 〈기와 이기〉는 기둥을 세워 상량하고 서까래를 건 후 연함

(橡欖)을 깍아 붙이고 산자를 엮은 다음 반죽을 깐 위에 기와를 이어 나가는 광경을 그렸다.

대부분의 일이 분업을 통해 이루어지는 것과 마찬가지로 〈기와 이기〉에 묘사된 집을 짓고 있는 광경도 여러 사람의 분업으로 이루어지고 있다. 나무에 대패질을 하고 있는 목수, 기둥의 수평을 맞추고 있는 사람, 흙을 개어서 올려주는 사람, 기와를 올려주는 사람, 곡예사가 공놀이를 하듯 절묘하게 받아 기와를 이는 사람 등 여러 사람이 제각각 맡은 일을 신명나게 하고 있다.

한쪽에는 이 집의 주인으로 보이는 사람이 일하는 모습을 바라보고 있다. 추를 드리워 수평을 맞추고 있는 인물의 찡그린 눈이 재미있다.

(6) 〈기와 이기〉를 몇 부분으로 나누어 특징적인 점을 써보시오.

김홍도, 〈기와 이기〉				
위치		모양	색깔	느낌
전체 인상				
부분 인상	위			
	중간			
	아래			
	왼쪽			

김홍도, 〈기와 이기〉				
위치		모양	색깔	느낌
전체 인상				
부분 인상	중앙			
	오른쪽			
	대각선			

(7) 〈기와 이기〉의 그림을 묘사해 보시오

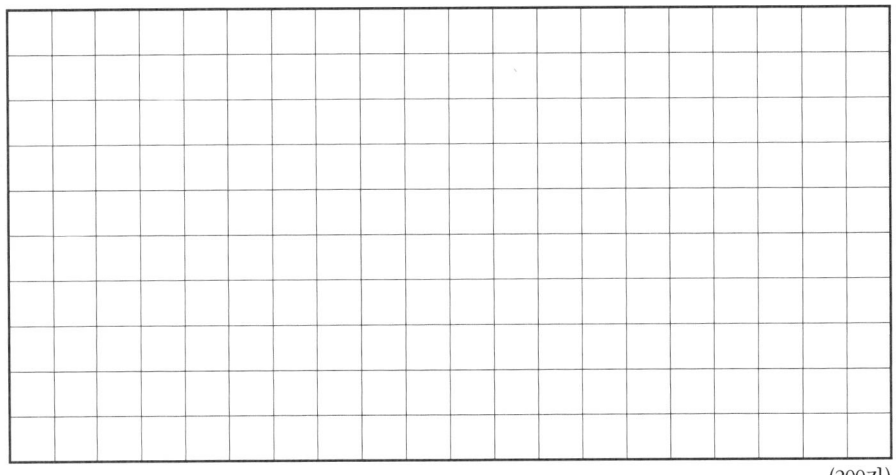

(200자)

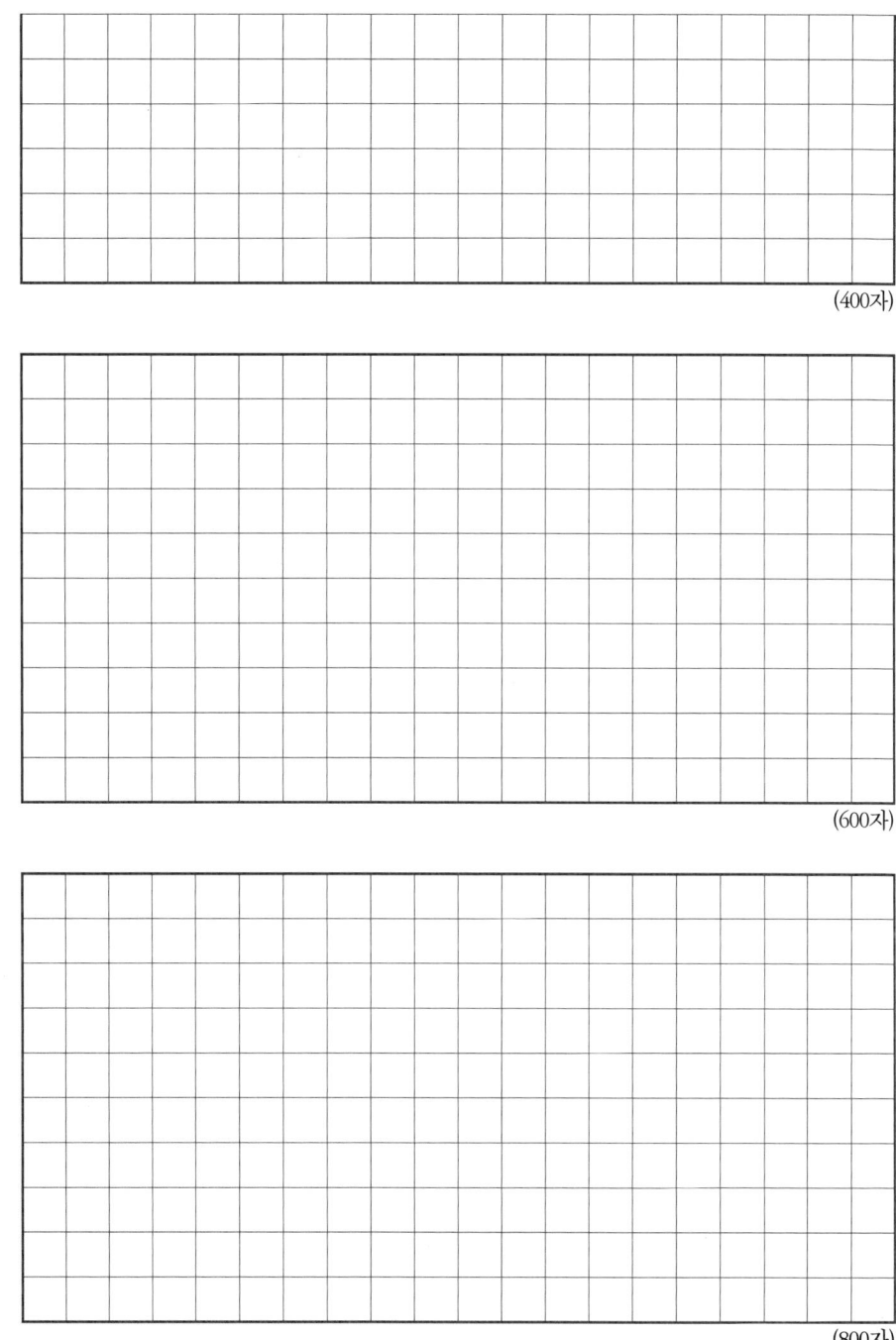

(400자)

(600자)

(800자)

(1,000자)

(1,200자)

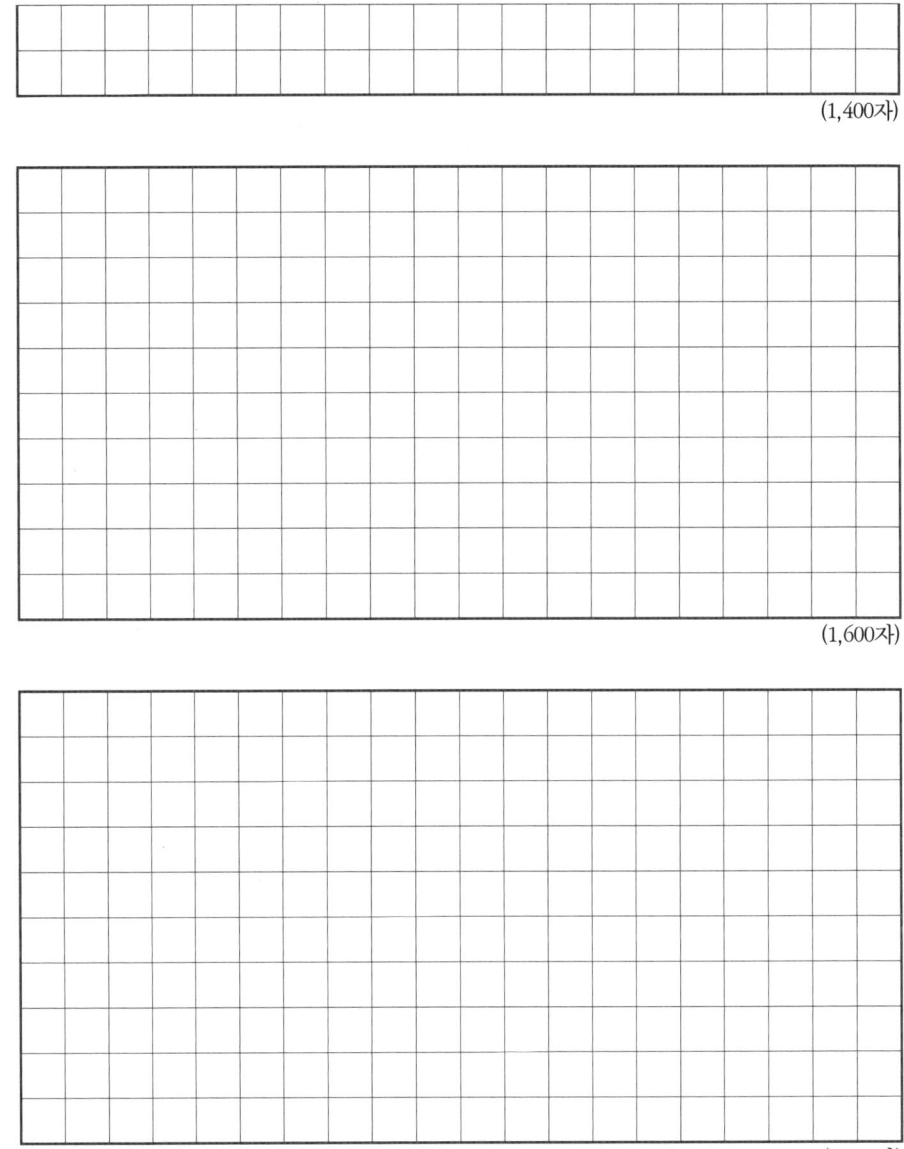

(1,400자)

(1,600자)

(1,800자)

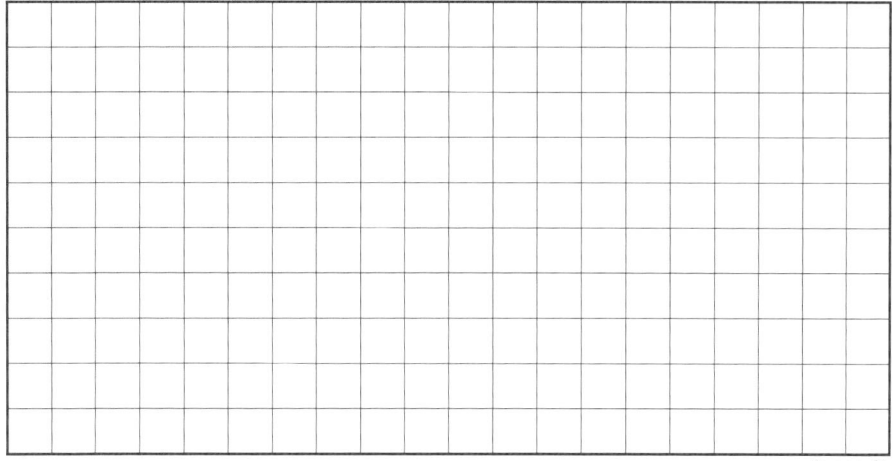

(2,000자)

(2,200자)

[심화 학습 활동]

■ 다음은 멕시코 화가, 프리다 칼로의 1949년 작, 〈우주, 지구(멕시코), 나, 디에고와 숄로뜰이 어우러진 사랑의 포옹〉을 소개한 글이다.

배경 설명

프리다 칼로 작, 〈우주, 지구(멕시코), 나, 디에고와 숄로뜰이 어우러진 사랑의 포옹〉은 이 그림을 그린 화가이자 이 그림의 주인공인 프리다가 바람둥이 남편, 디에고 리베라와의 관계를 형상화 한 작품으로 사랑과 증오를 반복한 끝에 그 심연에서 솟구친 용서와 화해의 내용을 담고 있다. 이 그림에서 붉은 옷을 입은 여인이 프리다 자신이고 그녀가 안고 있는 아이가 남편인 디에고이다.

이 그림은 멕시코 신화에서 나온 여러 요소들을 담고 있는데, 프리다는 아기 디에고를 안고 있고 대지의 여신은 프리다를 안고 있고, 우주의 신은 대지를 품에 안고 있다. 프리다는, 여성편력이 끊이지 않는 남편에 대한 분노, 교통사고로 인한 절망, 남편과 여동생의 불륜으로 인한 깊은 고독 속에서 새로운 자아와 새로운 사랑의 깨달음을 얻고 넉넉한 모성으로 모두를 껴안고 있다.

한 쌍의 인간을 포옹하고 있는 것은 아즈텍 신화에서 진흙과 암석에서 나온 땅의 어머니 시투아코아뜰(Cituacoatl)이다. 가장 먼 형상은 우주의 어머니가 시투아코아뜰(Cituacoatl)을 껴안고 있다는 의미를 담고 있다. 화면의 앞에는 작가의 애완 동물 중 하나인 한 마리의 개가 있다. 그 개는 지하세계를 지키는 개의 모습을 한 숄로뜰(죽음을 피해 도망 다니는 신화적 형상)이다. 이 그림에서 프리다는 양분되어 있지만 깊숙이 서로 얽혀있는, 즉 삶-죽음, 밤-낮, 달-해, 남자-여자를 표현했다. 프리다에게 있어 이 모든 것은 반복적으로 일어나며 강력한 신화적 존재에 의해 유지되고 있다.

이 그림은 프리다 칼로의 인식 세계, 즉 음양, 자연-인간의 조화 등 둘로 나누어진 것들, 우리에게 대립되어 있는 것처럼 보이는 것들이 결국에는 하나로 연결되어 있어 각자 독립된 채 존재할 수 없음을 보여주는 작품이다. 이러한 발상은 동양적 화풍의 영향이라 할 수 있다.

그림의 중간에는 남녀의 관계를 묘사한 사랑의 포옹으로 프리다가 남편 디에고를 안고 있다. 여성인 프리다는 아기를 보육하는 모습이지만 어린애처럼 프리다에게 안긴 남자는 그의 이마에 지혜의 두정안(頭頂眼)을 가지고 있다. 그래서 이들은 각자 서로 독립되어 있다는 의미를 풍긴다.

(1) 프리다 칼로의 〈우주, 지구(멕시코), 나, 디에고와 숄로뜰이 어우러진 사랑의 포옹〉을 보면서 이 그림을 각 부분으로 구분하여 특징적인 면을 써 보시오.

프리다 칼로, 〈우주, 지구(멕시코), 나, 디에고와 숄로뜰이 어우러진 사랑의 포옹〉				
위치		모양	색깔	느낌
전체 인상				
부분 인상	위			
	중간			
	아래			
	왼쪽			
	중앙			
	오른쪽			
	대각선			

(2) 프리다 칼로의 〈우주, 지구(멕시코), 나, 디에고와 숄로뜰이 어우러진 사랑의 포옹〉의 그림을 묘사해 보시오.

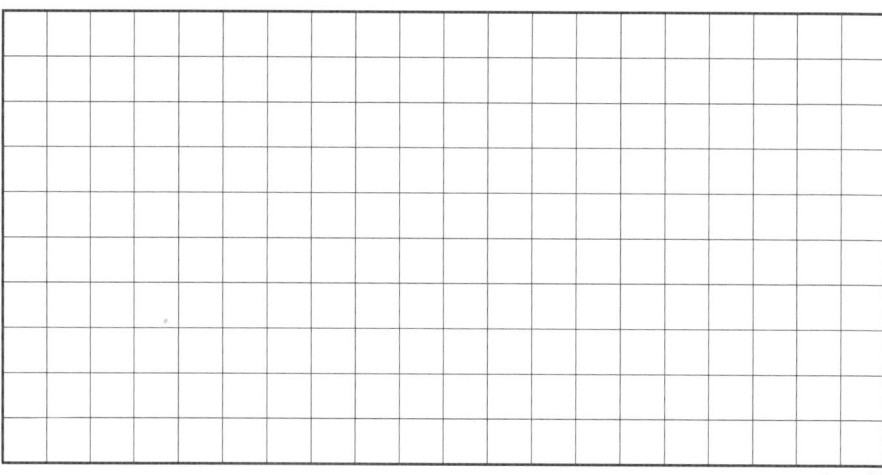

(200자)

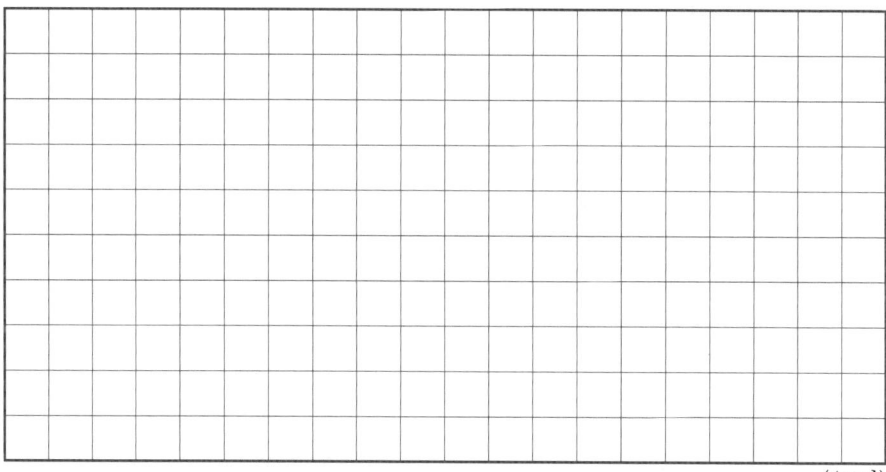

(400자)

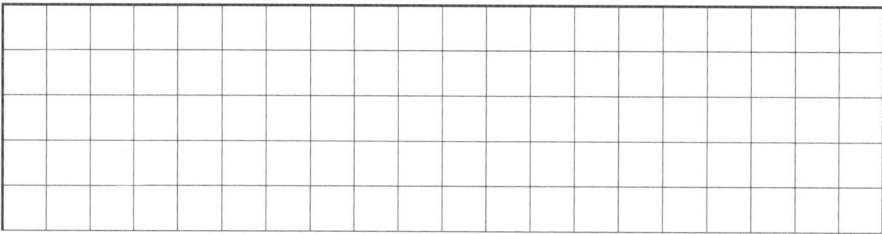

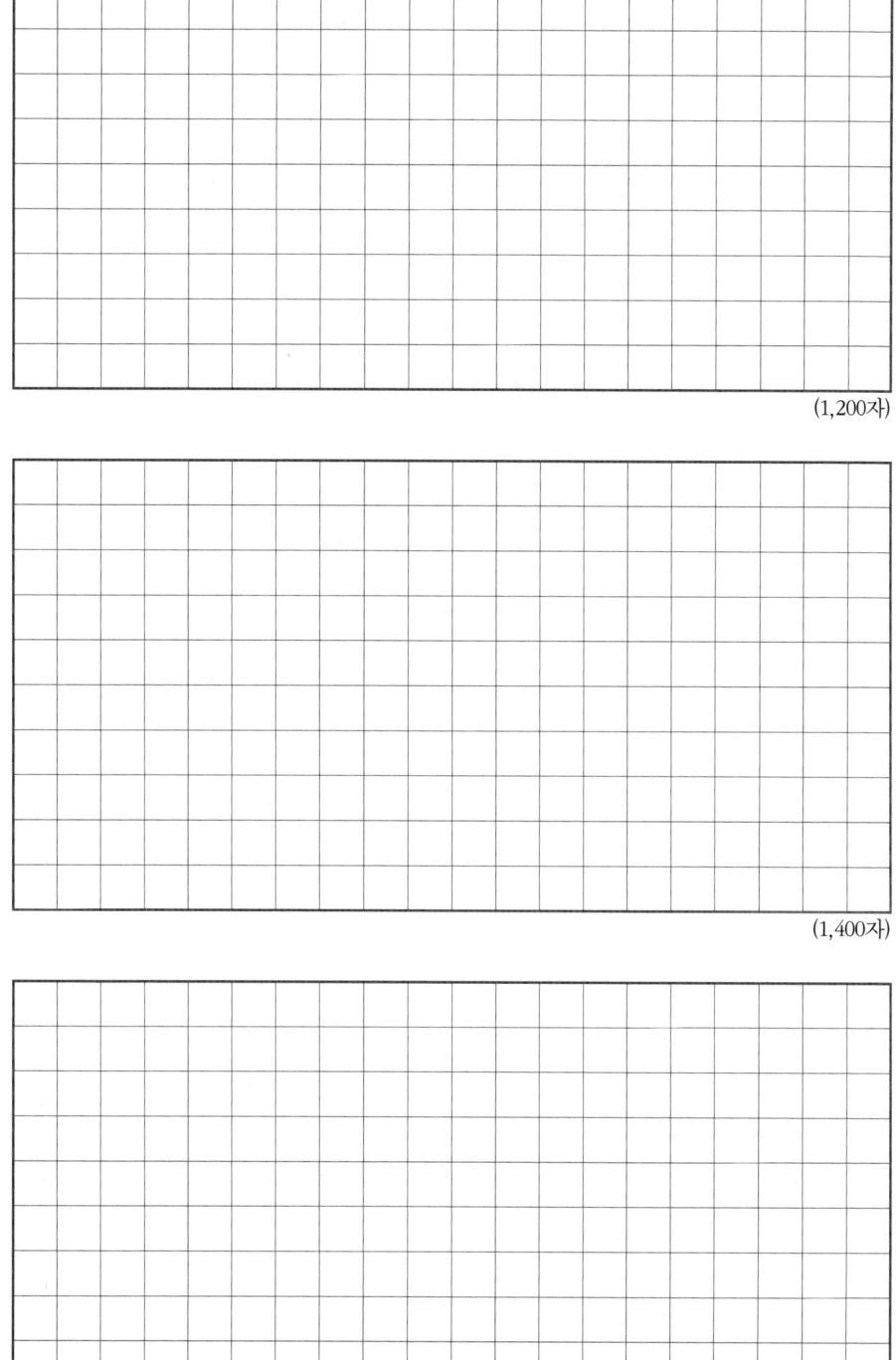

(1,600자)

(1,800자)

(2,000자)

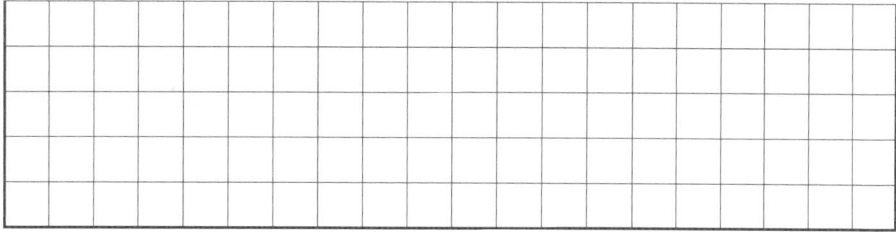

(2,200자)

참고문헌

네이버 사전(http://dic.naver.com)
다음 사전(http://dic.daum.net)
임영춘, 『갯들』, 현암사, 1981.

10장
수사(문질빈빈): 꾸민 듯 안 꾸민 듯

단원 설정 배경

    글쓴이나 말하는 이는 본인의 의도를 상대방에게 전달하려는 목적을 가진다. 이때 본인의 뜻을 보다 효과적으로 전달하려면 가능한 상대방이 이해하기 쉽고 받아들이기 편한 문장이나 언어를 사용해야 한다. 그래야 의사소통이 원활하고 효과적으로 이루어진다.

단원 설정의 필요성

    의사소통을 할 때 사실만을 정직하게 전달하려는 순진무구함은 자칫 상대의 기분을 상하게 한다. 객관적으로 볼 때 분명히 험악하게 생긴 사람이라도 누군가가 그에게 사실 그대로 '당신은 험악하게 생겼다.'라고 표현하면 사실을 인정하여 그 말에 수긍하기보다는 불쾌감을 먼저 토로할 것이다. 따라서 의사소통을 할 때는 '같은 값이면 다홍치마'라는 속담처럼 표현하고자 하는 바를 직접적으로 표현하지 않고 돌려 말하거나 아름답게 표현하는 방법을 심사숙고할 필요가 있다.

학습 목표

1. 진부한 표현을 맵시 나게 바꿀 수 있다.
2. 거친 표현을 매끈하게 만드는 수사법을 익힌다.

3. 글맛, 말맛을 살려 마음을 움직이는 수사법을 익힌다.

목표 핵심 역량

1. 투박한 표현을 세련되게 표현하는 방법을 익혀 의사소통능력을 키운다.
2. 무거운 표현을 가볍지만 진중하게 표현하는 방법을 익혀 지식정보처리능력을 키운다.
3. 상대방을 설득하는 표현 방법을 익혀 공동체역량을 키운다.

핵심어

수사, 은유, 직유, 모순, 역설, 풍유, 인유, 대유, 인유, 의인, 의성, 의태

 [생각할 거리]

1. 수사란 무엇인가

수사란 문질빈빈을 지향하는 방법이다. 문질빈빈(文質彬彬)이란 외양의 아름다움과 내면의 미가 서로 잘 어울리는 모양을 뜻하는 고사성어로, 겉모습의 무늬와 속모습의 바탕을 모두 겸비해야 진짜를 제대로 느낄 수 있다는 것이다. 속모습의 바탕 즉 본질이, 겉모습의 꾸밈 즉 무늬를 이기면 거칠게 보이고, 겉모습의 꾸밈이 속모습의 바탕을 이기면 번드르르해진다. 즉 실력은 있지만 말로서 표현을 못하면 우둔하게 보이고, 속은 비어 있는데 말만 잘 하면 허울만 느껴진다. 어떤 대상이든 겉모습의 꾸밈과 속모습의 바탕이 조화를 이루어야 가장 빛나는 법이다.

2. 수사의 종류

수사(修辭, description)란 말이나 글을 꾸며서 보다 아름답게 만드는 표현 기교이다. 수사를 연구하는 수사학이란 상대에게 어떤 의미를 전달하거나 상대를 설득하고자 할 때 어떤 어휘를 어떻게 사용해야 하는지 언어의 사용법을 연구하는 학문을 일컫는다. 수사는 표현 방법에 따라 비유법, 강조법, 변화법의 세 가지로 구분할 수 있다.

수사의 대표적인 방법은 비유이다. 비유(比喩, metaphor)는 성경에서 추상적인 개념을 효과적으로 설명하기 위해 구체적이고 친숙한 상황을 설정하여 빗대어 표현할 때 주로 사용되었다. 비유 이야기들은 영적인 진리나 종교적인 원리 또는 윤리적인 교훈 등을 전달하려는 목적으로 고안된 것이다. 예수님께서 주로 사용한 비유는 지혜가 담긴 격언이나 가공의 짧은 이야기들이다. 오늘날에는 예수님이 사용한 비유 외에도 직유(直喩), 은유(隱喩), 풍유(諷諭), 인유(引喩), 대유(代喩), 의인(擬人), 활유(活喩), 풍유(諷喩), 의성(擬聲), 의태(擬態), 상징(象徵), 우화(寓話) 등의 비유를 널리 사용하고 있다.

비유는 유추를 기본으로 삼는다. 유추(類推, analogy)란 이해하려고 하는 미지의 언어를 이미 알고 있는 언어로 변화시키는 표현기법이다. 이 때 표현하고자 하는 대상을 원관념(tenor)이라 하고, 그것을 표현하기 위해 빌려온 대상을 보조관념(vehicle)이라 한다.

비유에서 사용되는 보조관념은 원관념을 표현하기 위해 끌어온 것이기 때문에 그들 사이에는 반드시 유사성이나 유추관계가 성립되어야 한다. 이러한 유사성이나 유추관계는 인간의 경험이라는 공통성을 기반으로 하고 있다.

비유에서 사용되는 언어는 '사고의 언어'와 '표현의 언어'이다. '사고의 언어'란 비축어적(非逐語的, nonliteral)인 의미로 사용하는 '의역(意譯)'의 언어이다. 축어적이란 용어는 말의 표면적인 뜻만을 그대로 좇아서 사용하는 것, 달리 말하면 '직역'이라고 할 수 있다. 한편 '표현의 언어'란 표준적이고 보편적인 일상 언어와 달리 하나의 말이 여러 대상을 가리킬 수 있는 '수사적 언어'라 할 수 있다.

비유는 표현의 구체성, 직접성, 선명성을 높이는 수단이 되며, 일상어 보다 특히 종교 경전이나 문학 작품에서 많이 쓰인다. 비유는 사물을 통하여 작가의 정서를 형상화하고, 대상의 새로운 모습이나 의미의 발견을 유도한다. 또한 추상적 의미를 구체화하거나 가시화함으로써 의미와 정서를 확대하기도 한다.

비유의 여러 기법들을 자세히 살펴보면 다음과 같다.

(1) 직유(直喩)

직유는 표현하고자 하는 대상 즉 원관념(A)을 유사성이 있는 다른 대상 즉 보조관념(B)을 이용하여 나타내는 기법으로 'A는 B와 같다'는 형식을 취해 표현하고자 하는 대상 A를 다른 대상 B에 동등하게 비유하는 것이다. 흔히는 'B같은 A'라는 구조로 나타내며 '-같은'과 비슷한 기능을 하는 '-처럼, -인양, -듯이, -같이' 등이 사용되기도 한다.

예를 들어, '푹 찌르면 파란 물이 조르륵 떨어질 것 같은 푸른 하늘'이나 '깨물면 아삭 소리가 날 것 같은 탱탱한 피부' 등의 표현이 직유이다.

(2) 은유(隱喩)

은유는 표현하고자 하는 대상을 다른 대상에 비겨서 표현하는 비유의 하나로, 직유(直喩)와 대조되어 암유(暗喩)라 불리기도 한다. 은유는 'A는 B이다'이거나 'B인 A'와 같이 A를 B로 대치하는 비유이다. 즉, 은유는 표현하고자 하는 원관념(tenor)과 비유되는 것, 즉 보조관념(vehicle)을 동일시하여 다루는 기법이다. 이때 표현대상인 원관념 A와 보조관념인 B 사이에는 등가성(等價性, equivalence)의 원리가 작용하며, 이 원리는 유사성 혹은 유추관계를 바탕으로 이루어진다.

예를 들어 '청소년은 인생의 봄'과 같은 은유는 자연의 순환적 계절인 '봄'과 한 인간으로 성숙하기 직전의 '청소년'이 '발랄한 생기의 태동'이라는 유추관계에 의해 등가성으로 맺어진 비유이다.

(3) 풍유(諷諭/諷喩)

풍유는 은유가 고도로 발전된 비유이다. 풍유는 은유가 가지고 있는 형식 중에서 원관념을 숨기고 보조관념만을 제시하여 보조관념 뒤에 숨겨진 풍자적이고 암시적인 원관념의 의미를 밝혀내도록 하는 비유이기 때문이다.

풍유의 대표적인 예는 속담이나 격언에서 찾아볼 수 있다. '지렁이도 밟으면 꿈틀한다.'라는 속담에서 사람들이 하찮게 여기어 무시하는 '미물인 지렁이'와 '남에게 무시만 받고 있는 하찮은 인간'이라는 공통의 의미내역이 유추관계로 맺어지면서 의미가 전의되어 '아무리 보잘 것 없는 인간이라도 지나치게 무시하면 반항한다.'라는 뜻을 암시하게 되는 것이다.

(4) 인유(引喩)

인유는 인용(引用)이라고도 하는데 널리 알려진 시, 문장, 어구, 어록, 인명 또는 남의 말에서 필요한 부분을 끌어다 자신의 의도를 좀 더 효과적으로 살리는 방법이다. 인유를 사용할 때는 역사적으로나 문화적으로 가치 있다고 여겨지는 것들을 끌어들여 과거의 의미와 새로운 의미를 중첩시켜 새로운 문맥을 창안하기도 한다.

예를 들면, '공자께서 말씀하시길, 군자는 자신의 무능함을 근심하지, 남이 자신을 알아주지 않음을 근심하지 않는다.'했거늘, 오늘에 와서 내가 장관직을 사임하는 것이 뭐가 대수인가!'와 같이 표현하는 방식이다.

(5) 대유(代喩)

대유는 직접 그 사물의 명칭을 쓰지 않고 그 일부로써 혹은 그 사물의 특징으로써 전체를 나타내는 방법이다. 대유에는 '제유'와 '환유'가 있다. 제유는 같은 종류의 사물 중에서 어느 한 부분으로써 전체를 알 수 있게 표현하는 방법이고, 환유는 표현하고자 하는 사물의 특징으로써 전체를 나타내는 수사이다.

5-1) 제유(提喩)

제유는 같은 종류의 사물 중에서 어느 한 부분으로써 전체를 알 수 있게 표현하는 비유이다. '약주를 잘 드신다.'에서 '약주'는 '술' 전체를 의미하고, "빵만으로는 살 수 없다.'에서 '빵'은 우리의 음식물 전체를 대신한다.

5-2) 환유(換喩)

환유는 어떤 사물을, 그것의 속성과 밀접한 관계가 있는 다른 낱말을 빌려서 표현하는 수사, 즉 표현하고자 하는 사물의 특징으로써 전체를 나타내는 방법이다. 환유는 표현 대상과 비유적 대치물 사이에 인접하는 공간적·, 시간적, 인과적 연상이 있다는 믿음에서 성립하는 비유이다. 이러한 연상도 한 사회의 공통 경험을 바탕으로 한다. '그녀는 사약을 마셨다.'라는 환유는 '독약을 마시면 죽는다.'는 원인과 결과라는 인접성으로 제시된 비유이며, '청와대에서 통일정책을 고려 중이다.'에서 '청와대'는 '대한민국 대통령이 거주하는 집'이라는 점에서 그 집과 그 집에 거주하는 인물이라는 공간적인 인접성에 의한 등가성으로 대치된 것이다.

(6) 의인(擬人)

의인은 사물이나 사람이 아닌 생물에 사람과 같은 성질을 부여해서 표현하는 비유이다. 이와 비슷하게 무생물에 생물적 특성을 부여하여 살아있는 생물처럼 나타내는 방법은 활유(活喩法)라 한다. 대개 어떤 대상에 단순히 생물적 특성을 부여하면 활유로, 인격적 속성을 부여하면 의인으로 구분한다.

의인의 예를 들면 '성난 하늘', '바람이 귓가를 때린다' 등의 표현으로, 자연물을 인간화하는 것이다. 반면 활유는 '울부짖는 파도', '모래바람이 으르렁거리며 달려들었다.'와 같이 무정물이 유정물의 생리 현상이나 행동 양상을 보이는 것으로 표현하는 비유이다.

(7) 의성(擬聲)

의성이란 어떤 대상이나 사물의 소리를 흉내 내어 나타내는 방법으로 성유(聲喩)라고도 한다. 이는 청각적 이미지를 살리는 것이다. '눈물이 뺨 위로 주루룩 흘러내렸다.'거나 '뽕 하고 방구를 뀌었다.'와 같은 표현이 의성이다.

(8) 의태(擬態)

의태는 어떤 대상을 실감나게 표현하기 위하여 사물의 형태나 동작을 시늉하여 나타내는 비유이다. 예를 들어 '그의 눈은 분노로 이글이글 타올랐다.'거나 '아침 해가 앞산 위에 둥실 떠올랐다.' 등을 제시할 수 있다. 의태를 사용하면 사물의 크기나 강도의 차이, 색의 명도나 채도의 차이, 행동의 크기와 속도의 차이 등을 생동감 있게 표현할 수 있다.

(9) 상징(象徵)

상징은 '국기'가 한 나라를 상징하는 것처럼 말로는 설명하기 힘든 추상적인 개념 따위를 구체적인 사물로 나타내는 것이다. 상징은 직유나 은유에서 나타나는 원관념이 숨고 보조관념만 나타나 있는 형태이다.

(10) 우화(寓話)

우화는 우언(寓言)이라고도 하는데, '이솝 우화'처럼 동식물이나 사물을 인격화하여 인간에게 전해 줄 교훈의 뜻을 나타내는 이야기 방식의 비유이다.

이상에서 서술한 것은 수사 중에서도 비유를 사용하는 방법들이다. 이 외에도 수사에는 강조법을 사용할 수 있다. 강조하는 표현 방법으로는 과장, 영탄, 반복, 열거, 미화, 점층, 점강 등의 방법이 있다. 과장은 대상을 실제보다 작게 표현하거나 아니면 작은 것을 크게 표현하는 것이다. 영탄은 '아, 내 사랑이여!'와 같이 고조된 감정에서 나오는 격정을 드러내는 표현 방법이다. 반복은 단어나 어구를 되풀이하여 의미를 강조하는 표현 방법이며, 열거는 '과일에는 배, 사과, 복숭아, 수박 등이 있다.'처럼 같은 층위의 어구를 나란히 배열하는 표현기법이다. 미화는 부정적인 의미를 가진 '도둑'을 '밤손님'으로 대접하여 부르는 것처럼 추한 것을 아름답게, 평범한 것을 뛰어나게, 불완전한 것을 완전하게 표현하는 방법이다. 점층은 '내용을 점차 강한 것으로 확대하는 방법이며 점강은 이와 반대로 내용을 점차 약한 것으로 좁혀가는 표현 기법이다.

더 추가하자면 수사에는 변화법도 쓰인다. 변화법에는 설의, 도치, 대구, 대조, 반어, 역설, 돈호 등 문장이 지루하게 느껴지지 않도록 어구나 서술에 변화를 주는 것이다. 설의는 '내 이름이 홍길동 맞습니까?' 식으로 단조로운 문장의 흐름에 변화를 주기 위해 평서문으로 표현할 것을 일부러 의문문으로 바꾸는 것이다. 도치는 '이 빵을 나에게 준 사람이 누구인가?'와 같은 문장의 어순을 뒤바꾸어 '누구인가?, 이 빵을 나에게 준 사람이.'와 같이 변화를 주는 것이다. 대구는 '물은 물이요, 산은 산이로다.'처럼 비슷한 가락을 지닌 구절을 나란히 늘어놓아 운율을 느끼게 하는 방식이고, 대조는 '인생은 짧고 예술은 길다.'와 같이 어떤 대상을 강조하기 위해 그와 상반되는 대상을 맞세워 표현하는 방법이다. 반어는 '도움을 주는 것에 인색한 사람'에게 '거, 참, 인심 한번 푸지다.'와 같이 표현하려는 뜻과는 정반대되는 언어로 표현하는 것이다. 역설은 '처음에는 내가 술을 마셨는데, 시간이 지나자 술이 술을 마시더니 급기야는 술이 나를 마셔버렸다.'와 같이 표면적인 진술에서는 모순되는 것 같은 표현이 진술 너머에서 진실이 드러나도록 이끌어내는 수준 높은 비유 방법이다. 마지막으로 돈호는 '잊지 못할 내 고향아!'와 같이 사람이나 사물의 이름을 불러 흥취를 돋우거나 독자의 주의를 환기시키는 표현기법이다.

3. 유의할 점

'수사'를 사용할 때 유의할 점은 다음과 같다.
1. '지나침은 미치지 못한 것과 같다.'는 과유불급(過猶不及)의 의미를 새기면서 지나치게 과도한 수사를 사용하고 있지는 않은지 점검을 게을리 하지 않는다.
2. 빗대어 나타내는 비유의 표현 방법이 표현하려는 뜻을 제대로 전달하고 있는지 점검한다.

▶ [기초 학습 활동]

(1) 다음 글에서, 어떤 부분에 어떤 수사법이 사용되었는지 찾아보시오.

첫 경험

모든 사랑은 첫사랑입니다. 그 상대가 소꿉놀이 때마다 아빠노릇을 하던 옆집 꼬마든, 여고시절 남몰래 가슴앓이 했던 국사선생님이든, 직장생활하면서 사귀었던 그 남자든, 중년이 넘어 벼락같이 찾아든 늦사랑이든 말이죠. 사랑이란 풋사랑, 짝사랑, 참사랑 식으로 구분할 수는 있겠지만 두 번째 사랑, 세 번째 사랑이라고 말 할 수는 없을 겁니다. 왜냐하면 사랑이란 매번 가슴을 설레게 하고 신바람을 나게 해서 삶을 활기차게 해주니까요. 사랑이란 거듭된다고 해서 싫증이 나거나 짜증나는 게 아니거든요.

각설하고, 거북이와 토끼가 500m 달리기를 하면 누가 이기겠습니까? 당연히 토끼라고 생각하시죠? 그런데 이렇게 상식으로 생각하고 있는 우리의 철석같은 믿음을 깨고, 어떻게 거북이가 토끼를 이겼다는 희한한 이야기가 있는지 모르겠습니다. 한 번 생각해 보십시오. 철갑 같은 등딱지를 가진 거북이가 지느러미같이 짧은 다리로 한 시간에 몇 미터나 갈 수 있을지……

도대체 거북이는 무슨 생각으로 달리기 시합에 참가했을까요? 토끼를 이길 수 있다는 터무니없는 망상이 있었을까요? 아니면 무모한 용기? 토끼가 뛰어가다 도중에서 쉬어 갈 거라고 지레짐작했겠습니까? 아무튼 거북이는 끝까지 완주했고 그리고 이겼습니다. 그럴 수 있었던 것은 애초에 거북이가 이 일을 해보려고 작정해서 일겁니다.

대관절 달리기 선수로는 아예 자격 미달이자 능력 부족인 거북이가 달리기

종목에 출전하려고 마음이나 먹을 수 있습니까? 대체 어떤 팀에서 거북이 같은 이를 자기 팀의 달리기 선수로 내보내겠습니까?

이렇게 우리네 삶이란 귀신같은 거죠. 언제 어떻게 어떤 삶이 우리에게 다가올지 우리들은 짐작도 못하거든요. 우리가 살아내야 하는 모든 삶은 언제나 처음처럼 다가오죠. 그러고도 삶이란 항상 귀신처럼 우리를 소름끼치게 합니다. 삶이란 귀신처럼 매번 우리를 가슴 졸이게 하고 겁나게도 하죠. 때론 사지를 오들오들 떨게도 하구요. 삶은 그 자체로 번번이 우리에게 첫 경험만을 안겨주는 것 같습니다. 어디, 첫 귀신이라고 무섭고 두 번째 귀신이라고 덜 무서운가요? 그런 것처럼 우리는 수없이 많은 인생 선배들의 이야기를 듣고서도 막상 우리에게 어떤 일이 생기면 나에게만 특별한 첫 경험인 것처럼 이럴까 저럴까하는 갈림길에서 당황스럽고 곤혹스런 순간을 겪곤 합니다.

거북이도 그랬던가 봐요. 아마 누군가 장난삼아 거북이에게 달리기 내기를 권했겠죠? 자기 인생에서 도대체 일어날 것 같지 않은 달리기 경주의 기회가 느닷없이 생겼을 때, 거북이는 어떤 마음이었겠습니까? 어차피 질 것, 해서 뭐해! 아마 한편으로 그런 절망적인 생각도 들었겠죠? 다른 한편으로는 사람들의 웃음거리가 될 것 뻔히 알면서도 지금 이 기회를 놓치면 두 번 다시 이런 기회가 없을 거라는 안타까움도 있었을 겁니다. 또 다른 한편으로는 그동안 내심 고대했던 기회가 저절로 생긴 것에 대해 떨 듯이 기뻤을 수도 있어요. 남이야 뭐라던. 주제파악이나 하면서 살라고 하든 말든.

거북이는 귀신처럼 겁나게 찾아온 기회를 첫사랑 대하듯 가슴 설레면서 맞이한 것 같습니다. 그래서 지칠 줄 모르고 신이 나서 앞, 뒤, 옆 돌아 볼 새도 없이 달리는 데만 정신이 팔렸던가 봐요. 부끄러운 줄도 모르고 남의 눈치 살필

경황도 없이 자신에게 찾아온 기회를 첫사랑처럼 맞이한 거북이에게는 기적 같은 일이 일어났다는 것 아닙니까? 만세! 만세!

- 장미영, 〈전북일보〉 칼럼. 장미영 외, 『언어능력향상을 위한 속해독서법』, 글누림, 2007.

(2) 다음 단어를 비유법을 써서 표현하고 그 의미를 밝히시오.

(예시)

순	원관념 (tenor)	보조관념 (vehicle)	비유 문장	의미
1	사랑	교통사고	사랑은 교통사고 같은 거다.	사랑의 감정은 우연한 계기로 예고 없이 생겨난다.
2	몸	정원	우리의 몸이 정원이라면 우리의 의지는 정원사다.	의지가 있어야 몸을 변화시킬 수 있다.
3	말	혀	한 치의 혀가 역적을 만든다.	말조심해라.
4	세월	주름	세월은 피부를 주름지게 하지만 열정을 포기하는 것은 영혼을 주름지게 한다.	열정을 잃는 순간부터 인간은 쇠퇴한다.
5	불행	사막	항상 맑으면 그곳은 사막이 된다.	비가 내리고 바람이 불어야만 비옥한 땅이 된다.
6	준비	곱셈	인생은 곱셈이다.	어떤 기회가 와도 내가 미리 준비해 놓은 것이 없어 제로 상태이면 아무런 의미가 없다.

순	원관념	보조관념	비유 문장	의미
7	무뚝뚝한 사람	철문	친절한 동정은 철문으로도 들어간다.	친절함은 아무리 무뚝뚝한 사람의 마음도 움직인다.
8	능력	파리 잡기	독수리는 파리를 못 잡는다.	각자 능력에 맞는 일이 따로 있다.
9	성공	꽃	남들이 다 피었다고 해서 나만 꽃이 아니라고 생각하지 마세요.	인간은 성공을 하든지 못 하든지 그 존재 자체로 존엄한 생명이다.
10	어리석음	부엉이 셈	부엉이 셈이구나.	부엉이는 낮에 물체를 잘 보지 못한다. 이러한 부엉이의 생태에 기인하여 어리석어서 셈이 분명하지 못하고 이로운 것과 해로운 것을 잘 알지 못하는 사람을 의미한다.

(문제)

순	원관념 (tenor)	보조관념 (vehicle)	비유 문장	의미
1	사랑			
2	몸			
3	말			
4	세월			

5	불행		
6	준비		
7	무뚝뚝한 사람		
8	능력		
9	성공		
10	어리석음		

(3) 다음은 신라 신문왕 때 설총이 지은 우화 소설 〈화왕계(花王戒)〉이다. 이 우화를 저본(底本: 글을 쓸 때 그 바탕이 되는 대본)으로 하여 어떤 건의를 하고 싶은 대상에게 〈상소문〉을 써보시오.

> 화왕(花王: 꽃 중의 왕, 모란)께서는 처음 이 세상에 나올 때, 향기로운 동산에 심겨 푸른 휘장으로 둘러싸 보호를 받았는데, 봄을 맞아 예쁜 꽃을 피우니, 온갖 꽃보다 빼어나게 아름다웠다. 멀고 가까운 곳에서 여러 꽃들이 다투어 화왕을 뵈러 왔다. 깊고 그윽한 골짜기의 맑은 정기를 타고 난 탐스러운 꽃들이 다투어 모여 왔다.
>
> 문득 한 가인(佳人: 아름다운 사람, 교언영색, 간신, 부정적 인물)이 앞으로 나왔다. 붉은 얼굴에 옥 같은 이와 신선하고 탐스러운 감색 나들이옷을 입고 무희처럼

얌전하게 화왕에게 아뢰었다.

"이 몸은 백설의 모래사장을 밟고, 거울같이 맑은 바다를 바라보며 자랐습니다. 봄비가 내릴 때는 목욕하여 몸의 먼지를 씻었고, 상쾌하고 맑은 바람 속에서 유유자적하며 지냈습니다. 이름은 장미라 하옵니다. 임금님의 높으신 덕을 듣고, 꽃다운 침소에 그윽한 향기를 더하여 모시고자 찾아왔습니다. 임금님께서 이 몸을 받아 주실는지요?"

이 때 베옷을 입고, 허리에는 가죽 띠를 두르고, 손에는 지팡이, 머리는 흰 백발을 한 장부 하나가 무거운 걸음으로 임금님 앞으로 나와 공손히 허리를 굽히며 말했다.

"이 몸은 서울 밖 한길 옆에 사는 백두옹(白頭翁: 할미꽃, 충신, 긍정적 인물)입니다. 아래로는 창망한 들판을 내려다보고, 위로는 우뚝 솟은 산 경지에 의지하고 있습니다. 가만히 보옵건대, 좌우에서 보살피는 신하는 향기로운 차와 술로 수라상을 받들어 임금님의 식성을 흡족하게 하고, 정신을 맑게 해드리고 있사옵니다. 또, 고리짝에 저장해 둔 양약(良藥: 효험이 좋은 약)으로 임금님의 원기를 돕고, 금석의 극약으로써 임금님의 몸에 있는 독을 제거해 줄 것입니다. (왕의 잘못을 시정할 신하의 충고)

중국의 좌전에 이르기를, '수유사마, 무기관괴(雖有絲麻, 無棄菅蒯: 최선의 것이 있어도 차선의 것을 버리지 않는다.)라 하였습니다. 비록 사마(絲麻: 명주실과 삼실, 아름답고 부드러운 것, 최선의 것)가 있어도 군자 된 자는 관괴(菅蒯: 띠풀과 왕골, 거친 것, 차선의 대비책)라고 해서 버리는 일이 없고, 부족할 때를 대비하지 않음이 없다.'고 하였습니다. (유비무환) 임금님께서도 이러한 뜻(귀에 좋은 말만 하는 신하보다는 임금께 직언을 하는 신하가 필요하다는 생각)을 가지고 계신지 모르겠습니다."

한 신하가 화왕께 아뢰기를,

"장미와 백두옹, 두 사람이 왔는데, 임금님께서는 누구를 취하고 누구를 버리시겠습니까?"

화왕께서는 이렇게 대답하였다.

"장부(백두옹)의 말도 도리가 있기는 하나, 그러나 가인(佳人: 아름다운 사람, 장미)을 얻기 어려우니 이를 어찌할꼬?"

그러자 장부가 앞으로 나와 말하였다.

"제가 온 것은 총명한 임금님께서 모든 사리를 잘 판단한다고 들었기 때문입니다. 그러나 지금 뵈오니 그렇지 않으십니다. 무릇 임금 된 자로서 간사하고 아첨하는 자를 가까이 하지 않고, 정직한 자를 멀리 하지 않는 이는 드뭅니다. 그래서 맹자는 불우한 가운데 일생을 마쳤고 풍당(한나라 인재)은 낭관(郞官: 하급 벼슬아치)으로 파묻혀 머리가 백발이 되었습니다. 예로부터 이러하오니 저인들 어찌하겠습니까?"

화왕은 마침내 다음의 말을 되풀이하였다.

"내가 잘못했다. 잘못했다."

이를 듣던 신문왕이 심각한 표정을 지으며 이르기를,

"그대의 우언(寓言: 동식물을 인격화하여 그들의 행동 속에 교훈의 뜻을 나타내는 이야기)에 정말 깊은 의미가 있으니 글로 써서 왕의 경계를 삼게 하시오."

하고 설총을 발탁하여 높은 관직에 임명하였다.

상소문	
상소 대상	
상소 거리	

순	문단 구성		내용
1	서론		
2	본론	건의할 내용 (1)	
3		건의할 내용 (2)	
4	결론		

(200자)

(400자)

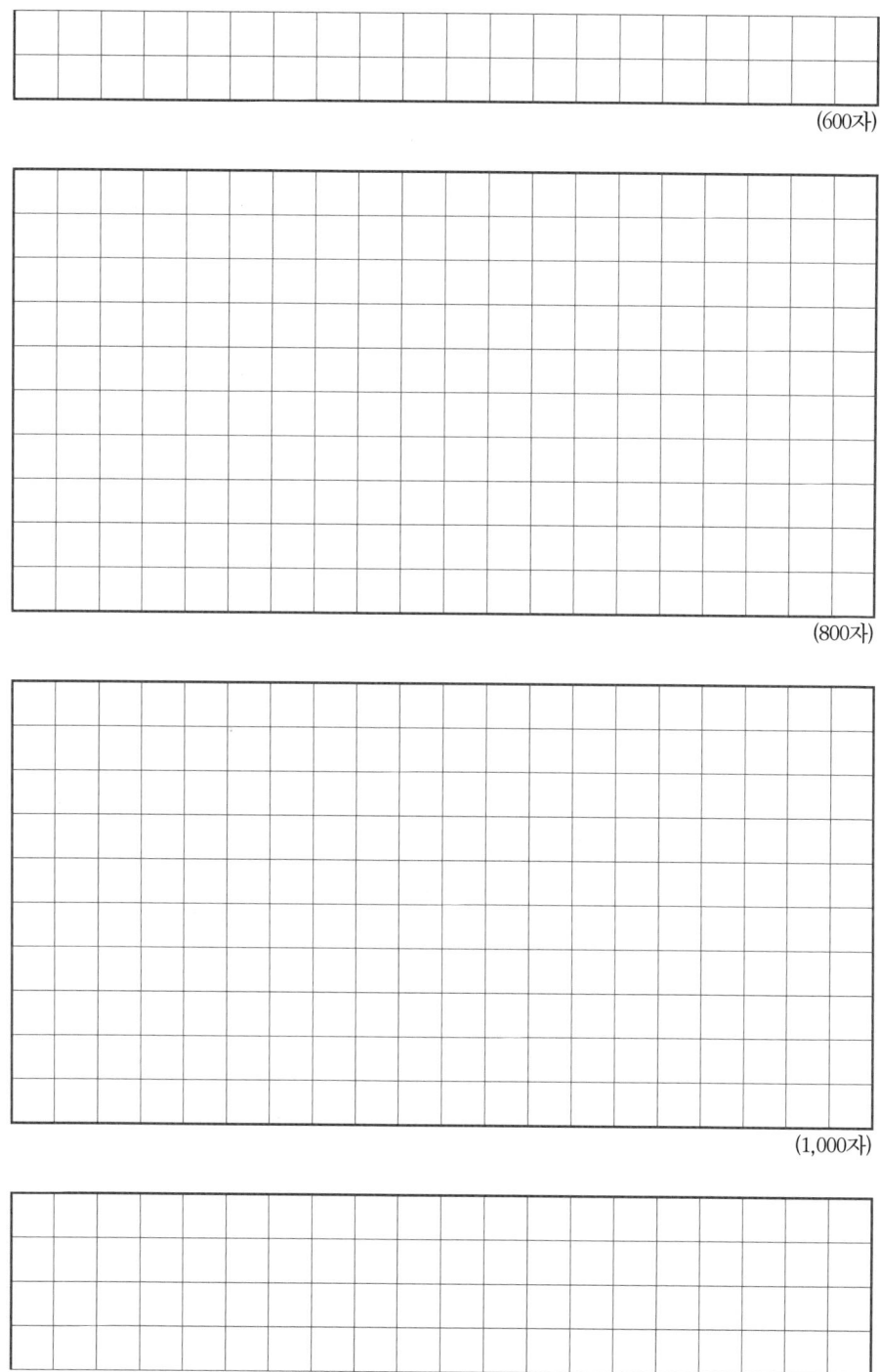

(600자)

(800자)

(1,000자)

(1,800자)

(2,000자)

(2,200자)

[심화 학습 활동]

(1) 다음 속담에 사용된 비유적 표현이 어떤 의미로 쓰이는지 살펴보시오.

(예시)

비유적 표현이 들어간 속담		
순	속담	비유적 의미
1	갓 쓰고 자전거 탄다.	차림이 전혀 어울리지 않아 어색하고 우습다.
2	같은 값이면 다홍치마	같은 값이면 좋은 물건을 선택한다.
3	개똥도 약에 쓰려면 없다.	평소에는 흔하던 것도 막상 긴하게 쓰려면 구하기 어렵다.
4	계란에도 뼈가 있다.	운수가 나쁜 사람은 모처럼 좋은 기회를 만나도 그 일마저 잘 안 된다.
5	계란을 한 바구니에 담지 마라.	계란을 한 개의 바구니에 모두 담아버리면 한꺼번에 모두 깨질 가능성이 있다.
6	나는 새도 깃을 쳐야 날아간다.	무슨 일이든지 순서를 밟아 나가야 그 목적을 이룰 수 있다.
7	나무는 옮기면 죽고 사람은 옮겨야 산다.	사람은 널리 활동하고 견문이 넓어야 큰 일을 할 수 있다.
8	남의 고기 한 점 먹고 내 고기 열 점 준다.	남의 것으로 적은 이익을 얻으면 나중에 큰 손해를 본다.
9	낮도깨비 같다.	본래 도깨비는 깊은 밤에 나타나는 법이지만 엉뚱하게 낮에 나타나 사람을 놀라게 하는 도깨비처럼 생각지도 않게 엉뚱한 상황에서 등장하여 체면 없이 난잡하게 군다.
10	내 밥 먹은 개가 발뒤축 문다.	자기에게 은혜를 입은 사람으로부터 도리어 화를 입는다.
11	내일 닭보다 오늘 계란이 낫다.	내일은 장담하기 어렵기 때문에 미래의 큰 이익보다는 당장의 작은 이득을 취하는 편이 낫다.

12	높은 나무에는 바람이 세다.	지위가 높아질수록 더욱 지위의 안정성이 적어지고 신변이 위태로워진다.
13	누운 나무에 열매 안 연다.	죽은 나무에 열매가 열릴 리 없듯이, 사람도 죽은 듯이 가만히 누워 있으면 아무 것도 되는 일이 없으므로 일어나서 열심히 움직이고 일을 해야 성공한다.
14	눈이 아무리 밝아도 제 코는 안 보인다.	아무리 똑똑한 사람이라도 제 자신은 잘 모른다.
15	동산에 뜬 달 보고 놀란 강아지 짖어댄다.	아무렇지도 않은 일에 놀라서 안절부절 못한다.
16	바늘 가는 데 실 간다.	언제든지 꼭 따르게 되어 있는 두 사람이나 사물의 긴밀한 관계를 이른다.
17	봄눈 녹듯 한다.	초봄에 흩날리는 눈은 위의 공기와 다르게 따뜻한 지상의 대기에 녹아서 땅에 닿기도 전에 모습을 감춘다. 그래서 '봄눈 녹듯'은 '빨리, 감쪽같이 사라진다.'라는 말이다.
18	사람과 산은 멀리서 보는 게 낫다.	사람을 가까이 사귀면 멀리서 볼 때 안 보이던 결점이 드러난다.
19	산 속 열 도둑은 잡아도 제 마음 속 한 도둑은 못 잡는다.	자기 마음속에 있는 좋지 않은 생각을 스스로 고치기가 매우 힘들다.
20	소 닭 보듯 한다.	관심 없이 무덤덤하게 바라본다.

(2) 다음 속담의 비유적 표현이 어떤 의미인지 빈 칸을 채우시오.

비유적 표현이 들어간 속담	
순	속담	비유적 의미
1	감꼬치 빼먹듯	

2	고양이 목에 방울 달기	
3	누이 좋고 매부 좋다.	
4	대추나무에 연 걸리듯	
5	바다는 메워도 사람 욕심은 못 채운다.	
6	밤나무에서 은행이 열기를 바란다.	
7	배 먹고 이 닦기	
8	벼룩의 간을 내먹는다.	
9	사공이 많으면 배가 산으로 간다.	
10	사나운 개도 밥 주는 사람은 안다.	
11	석류는 떨어져도 안 떨어지는 유자를 부러워하지 않는다.	
12	수박 겉핥기	
13	오이는 씨가 있어도 도둑은 씨가 없다.	
14	울며 겨자 먹기	
15	원숭이도 나무에서 떨어진다.	
16	입에 풀칠한다.	
17	짚신도 짝이 있다.	
18	티끌 모아 태산	
19	호랑이도 제 말 하면 온다.	
20	호박이 넝쿨째로 굴러 떨어졌다.	

(3) 비유적 표현이 들어 간 세계 여러 나라의 속담을 찾아 쓰고 그 의미를 밝히시오.

비유적 표현이 들어간 속담		
순	속담	비유적 의미
1		
2		
3		
4		
5		
6		
7		
8		
9		
10		
11		
12		
13		
14		
15		

16		
17		
18		
19		
20		

참고문헌

네이버 사전(http://dic.naver.com)
다음 사전(http://dic.daum.net)
장미영 외, 『언어능력향상을 위한 속해독서법』, 글누림, 2007.

물구나무 글쓰기
-유인실-

11장 시: 미감과 쾌감의 언어

12장 수필: 자유로움과 성찰 사이

13장 소설: 허구와 실재

14장 기사문: 논리와 감성

15장 광고(문): 15초 전쟁

물구나무 글쓰기

1. 물구나무 글쓰기란 무엇인가

물구나무 글쓰기는 기존의 객관주의 교육론에 입각한 수업 방식에서 탈피하여 학습자 중심의 학습, 학습자의 문제해결을 중심으로 하는 PBL(Problem-Based Learning) 수업을 부분적으로 차용하는 글쓰기를 말한다. 물구나무서게 되면 혈액이 뇌에 잘 전달되기 때문에 뇌가 활성화되는 효과가 있다는 것에 착안하였다. 기존의 수업 방식을 거꾸로 진행해 나가면서 문제의 해결방안을 함께 논의하고 공동의 해결책을 찾아가는 글쓰기 방법이다. 학습자들은 반복적으로 이러한 과정을 거치는 동안 사유의 폭을 확장되고 창의적으로 되어 간다는 의미가 있다.

2. 물구나무 글쓰기의 목적

물구나무 글쓰기의 목적은 기존의 경직되고 강압적인 분위기에서 벗어나 자유롭고 창의적인 생각들을 도출해내는 데 있다. 현대사회는 다매체 사회, 통섭형 사회이다. 이러한 현대사회를 이해하기 위해서는 창의적 사유가 필수적이다. 창발적인 사유는 자유로운 분위기 속에서 나온다. 아울러 타인과 적극적으로 소통하면서 공동체 가치를 추구하는 미래 사회의 문학 커먼즈에 동참하는 실천적 의미이다.

3. 물구나무 글쓰기 방법

수업에서는 교사와 학생이 토론 등을 진행하거나 심화학습을 진행한다. 수업은 새로운 내용을 일반적으로 주입받기보다 주어진 대상에 대해 상호간에 토론과 토의를 거쳐 최상을 결론을 내는 과정을 통해 배워 나간다. 물구나무 글쓰기에서는 창의적 사고의 토대가 되는 다섯 장르의 문자 매체를 활용한다. 시, 수필, 소설, 기사문, 광고문 등이다.

11장
시: 미감과 쾌감의 언어

단원 설정 배경

　현대사회에서 다른 사람들과 소통하기 위해 활용하는 매체는 매우 다양하다. 오늘날 우리 사회는 주로 스마트폰이나 태블릿 피시를 이용하여 문자메시지, SNS, 카카오톡, 블로그 등을 통해 소통한다. 그러나 문자언어에 대한 근본적인 이해가 부족하면 풍요로운 미래를 기대하기 어렵다. 앞으로 다가오는 사회는 기술이 미래를 결정하도록 방임하는 것이 아니라, 인간이 공공의 선(善)이라는 가치에 기반하여 기술을 개발해 나아가는 추세이기 때문이다. 시는 예외 없이 역사적 현실과 밀접한 관계를 유지해 왔다. 시는 오랜 시간 전승되어 온 사회적 양식에 대한 전통적 방법, 당대의 지배적인 시대상황에 대한 현실 참여적 방법, 또는 미래 지향적인 삶에 대한 새로운 실험적인 방식으로 다양하게 존재해 왔다. 따라서 시를 이해한다는 것은 인간 사회를 이해한다는 것을 의미하기도 한다. 시는 우리의 일상을 미감과 쾌감의 언어로 포착하여 앞으로 우리 사회에서 더욱 요구하게 되는 정서적 소통을 위한 표현에 도움이 되고, 새로운 사유를 통해 더 멋진 삶의 신세계를 제시한다.

단원 설정의 필요성

　시의 언어는 일상 언어와는 달리 사유를 촉발시키는 중요한 정서적, 지적 매체이다. 시의 언어는 언어와 사물의 관계가 1:1의 관계가 아니라 1:多의 관계를 지향하기 때문에 독자의 사유를 풍성하게 한다. 이 단원에서는 시의 언어가 일상 언어의 차이를 이해하고 시에 표현된 수사법을 통해 재미있게 시를 이해하고 써볼 수 있는 방법들을 알아본다.

학습 목표

1. 시의 언어를 일상 언어와 비교하여 이해할 수 있다.
2. 시의 표현된 수사법들을 이해할 수 있다.
3. 영화나 수필 등을 활용하여 시를 쓸 수 있다.

목표 핵심 역량

1. 시의 언어를 이해하여 사유 능력을 키운다.
2. 여러 수사법을 활용하여 시적 전략을 구사할 수 있다.
3, 다른 장르의 매체와의 연결을 통해 사유의 폭을 넓힌다.

핵심어

문학 언어, 지시적 의미, 내포적 의미, 은유, 상징, 이미지

[생각할 거리]

■ 아래의 글은 '커피'를 소재로 쓴 글이다. 그러나 내용의 느낌과 효과는 다르다. 무엇이 어떻게 다른지 생각해 보자.

커피

커피나무 열매를 재료로 만든 음료. 15세기경 에티오피아의 케파로 추정되는 곳에 자라던 커피나무의 열매가 남아라비아로 전파되어 재배되기 시작했고, 세계로 퍼져 현재에 이르렀다. 커피를 만들 때에는 열매를 과육과 껍질로 분리해서 정제한 다음 고온에서 볶는 로스팅의 과정을 거친 후 물에 끓여 마실 수 있게 분쇄해 판매하는 것이 일반적이다

-다음 백과

에스프레소 커피

찻잔 속에 갇힌 절규
뭉쳐진 사랑
고독의 물결 속에
번지는 꽃시간

몸살을 앓는가
온몸이 뜨겁다

창백한 몸속에
겹겹이 스며들면
접어둔 그리운 문장들

서서히 불러들여

내연의 사연

발그레 물든다

화라락 온몸엔 연등 걸리고

슬픔으로 얼룩진 아픈 구김들은

꽃밭을 이룬다

아, 구김도

꽃이 될 수 있구나

- 유인실, <에스프레소 커피> 전문

(1) 위의 제시된 글을 읽고 시의 특성에 대한 다양한 질문을 제시하고 그에 대한 구체적인 내용에 대해 이야기해 보자.

체크리스트	내용
1. 알고 있는 내용 (KNOW)	

2. 알고 싶은 내용 (WANT)	
3. 알게 된 내용 (LEARNED)	
3. 알게 된 내용 (LEARNED)	

(2) (1)의 내용을 자료로 하여 시의 요소에 대해 정리해 보자.

1) 시의 언어적 특성

2) 시와 운율

3) 시와 이미지

4) 시와 비유법

1. 시와 언어

시는 의미·운율·이미지 등에 맞게 선택·배열한 언어를 통해 경험에 대한 심상적인 자각과 특별한 정서를 일으키는 문학의 한 장르이다. 즉 시는 인간의 사상과 감정을 운율을 지닌 함축적 언어로 표현한 예술이다.

모든 문학 장르가 언어를 표현 수단으로 하지만, 특히 시에서 언어는 절대적 비중을 차지한다. 시는 언어로써 운율과 리듬을 생성시키며 그로 인해 독특한 예술성을 표현하기 때문이다. 또한 시는 언어의 의미를 개념적으로 사용하지 않고 감각적 지각을 통해서 이미지화시키려는 경향이 있다. 즉, 시의 존재를 가능하게 하는 것은 언어인 것이다. 이것은 시의 예술성은 전적으로 언어 속에 결집되어 있다는 것을 의미한다. 시에서 사용되는 언어는 '시어'라는 개념으로 불린다. 물론 시에서 사용되는 언어는 일상 언어와 별개의 다른 언어로 존재하는 것은 아니다. 일상의 언어를 시의 특성에 맞게 활용할 경우, 시어의 의미가 일상의 의미와 다르게 생성되는 것일 뿐이다. 따라서 시를 이해하기 위해서는 시의 언어적 특성을 총체적으로 알아야 한다.

시에서 쓰는 언어는 내포적 의미가 중시된다. 언어에는 크게 두 종류의 언어가 있다. 지시적 의미의 언어와 내포적 의미의 언어이다. 지시적 의미의 언어는 한 언어 사회의 구성원들이 공통적으로 인식하고 있는 개념으로, 어떤 단어의 의미를 제시하기 위해 외연으로 나타내 보여주는 언어를 가리킨다. 이에 비해 내포적 의미의 언어는 연상이나 관습 등에 의하여 형성되는 의미의 언어로 함축적 의미, 상징적 의미, 시적 의미라고도 한다. 내포적 의미의 언어는 한마디로 정리하면 언어와 사물이 1:1의 관계가 아니라, 1: 다(多)의 관계를 형성하는 것이라고 할 수 있다.

흔히 언어예술에서 '문학적 응집성'이 가장 큰 장르는 시라고 말한다. 모든 문학이 '언어예술'이지만, 시가 언어예술로서 문학의 특성을 가장 잘 나타내고 있기 때문이다. 이것은 시는 시의 내용과 언어적 표현이 거의 일치한다는 것을 의미한다. 시에서 시의 내용을 수정하려면 언어적 표현을 바꾸어야 하고, 언어를 바꾸면 시의 내용이 달라지는 것은 이런 맥락에서이다. 외국의 작품을 혹은 우리나라의 작품을 각각 번역본으로 읽을 때 소설의 경우 원작의 감동이 크게 줄어들지 않지만, 시에서는 원작의 감동을 그대로 전달 받기 어려운 것은 언어에 들어있는 고유한 특성이 상실되기 때문이다.

🔖 지시적 의미로 쓰인 단어를 내포적 의미가 포함된 시적 문장으로 표현해 보자.

1) 비: _____

2) 이슬: _____

3) 빛: _____

4) 지우개: _____

5) 커피: _____

6) 바람: _____

7) 집: _____

8) 기차: _____

9) 봄밤: _____

10) 혼밥: _____

2. 운율과 리듬

언어는 소리와 의미의 결합체이다. 언어는 기호(記號)로 묶여 있으며, 기호는 기표(記表)와 기의(記意)로 이루어져 있다. 기표는 언어의 음성적 측면(소리)이며 기의는 그 기표에 의해 의미되거나 표시되는 의미 내용이다. 시는 이 기표와 기의를 이용하여 예술성을 창조한다.

기표, 즉 언어의 음성적 요소를 시적으로 구성한 것이 운율이다. 운율은 시를 형상화하기 위한 중요한 감각적 재료이다. 음악이 음을 이용하여 음악성을 확보하듯이 시 역시 소리(음)를 활용하여 음악성을 확보한다. 시에서 운율은 시의 음악성을 말한다.

운율은 리듬과 운율을 지칭한다. 리듬은 시에만 국한되어 있는 것은 아니다. 삼라만상을 둘러싸고 있는 자연 현상이나 호흡, 맥박 등과 같은 인체의 생리작용에서도 자연의 리듬, 삶의 리듬이 만들어진다. 마찬가지로 시의 리듬 역시 시 속에서 규칙적으로 반복되는 일정한 언어적 특성을 말한다. 비슷한 음을 일정한 위치에 배치하거나 글자 수를 맞추거나 음의 반복, 중간 휴지(休止), 후렴구 활용 등을 통해 만들어진다.

시의 리듬을 결정하는 요소 가운데 특정한 위치에서 특정한 소리를 반복하는 방법을 활용하여 시적 효과를 나타내는 기법을 압운이라고 한다. 압운(rhyme) 우리나라 시보다 서구나 중국의 한시에서 두드러지게 나타난다. 특정한 소리를 어느 위치에 배치하느냐에 따라 두운, 각운 등으로 불리는데, 우리나라 시에서는 이러한 운율적 방식이 잘 적용되지 않고 최근에 랩과 같은 대중음악에서 드러난다.

시는 철저하게 자기인식의 결과물이다. 자기인식의 결과가 의미적 표현만으로는 충분히 전달되지 않을 때 시인은 '자기인식'의 결핍의 내용은 운율을 통해 표현한다. 동일한 것을 반복함으로써 긴장을 해소시킬 뿐만 아니라 반복 패턴을 통해 상상 속에서 억압된 갈망을 표현한다. 이것은 시에서 '자기 인식'이 운율을 통해 소통되는 원리가 된다.

> 산산이 부서진 이름이여!
> 허공 중에 헤어진 이름이여!
> 불러도 주인 없는 이름이여!
> 부르다가 내가 죽을 이름이여!
>
> 심중에 남아 있는 말 한 마디는
> 끝끝내 마저 하지 못하였구나.
> 사랑하던 그 사람이여!

> 사랑하던 그 사람이여!
>
> 떨어져 나가 앉은 산 위에서
> 나는 그대의 이름을 부르노라.
> 설움에 겹도록 부르노라.
> 설움에 겹도록 부르노라.
>
> ―김소월, 〈초혼〉 부분 발췌

아래의 시에서 운율을 생성하기 위해 사용된 방법을 다섯 개 이상 찾아보자.

1) _____
2) _____
3) _____
4) _____
5) _____

3. 이미지와 비유

    이미지는 감각적인 지각을 통해 나타나는 형상이다. 시에서 이미지가 중요한 것은 추상적인 언어의 의미를 감각적인 지각 대상으로 만들어내는 상상력(imagination)이 시의 본원이기 때문이다. 시에서 어떤 대상, 주제, 사상을 이미지화시킨다는 것은 그 인식 내용들을 체험화 한 것으로 제공하는 것을 의미한다.

    일반적으로 이미지는 심상이라고 한다. 쉽게 말해 시를 읽을 때 마음속에 그려진 모습이나 그림이 이미지이다. 이러한 이미지는 주로 비유적 언어 표현을 통해 더욱 구체적인 시적 의미를 전달한다. 모든 예술은 감각적인 재료들을 매체로 사용한다. 음악은 음(소리)

이라는 청각적 매체 이용하고, 회화는 색채와 같은 시각적 매체를 사용한다. 건축은 물질을 사용하고, 무용은 몸의 움직임을 사용한다. 이에 비해 시는 언어라는 매체를 사용하는데 언어는 직접적인 감각적 재료는 될 수 없다. 대신에 언어는 감각기관에 직접적인 호소는 못하지만 시공간의 제약을 받지 않고 모든 관념이나 사상을 직접적으로 표현할 수 있는 장점이 있다.

시의 이미지는 일반적으로 감각적 이미지, 비유적 이미지, 상징적 이미지로 나누어 볼 수 있다. 감각적 이미지는 인간의 감각 기관을 통하여 생성된 이미지를 말한다. 눈으로 볼 수 있고, 귀를 통해 감지할 수 있으며, 감촉, 열기 등을 피부로 느낄 수 있으며, 맛을 음미할 수 있고, 향기, 악취 등을 맡을 수 있다. 이와 같이 시각, 청각, 촉각, 미각, 후각을 통해 감지되는 이미지들은 인체에 있는 감각 기관을 통해 형성되는 정신 작용이므로 감각적 이미지를 정신적 이미지, 혹은 지각적 이미지라고도 한다.

비유적 이미지는 비유적 언어 표현을 통해 구체화되는 시적 이미지를 말한다, 비유는 시의 가장 기본적인 창조 영역이다. 아무리 시의 소재가 참신해도 비유의 맛을 살려내지 못하면 시적 효과가 떨어지는 것은 당연하다. 비유의 방법에는 직유, 은유, 제유, 환유, 풍유, 의인화 등이 있다.

시에서 상징적 이미지는 매우 중요한 미적 기능을 수행한다. 상징은 형식적으로 은유와 비슷하나 은유가 서로 다는 두 가지 대상 사이에 내재하는 유사성, 인접성에 근거하여 성립된다면 상징은 시인의 정서적 긴장과 갈등을 변형시킨 창조적인 상상력에 의한 결과이다,

시는 설명이 아니라 묘사다. 시에서 묘사는 추상적이고 관념적인 생각이나 느낌을 구체적이고 감각적으로 형상화하는 것이다. 형상화된 이미지는 대상에 대한 인식의 내면화이면서 어떤 정서를 불러일으킨다. 결국 시에서 이미지는 자기 인식의 감각적 표현이라 할 수 있다.

아래의 대상이나 관념을 시적 이미지로 표현해 보자.

순	대상	감각적 이미지 표현	비유적 이미지 표현	상징적 이미지 표현
1	비	비는 온종일 수직으로 서서 포효하고 있다(시각+청각 이미지)		
2	봄			
3	꽃		시간의 공터 속에선 언제나 환한 불빛('고향'-은유법)	
4	사랑			내 죽으면 한 개의 별이 되리라
5	이별			

ACTION LEARNING - 영화나 수필을 활용한 시 쓰기

1) 기억에 남는 영화나 수필의 줄거리를 정리한 후 시의 요소들을 생각하며 시 한 편을 완성해 보자.

순	① 작품의 줄거리를 문장으로 정리	② 내포적 의미가 담긴 시행 만들기
1		
2		
3		
4		

3부 물구나무 글쓰기

5	
6	
7	
8	
9	
10	

2) 1)의 자료를 기반으로 하여 시 한 편을 완성해 보자.

제목:

참고문헌

다음 사전(http://dic.daum.net)
네이버 사전(http://dic.naver.com)
『한국현대문학의 이해』, 권영민, 태학사, 2010.

12장
수필: 자유로움과 성찰 사이

단원 설정 배경

　수필은 누구나 부담 없이 읽고, 마음만 먹으면 직접 쓸 수도 있는 가장 친근한 문학이다. 다른 영역의 문학이 영상매체에 밀려 위태로운 중에도 수필은 풍요로움을 구가하면서 수필 전성시대를 누리고 있는 것도 이러한 이유와 무관하지 않을 것이다. 흔히 미래 문학의 대안으로 수필을 말한다. 그만큼 수필문학은 우리의 삶과 떼려야 뗄 수 없을 정도로 대중화 되어 가는 추세이다. 수필은 문학 장르 가운데 인간의 삶을 가장 직접적으로 그려낸다. 오늘날 우리 사회는 기술이 미래를 결정하는 시대에 살고 있다. 개별화, 기계화되어 가는 이 시대에 수필은 공감과 소통을 중시한다. 삶을 통찰하고, 자본 중심주의의 뒤편에 가려진 인간 본연의 가치를 일깨워 준다. 또한 소외된 아픔과 상처를 어루만져 주는 역할을 한다. 현대사회에서 요구하는 삶의 통찰, 공감과 소통은 오늘날 우리가 살아가는 데 있어서 매우 핵심적인 가치이다.

단원 설정의 필요성

　수필은 형식에 구애됨이 없이 자신의 견문이나 체험, 또는 의견이나 감상을 산문 형식으로 쓴 글이다. 그러나 단순한 삶의 기록이 아닌, 사유와 성찰의 문학이다. 자신의 경험과 체험에 어떤 삶의 의미를 불어넣을 것인가에 대한 고민은 좋은 수필을 위해서 매우 중요하다. 세상의 모든 현상은 우리가 보는 그것보다 훨씬 다양하고 복잡하다. 사유와 성찰의 문학, 수필을 통하여 복잡하고 다양한 세상 속에 담긴 삶의 의미를 찾아보자.

학습 목표

1. 일상 언어와 문학 언어를 이해하여 글의 소재, 제재, 주제를 찾을 수 있다.
2. 좋은 문장, 우리말다운 문장을 쓸 수 있다.
3. 스토리와 플롯에 따라 단락을 구성할 수 있다.

목표 핵심 역량

1. 문학 언어를 이해하여 사유 능력을 키운다.
2. 좋은 문장, 올바른 문장 쓰기를 통해 명확하고 풍부한 표현력을 기른다.
3. 스토리와 플롯을 구성하여 효과적인 미적 표현 능력을 높인다.

핵심어

일상 언어, 문학 언어, 낯설게 하기, 사유, 성찰, 형상화

[생각할 거리]

■ 아래의 두 작품은 '낙타'를 글감으로 하여 쓴 글이다. 일상생활에서 경험하는 일들이 어떻게 문학 작품으로 탄생하는지 다양한 요소들을 생각해 보자.

(보기 1)

낙타의 눈물

허상문

나는 눈물이 많은 사람이다. 수업시간에 학생들과 슬픈 시를 읽을 때, 이제 다시는 돌아올 수 없는 시간과 만날 수 없는 사람들을 떠올릴 때, 우리를 끝없는 절망으로 몰아넣었던 '세월호 사건'이 망각 속으로 가라앉는 것을 바라볼 때, 가슴 저 깊은 곳에서 눈물이 울컥울컥 솟아오르는 것을 참을 수 없다.

눈물은 생명 있는 모든 것들처럼 쉽게 소멸한다. 그렇지만 내가 살아있음을 가장 진실하게 확인할 수 있는 것은 눈물에 의해서이다. 눈물이 흐른다는 것은 몸속에서 피가 생동하고 있고 이 세상을 생생하게 느낄 수 있음을 말해주는 증거이다. 눈물이 없다면 어찌 봄날에 피어나는 새로운 생명의 탄생을 바라보고 감동할 수 있으며, 겨울나무에 매달린 채 떨고 있는 마지막 잎새의 시린 마음을 아파할 수 있을 것인가.

내가 여태 가장 비통하게 눈물을 흘린 것은 어머니가 돌아가셨을 때이다. 싸늘한 시신이 된 어머니는 땅 속에 묻히고 있었다. 젖먹이 때부터 나의 우주였던 어머니의 포근한 품속과 따뜻한 젖가슴의 감촉을 결코 잊을 수 없다. 그 몸이 어둡고 차가운 땅속에 묻혀 썩어갈 것이라 생각하니 눈물은 하염없이 흘러내렸다. 어머니의 주검 앞에서 나는 언젠가 다녀왔던 사막과 그 위를 걸어가던 낙타를 생각했다.

사막은 세상의 모든 풍파를 짊어지고 그 자리에 흐트러짐 없이 서 있었다. 그러면서도 낙타와 대상(隊商)이 지나갈 때면 자신의 자리를 기꺼이 내주는 사막은 어머니의 모습을 닮았다. 그 어머니가 이제 한 줌의 흙으로 돌아가고 있었다. 장례를 마치고 사람들이 하산했을 때도 나는 어머니 무덤

곁에서 계속 피 같은 눈물을 흘렸다. 차라리 어머니가 사막도시 누란의 오드리 공주처럼 미라가 되어 남는다면 언제든 달려가 얼굴이라도 볼 수 있으련만.

시베리아 횡단열차를 타고 기나긴 여행을 할 때, 바이칼호수가 있는 이르쿠츠크 역에서 나는 또 한 번 기막히게 운 적이 있다. 늦은 시간에 열차에서 내린 사람들이 하나둘 역사(驛舍)를 떠나고 사람은 아무도 없었다. 인적 끊긴 거리에는 가로등 불빛만이 희미하게 남아 있었다. 갑자기 추적추적 비까지 내리기 시작했다. 낙타의 육봉같이 흔들대는 배낭을 지고 걸으며 '아! 지금 이 세상에 나는 완벽하게 혼자 남았구나.'라는 느낌이 들었다. 깜깜한 우주 멀리에서 한 조각 유성이 되어 떠돌고 있다는 비감한 심정이 나를 눈물의 바다로 몰아넣었다.

눈물에 얽힌 사연이 이에 그칠 리 없지만, 정말 이유 없이 애절한 눈물을 흘린 것은 실크로드를 여행할 때 깊은 속눈썹을 가진 어느 낙타와의 만남에서였다. 아마도 그는 최초로 실크로드를 횡단한 장건을 실어 주었거나, 혜초 스님을 태워준 낙타의 후손이었을지도 모를 일이다.

낙타의 운명은 슬프다. 낙타가 가는 길은 언제나 사막길이다. 걷고 걸어도 넓고 아득한 사막의 한 귀퉁이를 지날 뿐이다. 제 등 위의 육봉을 업보처럼 짊어진 채 터벅터벅 걸어간다. 낙타는 아무리 급해도 인간처럼 바삐 달릴 수 없다. 그의 갈 길은 멀고 아득하다. 달려간다면 열사의 사막을 단 하루도 갈 수 없을 것이다. 오직 걷고 또 걷는 것만이 고통의 시간을 벗어나는 길이고 자신의 업보를 씻어내는 길이다. 낙타에겐들 어찌 눈물이 없겠는가. 그러나 인고의 세월을 견디며 흘리는 낙타의 한 줄기 눈물은 긴 속눈썹 속에 금세 감춰져 버린다.

사막은 언제나 텅 비어 있다. 텅 비어 있는 사막에서는 모든 것이 가볍다. 사막은 육신을 벗고 영혼만 떠나는 길이다. 여백의 공간에서 몸을 비우고 또 비워서 영혼은 더 충만해진다. 그곳에서는 좋은 집과 좋은 차를 위한 경쟁도 없고 남보다 앞서고자 하는 헛된 욕망도 번뇌도 없다. 사막은 모든 것을 받아주는 거대한 집이다.

모래폭풍이 불어오면 몸을 사리고 기다리다가 바람이 잠잠해지면 다시 어디론가 제 갈 길을 향해 떠나야 한다. 하늘은 내 집의 천장이고 모래 구름은 기댈 언덕이다. 조금의 일용할 양식과 머물 집에 만족할 수 있다면 인생이 이렇게 힘들 이유가 무엇이겠는가. 낙타는 텅 빈 사막을 무심히 바라본다.

사막은 밤과 같은 적멸의 공간이다. 흑백 무성영화처럼 아무런 말도 소리도 없다. 그 속에서는 사물에 대한 흔적도 없어지고, 더 이상 존재하지 않는 시간 속에서 모든 것은 하나가 된다. 인간들의 위선과 덧없는 노동의 시간과도 결별하고, 어떠한 사유도 다다를 수 없는 경건한 현현의 시간만이 남는다. 사막은 존재자들의 가치와 생존을 위한 온갖 몸부림으로 빼곡한 낮의 시간을 무위케 한다. 사막에서 어제는 사라져간 과거의 다른 이름일 뿐이고 내일의 끝은 또 어디쯤일지 알 수 없다. 억겁의 세월을 버티어온 모래더미들은 퇴적한 용암처럼 그냥 가득 쌓여 있다.

가도 가도 사막뿐인 아득한 공간과 시간 속을 걷는 낙타에 비하면 나의 삶은 얼마나 호사로운가. 날마다 따뜻한 세끼 밥을 먹으며 친구들과 요란한 담소를 나누고 손 안에 세상의 모든 정보와 지식을 안고 살아가면서도 불만과 고뇌에 차 있다. 인간은 일생 동안 부와 명예와 권력을 좇아 아웅다웅 살아가지만, 낙타는 달과 별과 바람만 생각하며 살아간다.

험난한 사막 길에서 낙타가 운 좋게 얻어먹을 수 있는 것은 낙타풀뿐이다. 낙타풀은 가시투성이여서 한움큼 씹으면 입안은 온통 피투성이가 된다. 인간들이 '눈물 젖은 빵' 운운하는 것은 낙타에게는 정말 가당찮은 이야기다. 낙타는 '피에 젖은 빵'을 먹으면서도 눈물을 흘리지 않는다. 낙타의 눈물을 생각하면 내 눈물은 얼마나 값싸고 부끄러운 것인가. 어디선가 들려오는 낙타의 방울소리가 나의 부끄러움을 더욱 크게 진동시킨다.

해가 진다. 사막에서 지는 해는 처연하게 아름답다. 아득한 사막의 지평선 너머로 오렌지 빛 광휘를 발하며 사라져 가는 빛의 향연은 더욱 적요한 아름다움이다. 저 찬란하고 슬픈 노을을 바라보면서, 이 세상과 인간에 대해 한탄하고 절망하면서, 나는 앞으로 얼마나 더 많이 눈물지을 것인가.

노을 지는 사막에서 외로이 걸어가는 저 낙타를 보라. 그는 조금도 흔들림 없이 적막하게 텅 빈 공간과 처절한 고독 속을 관통하면서도 묵묵히 제 갈 길을 간다. 낙타는 혼자서 안으로 안으로 눈물을 삼킨다. 내 눈물이 아무리 한스러운 것이라고 해도 어찌 낙타의 눈물에 비할까. 저 낙타도 언젠가는 사막 어딘가에서 뼈만 남기고 사라지게 될 것이다.

삶에서 뼈는 무엇이고 살은 무엇인가? 나에게 묻지 마라. 혼자 눈물을 삼키며 오늘도 뚜벅 뚜벅 사막을 걷고 있는 저 낙타에게 물어보라.

〈보기 2〉

단봉낙타

한경선

길을 잘못 든 낙타를 알고 있다. 아니, 원래는 초원에서 뛰놀던 야생 조랑말처럼 자유로운 영혼이었으나 지금은 낙타처럼 살고 있는 사람이다.

낙타는 혹 속에 지방을 저장하고 바람에 날린 모래가 코로 들어가지 않도록 콧구멍을 여닫을 수 있다. 땀을 흘리는 일도 거의 없고, 콧물도 갈라진 입술을 통해 다시 먹는다. 사막에서 살아갈 수 있게 한 조물주의 배려이거나 스스로 살아남기 위한 변화일 것이다.

하지만 그는 사막에서 살기에 적합하지 않은 몸을 타고났다. 지방을 비축하지 못한 몸은 상처투성이다. 여닫을 수 없는 콧구멍으로 먼지가 쌓인다.

땀을 많이 흘려서 여름이면 땀띠가 온몸을 덮는다. 더러 콧물인지 눈물인지 모를 액체를 남몰래 삼킬 것이라 추정하지만 확인한 적은 없다. 단봉낙타는 쌍봉낙타보다 힘이 약하고 오래 걷지도 못한다.

약한 몸에 무거운 짐을 지고 태양 아래서 겨우 버티는 그는 단봉낙타이다. 온종일 어느 모래 언덕을 오르내린 그가 축 처진 몸을 부려 놓았다. 젖은 잠 속에서 꿈조차 굽었는지 가끔 숨을 멈추었다 몰아쉰다. 나는 그의 꿈을 펴주려고 몸을 살짝 흔들며 베개 자리를 고쳐 주곤 한다. 손발에 있는 굳은 살을 만지며 낙타 무릎도 이처럼 딱딱할까 궁금했다. 혹이 되어 붙은 가장이라는 무게를 떼어낼 수 없는 그는 사막화 된 세상에서 살아남기 위해 진화 또는 퇴화하고 있다.

무거운 다리를 끌고 걷고 걸어도 제자리였다. 모래 언덕은 이리저리 모양을 바꾸며 길을 막았다. 마른 바람을 헤치며 걸어도 앞으로 나아가기는커녕 오히려 뒤로 밀려나는 듯했다. 휘청거리다가 발이 빠져서 주저앉기도 하며 그의 고독은 깊어갔다. 그의 옆에는 아무도 없었다. 계속 걸어야 할지 포기해야 할지 선택해야 할 순간들이 파도처럼 밀려오곤 했다. 그래도 놓을 수 없는 건 가장이라는 책임감이었다. 그것은 짐이 되기도 하고 힘이 되기도 하는, 사막 길을 걷는 버팀목이었다.

한때는 맑은 피부와 부드러운 머리카락을 가진 푸른 바다 같은 사람이었다. 젊은 날, 그는 꿈의 날개를 펼쳐 보이며 꿈속으로 들어오라 말했다. 나는 그의 꿈이 아름답다고 생각했고 그 꿈을 믿었다. 언제부터였을까. 아마 몇 번의 세상 모진 풍파를 겪고 난 뒤였을 것이다. 맑은 목소리로 들려주던 꿈을 다시는 말하지 않는다. 그의 메마른 입술이 닫혀 있다. 이제 와서 되돌아갈 길을 알려준다 해도 꿈길을 찾아 돌아가기엔 너무 멀리 왔다. 나이와 삶의 무게가 얹혀서 사포같이 굳어버린 그의 꿈을 차마 쓰다듬지 못한다.

콘크리트 부스러기가 빨래판 주위에 모여서 만든 모래톱을 보면, 그가 사막을 헤매다 돌아왔음을 알 수 있다. 쓸려가지 않고 맴도는 모래를 억지로 씻어내린다. 그에게 다시 붙어서 올 것을 알면서도 털고 또 털어낸다.

인연의 끈이 하필이면 나를 그의 곁에다 묶어놓았다. 어느 한쪽이 튼실해서 기댈 수 있으면 좋았을 것이다. 앞서서 당차게 나아가지 못하고, 뒤에서 그럴듯한 힘이 되어 주지도 못하는 가슴 속에 연민의 모래 켜가 쌓여 서걱댄다. 그를 생각하면 사랑이라는 새콤달콤한 말 대신 아린 측은지심이 앉는다.

수돗물을 틀고 빨래를 하는데 사막을 걷는 낙타가 떠오른다. 무표정한 얼굴과 막막한 눈동자를 본다. 낙타 옆에 야자수를 키우는 오아시스가 있으면 좋겠다. 그가 거기에 앉아 깃발 날리던 초원의 꿈을 기억했으면 한다. 이쯤에서 맑은 물도 마시고 그늘에서 쉴 수 있기를 바란다.

나는 지금 퇴색한 그의 꿈을 기억하고 있는 유일한 사람으로 곁에 있다. 그가 걷는 사막도 예전엔 바다였는지, 발끝에 모인 모래로부터 짭짤한 물이 차올라 코가 맵다.

1) 위의 두 작품을 읽고 일상적인 체험을 수필로 쓸 때 어떤 내용이 필요할지 생각해 보자.

무엇에 대해 쓸 것인가?

소재의 어떤 점에 주목할 것인가?

글을 통해 전달하고 싶은 주제는 무엇인가?

도입, 전개, 마무리는 어떻게 작성할 것인가?

1. 수필의 요소들

수필은 시, 소설, 평론, 희곡과 더불어 문학의 한 갈래에 속한다. 수필은 일상생활에서의 느낌이나 체험을 자유롭게 쓰는 산문 형식의 글이다. 형식의 제약을 받지 않고 개인적인 서정이나 사색과 성찰을 자유롭게 산문으로 표현하기 때문에 타 장르에 비해 누구나 부담 없이 읽을 수 있고, 마음만 먹으면 직접 쓸 수도 있는 가장 친근한 문학이다. 흔히 수필을 미래 문학의 대안이라고 말하는 이유에는 이러한 접근의 용이성도 포함되어 있다.

수필에 '일정한 형식이 없다.'는 것은 시나, 소설에서와 같이 구조, 인물, 배경 등 구성상의 제약을 받지 않는다는 것을 뜻한다. 수필을 '붓을 따라서, 붓 가는 대로 써놓은 글'이라고 하는 것도 이런 이유에서이다. 수필의 내용은 삼라만상의 모든 것들을 재료로 한다. 즉 삶의 모든 것들이 수필의 재료가 될 수 있다. 이러한 형식과 내용에 대한 접근의 용이성 때문에 누구든지 쉽게 수필을 쓸 수 있지만 좋은 수필을 얻기란 그리 쉽지 않다. 수필은 자신의 언어와 목소리로 자신의 체험을 직접 진술하는 문학이기 때문에 자신의 체험을 늘 감동적으로 이끌어야 하는 부담감이 있기 때문이다.

'감동'은 예술의 가장 근저를 이루는 가치이다. 감동이 없는 예술은 죽은 예술이다. 즉 감동이 없는 일상의 진술은 문학이 아닌, 기록물에 불과하다. 일상이 문학으로 탄생하기 위해서는 작가의 감수성이 개입되어야 한다. 수필은 작가의 감수성을 통해 발견한 대상이나 일상에 대한 새로운 해석이다. 감수성은 날것으로서의 소재, 즉 일상적인 삶을 작가의 주제의식에 어울리는 소재의 특성을 찾아주는 연결고리로써 작가의 사유를 발동시키는 동력으로 기능한다. 다시 말해 수필은 어떤 대상이나 자신의 삶의 체험에 대해 개인적인 감수성을 통해 발견한 새로운 가치를 자유롭게 표현하는 사유와 성찰의 문학이라고 할 수 있다. 수필의 일반적인 특성을 정리해 보면 다음과 같다.

첫째, 수필은 무형식의 자유로운 산문이다. 무형식이라고 하는 것은 형식이 정해져 있지 않다는 뜻이기도 하지만 어떤 형식도 다 포용할 수 있는 의미이기도 하다. 흔히 수필을 가리켜 "붓 가는 대로 쓰는 글"이라고 표현하는 것도 일정한 형식이 정해져 있지 않음을 뜻한다. 형식에 있어서 자유로움을 허용하다 보니 일반적인 생활수필을 비롯하여 시적 수필, 소설적 수필, 철학적 수필, 비평적 수필, 과학 수필, 기행수필 등 그 유형이나 관점에 따라 다양한 형식에 다 담기는 특성이 있다.

둘째, 수필은 개성적이며 고백적인 문학이다. 모든 문학 장르가 작가의 개성이 드러나기 마련이지만 특히 수필은 개성이나 생각, 느낌, 취미, 인생관, 가치관 등이 그대로 드러난다. 자신이 겪은 일에 대해 어떻게 생각하고 느끼는지에 대한 삶의 태도는 개인의 개성이라 할 수 있는데, 수필에 등장하는 화자는 허구적 인물이 아니라 작가 자신이기 때문에 수필은 자신의 개성이 고스란히 표출되는 문학이라 할 수 있다.

또한 수필은 작가는 자기 이야기나 주변에서 일어난 이야기를 사실대로 솔직하게 쓰기 때문에 자기 고백적 문학이다. 다른 문학 장르가 미지의 세계를 창조하려는 작가의 허구적 욕망을 추구하는 것에 비해 수필은 자기 체험의 팩트를 중시한다. 그렇기 때문에 작가는 자신이 겪은 일을 있는 대로 솔직하게 쓸 수밖에 없다. 이것은 수필이 고백적 문학이 될 수밖에 없는 이유이다.

셋째, 수필은 소재가 다양한 삶의 문학이다. 어떤 문학 양식보다도 수필은 소재가 다양하고 광범위하다. 인생이나 자연, 사회 등 삼라만상의 모든 대상, 즉 일상생활과 주변 상황이 모두 수필의 소재가 될 수 있으며, 거기에서 느낀 것과 생각한 것은 무엇이나 다 자유자재로 서술할 수 있다. 아침에 일어나면 일상적으로 만나게 되는 가족을 비롯하여 자연, 친구, 직장, 정치, 사회, 문화, 예술 등 수필의 소재가 아닌 것이 없다.

넷째, 수필은 성찰과 사유의 문학이다. 수필은 상황의 단순한 기록이나 객관적 진리의 서술이 아니다. 대상에 대한 성찰과 사유를 통해 삶의 철학으로 확대해 가는 지적작용(知的作用)에 의한 결과물이 수필의 특성인 것이다. 수필은 무형식의 형식에 모든 것을 다 수용하면서도 그 어느 것에도 속하지 않는 사유와 통찰의 문학이라는 데 그 독자적인 영역이 있다.

📖 수필은 무형식의 자유로운 산문으로 유형과 관점에 따라 다양한 형식으로 쓸 수 있다. 아래의 유형에서 하나를 선택하여 글감을 정리한 후, 한 편의 수필을 자유롭게 써 보자.

생활 수필	
일기 수필	
여행 수필	
시적 수필	
과학 수필	
소설 수필	
비평 수필	
철학 수필	

(200자)

(400자)

(600자)

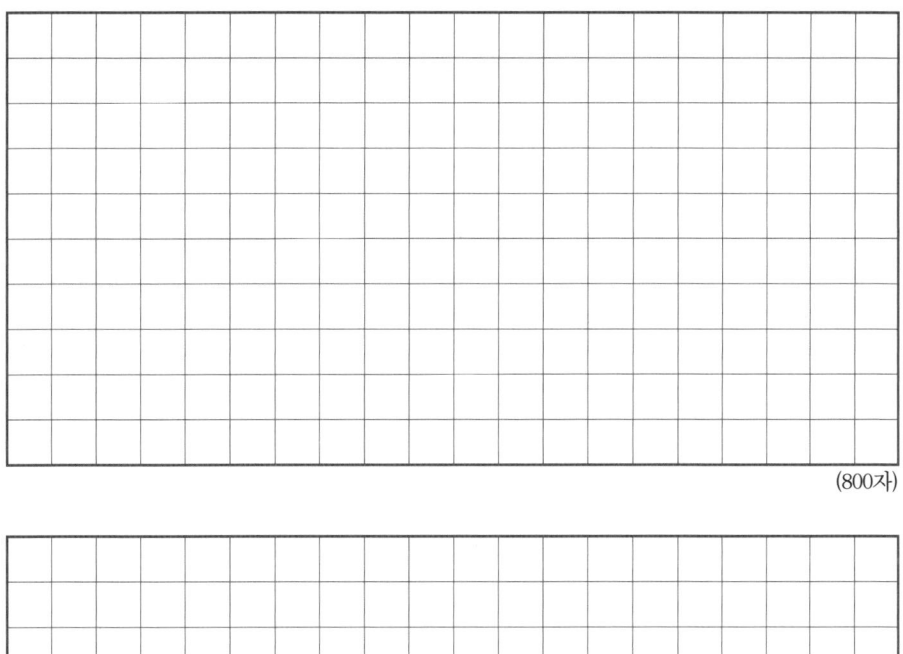

(800자)

(1,000자)

2. 창의적 발상 - '낯설게 하기'

    문학과 일상을 구분할 수 있게 하는 중요한 요소는 일상에서 만나는 대상과 현상에 대해 어떻게 표현하느냐에 달려 있다. 문학 작품은 궁극적으로 작가가 대상이나 현상에 개입하여 느낀 정서적 체험을 표현해 놓은 결과물이라고 할 수 있다. 수필은 일상과 가장 밀접하게 닿아 있다. 그러한 일상이 어떻게 문학이 되느냐 하는 문제는 전적으로 작가의 체험이 어떻게 문학 언어로 환치되어 발현되는지에 달려 있다.

　인간은 누구나 익숙한 것에서는 편안함을 갖게 되지만, 익숙한 것이 일상화되면 여기에서 벗어나 새로운 변화를 추구하고자 하는 욕망을 가지고 있다. 사랑하는 사람들이 서로 익숙해지면 점차 신비로움과 새로움을 상실해 가듯, 언어 역시 친숙한 일상의 것으로 사용할 때는 더 이상 관심을 끌지 못한다. 문학이 일상적 언어에서 벗어나야 하는 이유가 바로 여기에 있다. 문학은 친숙한 의미가 아니라 뭔가 신선하고 새롭게 생각하도록 충격을 주는 의미를 생명력으로 삼고 있기 때문이다.

　문학 언어는 일상적이고 익숙한 인식으로부터 벗어나 새로운 인식의 공간을 창조해 내기 위한 도구이다. 일상 언어는 익숙한 언어를 통해 커뮤니케이션을 목적으로 한다. 그러나 문학은 소통을 넘어 정서적 공감과 사물의 감동을 전달하는 것을 목적으로 하기 때문에 일상 언어로는 예술적 감동을 실현시킬 수 없다. 모든 익숙함은 우리의 지각이 반복되어 습관화 되었을 때 조성되는 것이다. 이때 우리의 지각은 자동화 되고 감각은 더 이상 작동하지 않는다. 이에 대해 러시아 형식주의자 시클롭스키는 '낯설게 하기'라는 용어를 사용하여 왜 문학인가를 밝히는 첫 단계로 일상어와 문학어를 나누어 구분했다. 문학 언어는 지각의 자동화 속에서 영위되는 일상적 삶과 사물에 대한 본래의 의미를 벗어나서 그를 낯설게 함으로써 새로운 인식으로 이끄는 기능을 한다. 예술의 기법은 대상을 '낯설게' 만드는 것, 형식을 어렵게 만드는 것, 지각의 속도와 어려움을 더 심하게 하는 것이다. 인간은 사물을 인식하는 과정이 지연되면 될수록, 즉 일상적이고 친숙한 것보다 새롭고 낯선 대상일수록 미학적 가치를 느끼기 때문이다. '낯설게 하기'는 처음에는 시어(詩語)의 효과에서 시작되었지만 이후에는 사물의 효과로 확장되면서 지금은 예술의 전 분야에서 적용되고 있다.

　수필에서는 낯설게 하기란 지금까지 독자들이 습관적이고 일상적으로 믿었던 세상을 그대로 그려내는 기록물이 아니라 새로운 낯섦을 통하여 다른 각도에서 보도록 유도하여 사물에 대해 새로운 인식을 하게 하는 장치이다.

🌀 '낯설게 하기'를 통해 새로운 의미를 생성해 낸 사례에 대해 이야기해 보고 대상에 대해 새롭게 인식해 보자.

(예시 1)

브레이트 소격효과	

(예시 2) 마르셀 뒤샹-〈샘〉

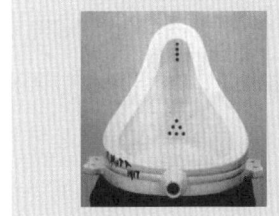

(예시 3) 르네 마그리뜨 〈레슬러의 무덤〉

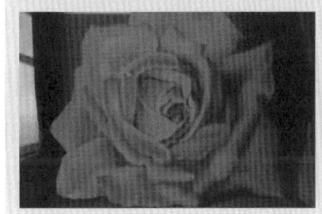

3. 소통과 공감의 요소

일반적인 글쓰기의 궁극적인 목적은 공감과 이해와 설득에 있다. 이중 문학 작품은 공감을 목적으로 한다. 서로 소통하고 공감하기 위해서는 타인이 충분히 이해할 수 있도록 써야 한다. 타인과 서로 소통하고 공감할 수 있는 글을 쓰기 위해 필요한 요건은 무엇일까. 먼저 본격적인 집필에 앞서 자신이 쓰고자 하는 목적에 맞는 글감을 모아야 한다. 좋은 글을 쓰기 위해서서 참신하고 다양한 재료가 필요하다. 좋은 재료를 찾기 위한 방법으로는 브레인스토밍과 마인드매핑이 있다.

1) 참신한 글감 찾기

　브레인스토밍은 창의적인 아이디어를 얻기 위한 방법이다. 자유로운 분위기 속에서 머릿속에 떠오르는 생각들을 쏟아내어 좋은 아이디어로 발전시킴으로써 해결책을 얻는 방법이다. 아이디어가 눈덩이처럼 커진다고 하여 '눈 굴리기'기법이라고도 한다. 브레인스토밍 과정에서 가장 중요한 것은 자유로운 분위기 속에서 생각나는 대로 아이디어를 내놓는 것이다. 또한 질보다 양을 중요시하다. 많은 아이디어에서 좋은 아이디어가 있을 확률이 높기 때문이다. 쓰는 도중에는 망설이지 않는 것도 중요하다. 자칫 의식의 흐름이 끊어져 기발한 생각을 모으기 어렵기 때문이다. 비판하거나 아이디어의 좋고 나쁨의 판단을 하지 않는다. 비판하고 판단하기 시작하면 심리적으로 위축되어 브레인스토밍의 효과를 얻기 힘들기 때문이다. 밀접한 관련이 없더라도 떠오르는 단어를 생성시키는 것이 주요하다.

　브레인스토밍 과정이 끝나면 글감으로 적합한 재료를 선택하여 구조화하는 마인드매핑이 필요하다. 브레인스토밍이 창의적인 아이디어를 얻는 데 목적이 있다면 마인드매핑은 그 아이디어들 사이에 연관성을 부여하여 아이디어들을 효과적으로 구조화 하는 데 있다. 브레인스토밍으로 얻어진 아이디어 중에 관련성이 적거나 가치가 없는 것들은 삭제하고, 유사한 아이디어들은 정리한다.

　위의 두 방법으로 무엇을 쓸 것인지 글감이 모아지면 글감들을 정리하는 작업이 필요하다. 글을 쓸 때에는 가공되지 않은 날것으로서의 소재와, 그 소재에서 주목하게 되는 속성, 즉 제재, 그리고 그 제재를 통해 전달하고자 하는 주제가 분명해야 한다. 제재와 주제는 밀접한 관련성을 가지고 있기 때문에 소재의 어떤 속성을 주목했느냐를 보면 글의 주제를 금방 파악할 수 있게 된다. 소통하고 공감하는 글을 쓰기 위해서는 사물이나 대상의 속성을 다양하고 참신하게 보아내는 안목이 필요하다.

다음 그림을 보고 브레인스토밍과 마인드매핑을 한 후, 한 편의 글을 완성해 보자.

1) 떠오르는 단어

2) 마인드매핑

3) 1), 2)를 중심으로 '자화상'에 대해 다양한 이야기를 나눈 후, 자신의 자화상에 대해 한 편의 글을 완성해 보자.

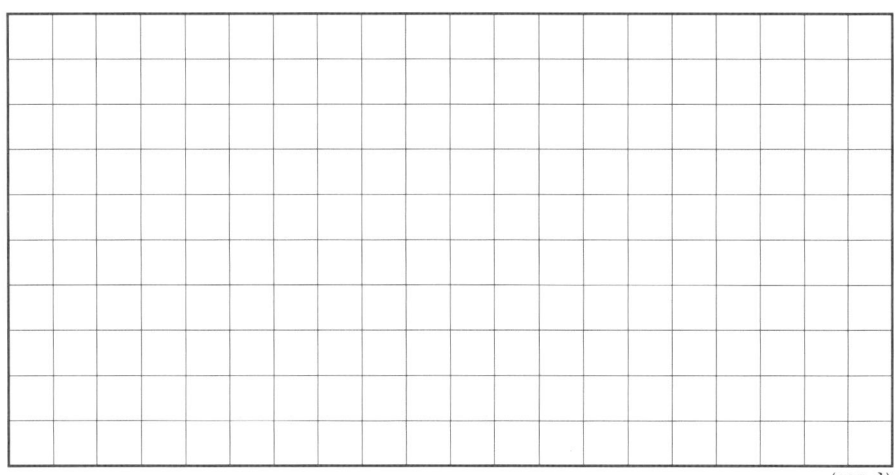

(200자)

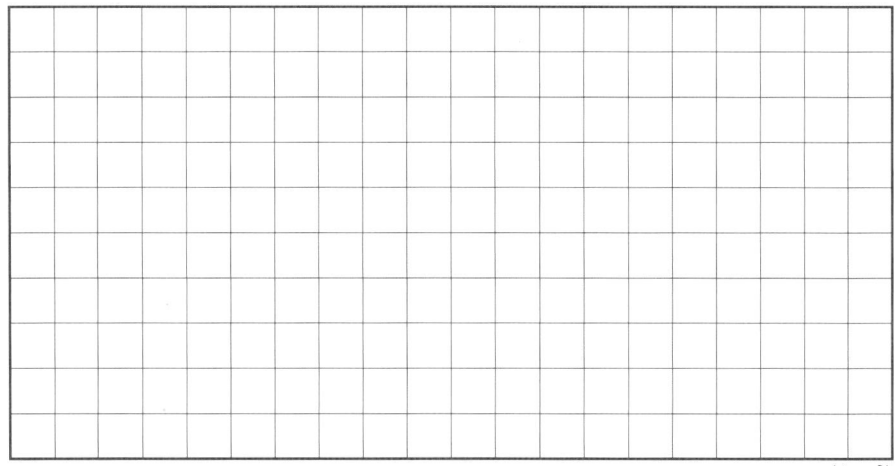

(400자)

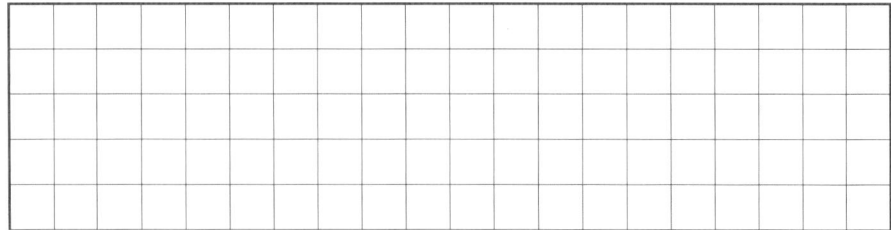

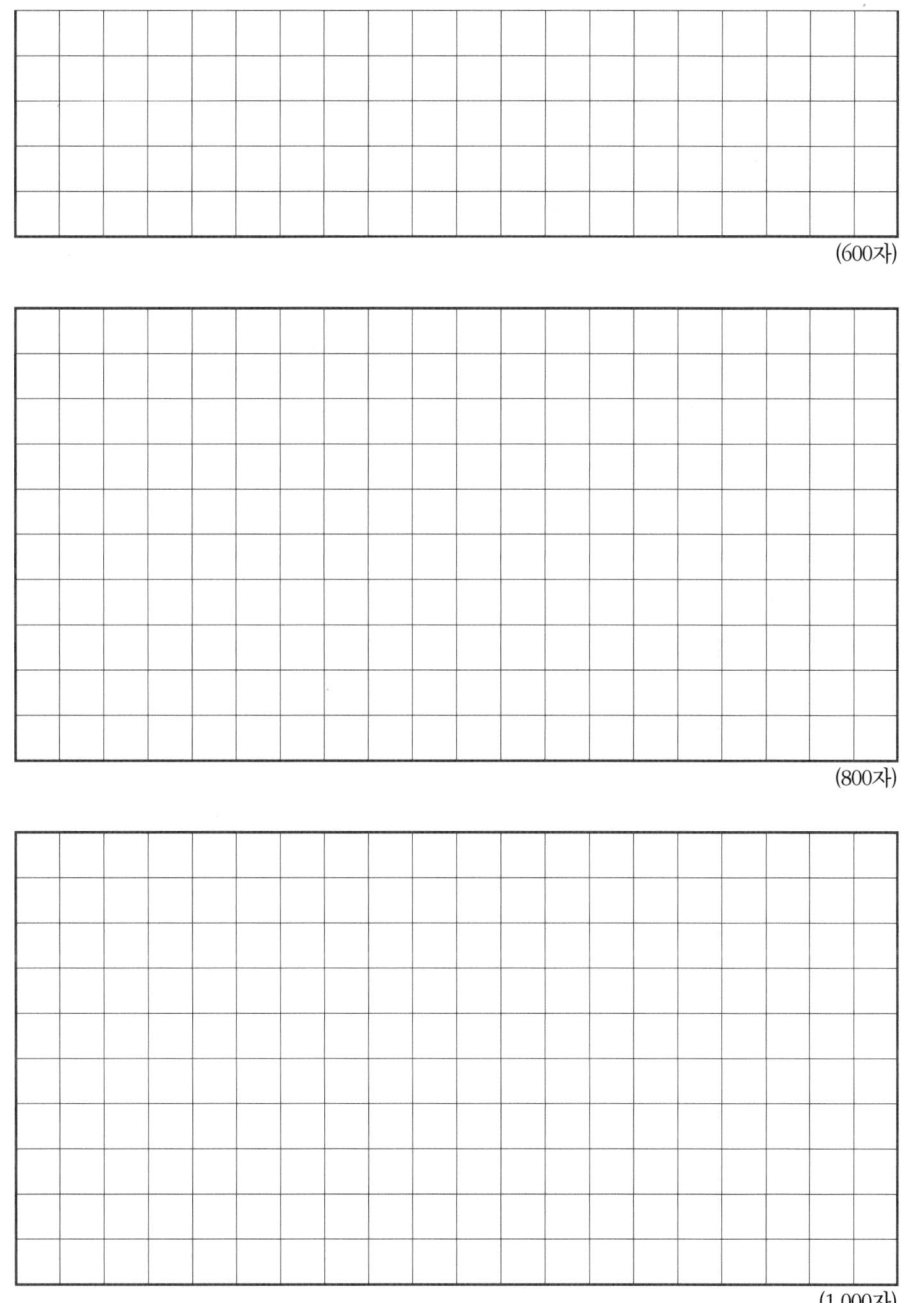

(600자)

(800자)

(1,000자)

◈ 다음 수필을 읽고 소재, 제재, 주제를 찾아보자

　언제부터인지 수업시간에 학생들과 엉뚱한(?) 이야기를 하는 시간이 조금씩 늘어가고 있는 자신을 발견한다. 학생들을 엄격하게 통제하여 장악하는 것이 훌륭한 수업력이라고 생각해 왔던 예전의 수업 방식에 비하면 이런 태도는 상당히 방종(?)에 가깝다. 그날도 화가 루벤스의 〈시몬과 페로〉 그림을 띄워 놓고 학생들에게 느낌을 자유롭게 이야기하게 했다. 대부분의 학생들은 보기에 '민망하다', '추하다', '불편하다', '더럽다'라는 감상평을 거침없이 쏟아냈고, 심지어 그림을 똑바로 바라보지 못한 채 고개를 비스듬히 돌리는 학생도 있었다. 그도 그럴 것이 젖가슴을 내밀어 노인에게 젖을 주는 젊은 여인의 모습을 그린 이 그림이 학생들에게는 불편할 수밖에 없었을 것이다.
　암스테르담 레이크스 미술관에 걸려 있는 이 그림은 당대에도 포르노성 그림이다, 성화(聖畫)다, 즉 예술이다, 외설이다 하는 시비로 시끄러웠다. 그 후 400여 년이 흐른 지금, 한 강의실에서는 여전히 그 그림의 해석을 두고 갑론을박하며 꽤 시끄러웠다. 결국 그림의 배경 지식을 함께 이야기하면서 학생들은 '우리가 눈으로 보고 경험한 것, 혹은 오감으로 느낀 것이 모두 진실인 것은 아니다.'라는 결론에만 합의하고, 그날 수업은 끝이 났다. 보이는 것만이 진실은 아니라는 예가 어찌 〈시몬과 페로〉뿐이겠는가.
　사람들은 흔히 지나간 일은 모두 그립다는 말을 한다. 설령 지난 삶이 혹독한 시련의 나날이었을지라도 시간이 흐른 후 그 시절을 다시 들여다보면 어느새 그리움의 시간으로 그 정체성이 바뀌어져 있다는 것이다. 아닌 게 아니라 모든 '생기(生起)한 것들은 죽어가고 있다.'는 말처럼, 죽을 것만큼 힘들었던 고통, 외로움, 시련 등의 아픈 기억들은 시간의 끊임없는 풍화작용으로 잘게 부수어져 마침내 먼지처럼 가벼워지는 것 같다. 그런데도 나는 내 눈으로 직접 보고 경험했던 것이 전혀 진실이 아니었던 어느 한 시기를 생각하면 풍화되지 않은 채 박제된 기억 때문에 가슴이 아리다.

어머니가 갑자기 폐암 말기 선고를 받은 지 3개월 후에 이 세상과의 인연의 끈을 놓으셨다. 그동안 폐암의 징후라고는 없었기 때문에 도저히 믿기지 않은 가족들은 왜, 병의 증세가 말기가 될 때까지 아무도 알아채지 못했는지를 자탄하며 더 큰 충격에 빠졌다. 생각해 보면 징후가 아예 없었던 것도 아니었다. 어머니가 계시는 집에 들르면 어머니는 빨간색 액체가 들어있는 약을 드시곤 하셨다. 약의 정체를 물었지만 가끔씩 기침이 나서 먹는다고 대수롭지 않게 말씀하셨다. 나는 어머니에게 들었던 말이 그대로 진실이라고 믿었다. 나중에서야 어머니와 친하게 지내시던 동네 아주머니를 통해 그 약이 자식들의 눈을 가렸던 약이라는 것을 알게 되었다. 그것은 기침을 멈추게 하는 약인데, 자식들이 집에 오는 날이면 걱정할까봐 어머니는 그 양을 두세 배 늘려 복용하여 일시적으로 기침을 멈추게 했다는 것이다. 만약 그때 보이지 않는 속내까지 한 번이라도 진지하게 들여다보았더라면 요즘같이 의학이 발달한 시대에 상황은 달라지지 않았을까. 혹시 그때 나는 내가 보고 싶은 대로만 보고, 믿고 싶은 대로만 믿었던 것은 아니었을까.

본질을 알면 시각이 달라지는 것은 당연하다. 인도 시인 타고르는 어느 날 그의 집 하인이 세 시간 늦게 지각하게 되자, 머리끝까지 화가 나 "당장 이 집에서 나가!"라고 소리쳤다. 그러자 허겁지겁 달려온 하인은 "죄송합니다. 어젯밤에 딸아이가 죽어서 묻고 오느라 늦었습니다." 라고 대답하는 말을 듣고, 인간이 자신의 입장만 생각했을 때 상대방에게 얼마나 잔인해질 수 있는지를 알았다고 한다.

나는 요즘 주변에서 '헐렁해졌다'는 말을 심심찮게 듣는다. 예전의 '단호하고, 똑부러지던' 모습이 상실되어 가는 것을 두고 하는 말일 터이다. 딱히 좋은 의미로만 말하는 것 같지는 않은데도 그 말이 싫지 않다. 그동안 내가 경험한 것만 옳다고 믿고 나만의 프레임(Frame) 법칙으로 얼마나 많은 오류 속에서 내 삶을 진행해 왔을지, 또 얼마나 많은 사람들에게 잔인한 상처를 주었을지 생각

> 하면 모골이 송연해지기 때문이다. 요즘은 그 상실감이 내 삶을 좀 더 제대로 이끌어 줄 것 같다는 생각에 더 헐렁해지려고 노력하는 중이다.
>
> - 유인실, 〈보이는 것과 보이지 않는 것의 진실〉, '원우' 회보, 2019년, 6월호.

소재	
제재	
주제	

1) 소재, 제재, 주제

좋은 글은 많은 사람들에게 감동을 주는 글을 말한다. 좋은 글을 쓰기 위해서는 천부적으로 타고난 글 쓰는 재능이 필요하다고 생각할지 모르지만, 그러한 경우는 극히 일부일 뿐 대부분은 각고의 노력이 필요하다. 글을 쓰는 것도 훈련에 의해 향상된다. 어떤 대상에 대해 진지하게 관찰하고 사유하는 습관이 반복될 때 대상에 대한 새로운 의미를 형성하게 된다. 이처럼 일상적인 대상을 새롭게 인식하게 될 때 미처 깨닫지 못했던 것들을 알게 됨으로써 사유의 영역이 확장될 뿐만 아니라 세계에 대한 인식의 폭도 깊어진다. 대상에 대해 새로운 의미를 부여하는 것은 대상에 대해 관심을 가지고 깊이 있게 성찰할 때 가능하다.

그러나 대상에 대한 새로운 의미만 형성할 수 있다고 해서 바로 좋은 글이 나오는 것은 아니다. 이런 요건은 글을 쓸 때 전제되어야 할 추상적인 요건에 지나지 않는다. 좋은 글을 쓰기 위해서는 구체적인 글감 정리가 필요하다. 좋은 글을 쓸 수 있는 이야깃거리, 즉 이야기의 원재료인 소재, 그 이야기에 특별히 관심을 가지고 주목하는 재료의 특성, 혹은 속성이라 할 수 있는 제재, 그리고 그것을 통해 구현하고자 중심 생각인 주제를 정리해야 한다.

이때 글의 가치를 결정적으로 좌우하는 것은 제재와 주제이다. 제재는 무엇보다도 주제를 정확하고도 효율적으로 전달하는 데 중요한 역할을 한다. 따라서 좋은 제재를 확보하는 것은 좋은 주제를 나타낼 수 있는 요소라 할 수 있다. 좋은 글을 위해 제재가 갖추어야 할 요건은 다음과 같다.

첫째, 주제와 밀접한 관련성이 있어야 한다. 그것을 뒷받침하는 재료는 정의, 설명, 비유, 예시, 비교, 대조, 분석, 통계, 인용, 유추 등이 있다.

둘째, 그 내용이 다양하고 풍부해야 한다. 단조로운 의미는 독자들에게 감동을 주지 못한다. 그러나 제재가 다양하면 그만큼 내용도 풍부할 뿐만 아니라 주제를 효과적으로 전달할 수 있다.

셋째, 합리적이고 타당성이 있어야 한다. 글의 내용이 출처가 분명하고 합리적이고 공정하게 해석된 제재이어야 독자들을 공감을 이끌어 낼 수 있다.

넷째, 참신해야 한다. 독자들의 관심을 불러일으키기 위해서는 진부해서는 안 된다. 독창적이고, 경이감을 안겨 주거나 신선한 충격을 줄 수 있어야 한다.

제재들이 위의 요소들을 갖추고 있을 때 독창적인 의미와 가치를 주제로 형상화할 수 있다.

이때 주제는 막연하고 상투적인 것보다는 주제의 범위가 한정성이 있어야 한다. 또한 창의성과 전하고자 하는 메시지가 분명해야 하는 명료성이 있어야 한다. 이렇게 제재를 통해 주제가 선택되면 주제문을 작성하는 것이 좋다. 주제문은 글 전체의 방향을 구체적으로 또 분명하게 지시하는 기능을 가지고 있기 때문에 글의 내용 전개에 있어서 혼동의 여지를 막을 수 있다. 글쓴이가 나타내고자 하는 글의 중심 사상이라면 주제문은 주제에 대한 글쓴이의 의견이나 관점을 밝혀 쓴 완전한 문장 성분을 갖추어 쓴 완결된 문장이라 할 수 있다.

2) 집필하기

소재, 제재, 주제에 대한 글감이 어느 정도 정리가 되었으면 개요를 작성한다. 개요는 건물을 지을 때 설계도와 같은 역할을 한다. 아무리 좋은 글감을 많이 모아 놓았을지라도 설계가 부실하면 좋은 집을 지을 수 없다. 글을 쓸 때 개요는 글을 어떤 식으로 전개하고 배치할 것인지에 대한 도표이다. 먼저 주제문을 완전한 문장 형식으로 제시한 후 세부 항목을 작성한다.

개요 작성이 끝나면 집필에 들어가는데 서두 부분을 어떻게 써야 할지 몰라 당황스러울 때가 많다. 일반적으로 서두 부분에서는 독자들의 호기심을 끌어들일 수 있는 내용으로 시작한다. 마치 음식에서 식욕을 돋우는 애피타이저처럼 작가가 글을 통해 전달하고자 하는 내용에 대한 맛보기 식의 내용으로 구성하여 관심을 불러 일으켜야 한다.

서두 부분은 글 전체를 이해하기 위한 도입 과정이지만 글을 전체 읽을지의 여부를 결정하는 중요한 기능을 한다. 글에서 첫 문장만 보아도 글 전체를 짐작할 수 있다는 것은 그런 의미를 잘 대변해 준다고 할 수 있다. 베스트셀러 작가 중에도 첫 문장을 쓰기 위해 며칠이 걸렸다는 이야기를 심심찮게 들을 수 있는 것도 그런 이유에서이다. 수필을 쓸 때 서두에서 독자를 사로잡기 위해 주로 사용하는 방법으로는 재미있는 에피소드로 시작하기, 속담, 격언 명언으로 시작하기, 보편적인 화제로 시작하기, 관심을 끄는 질문으로 시작하기 등이 있다.

전개 부분은 글쓴이가 말하고자 하는 의도가 충분히 드러날 수 있도록 구체적이고 풍부하게 써야 한다. 메시지를 전달하기 위해 몇 개의 단락으로 구성할 것인지를 염두에 두고 각 단락에 배치할 소주제문과 뒷받침할 수 있는 구체적이고 상세한 내용들을 쓴다. 전개부분에서의 단락은 주제를 전달하기 위한 작은 의미 덩어리의 묶음이기 때문에 단락 내에서 내용의 의미는 통일성이 있어야 한다.

결말 부분은 앞에서 활짝 펼쳐 놓았던 글들을 정리하는 기능을 한다. 글의 마지막에서는 서두 부분, 전개 부분과 유기적인 관련이 있어야 하면서도 자체적 독립성이 있어야 한다. 글 내용이 훌륭한 것 같은데 글을 다 읽고도 뭔가 미진한 느낌이 든다거나, 무엇을 말하고자 하는지 잘 이해가 되지 않는다면 마무리 부분이 잘 정리되지 않은 글일 가능성이 높다. 앞부분에서 말하고자 하는 내용을 환기시면서 주제와 관련된 인상적인 어구로 마무리를 한다면 강한 여운을 남기는 효과를 기대할 수 있다.

아래의 보기 중 한 개의 글감을 선택하여 쓸 글의 내용을 정리해 보자.

1)

보기: 여행, 친구, 아르바이트, 선물, 대학생활			
	소재	제재	주제문
예) 여행			

2) 1)을 자료로 하여 개요를 작성해 보자.

제목:

주제문:

도입	
전개	1) 2) 3)
마무리	

3) 2)를 자료로 하여 한 편의 수필을 완성해 보자.

(200자)

(400자)

(600자)

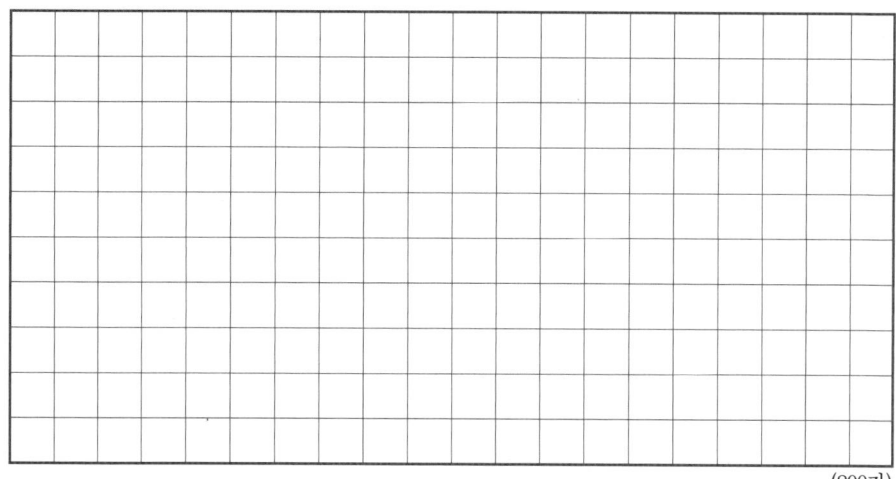
(800자)

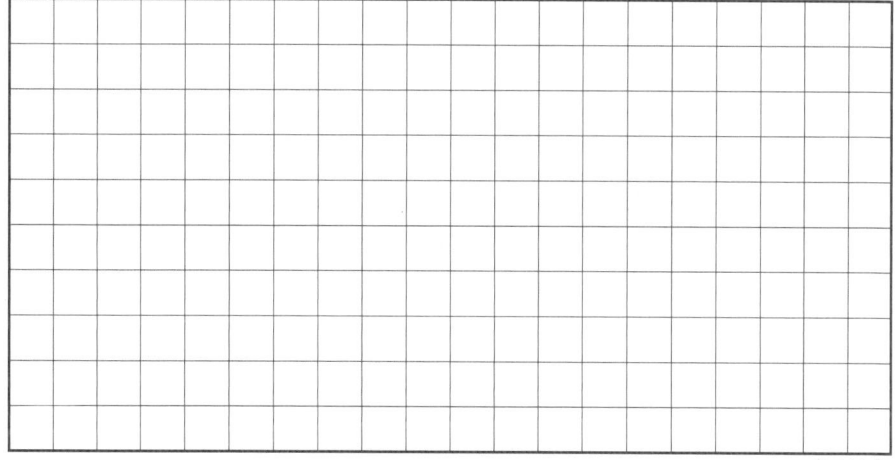
(1,000자)

참고문헌

박양근, 『현대 수필창작 이론』, 수필과비평사, 2013.
유인실, 『수필과비평』 2월호, 수필과비평사, 2019.
허상문, 『수필수업』, 수필과비평사, 2019.

13장
소설: 허구와 실재

단원 설정 배경

    소설은 인간의 삶을 표현한다. 다른 장르의 문학도 인간의 삶을 표현하지만 소설이 표현하는 인생은 실제 인생에 더 가깝다. 소설은 작가의 상상력에 의해 현실 세계의 삶의 내용을 중심으로 한 사건을 미적으로 질서화 하여 통일적인 의미 관련이 되도록 서술한 서사 문학이다. 흔히 소설을 허구라고 하는데 그것은 작가의 상상력에 의해 창조된 가공의 현실을 지적하는 말이다. 소설은 이야기로 전달된다. 그 이야기 속에는 한 시대의 세계의 모습이 담겨 있다. 인간의 삶의 양상과 인식 구조의 변화에 따라 발전해 온 소설은 시대적 논리에 따라 시공간을 구성하면서 그 세계 속에서 인물들이 살아가는 모습을 형상화 한다. 소설이 허구이면서도 우리에게 깊은 감동을 주는 것은 그것이 터무니없는 이야기가 아니라 그럴듯하게 여겨지기 때문이다. 또한 소설은 개인의 삶과 사회적 가치 사이에서 조화로운 통합을 지향함으로써 오늘날 현대 사회에서 문제점으로 부상하고 있는 인간성 상실에 대항한다. 그 어느 시대보다 인간과 삶의 본질에 대한 성찰이 요구되는 오늘날, 소설은 인간성 옹호와 인간성 탐구의 기능을 수행한다.

단원 설정의 필요성

    소설은 작가의 상상력에 의해서 새롭게 인생을 창조하는 것이다. 소설은 산문 형식을 통해 자유롭게 표현할 수 있기 때문에 인생을 더욱 실제에 가깝게 묘사할 수 있다. 이 단원에서는 소설 언어의 특성을 통해 현실세계를 핍진하게 그려낸 서사를 통해 인간의 삶과 사회적 가치를 통찰하고 나아가 인간성을 옹호하고 탐구하는 소설의 기능에 대해 이해한다.

학습 목표

1. 허구로서의 소설을 이해하고 추구하는 삶을 이야기 형식으로 바꿔볼 수 있다.
2. 소설에서 인물의 성격을 창조하는 방법을 통해 다양한 인물을 만들어낼 수 있다.
3. 스토리와 플롯을 구별하여 이야기를 꾸밀 수 있다.

목표 핵심 역량

1. 허구와 실재의 세계를 통해 인간의 삶에 대한 이해력을 확장한다.
2. 허구적 상상력으로 쓰이는 소설을 읽고 사유력을 확장한다.
3. 다양한 수사법을 통해 표현력을 기른다.

핵심어

허구적, 산문양식, 서사 구조, 인물의 성격 창조, 의식의 흐름 기법, 내면 묘사

[생각할 거리]

■ 아래의 글은 소설의 일부분이다. 소설에 나타나는 특성에 대해 자유롭게 이야기해 보자.

켄타우로스, 날다

무거운 눈꺼풀을 들어 올려 그녀는 간신히 눈을 떴다. 아직 잠결에 있는 그녀의 귓바퀴에 히잉히잉 말 울음소리가 들리는 듯했다. 이제 환청까지 찾아오나. 새끼손가락으로 귀를 후비자 방금 전에 들리던 소리의 여운이 사라졌다. 혹시 같은 소리가 들리지 않을까 싶어 귀를 열어두자 온몸의 감각이 집중되었다. 대여섯 번의 호흡이 지나는 동안 정적을 붙잡고 있는데 같은 소리가 다시 들렸다. 거친 바람이 베란다 문틈으로 침입하며 내는 소리다. 무엇인가 자기 영역을 만든다는 것은 저토록 힘겨운 일인가. 바람이 공간을 찢고 통과하며 내는 소리가 그리 나쁘지 않다. 하마 저 바람의 발원지는 시베리아 어디쯤이었을지도 몰라. 여기에 이르기까지 얼마나 많은 장소와 시간을 지나왔을까.

그녀는 비로소 긴장을 풀고 무장해제 상태가 된다. 어떤 사념도 끼어들지 않아 몸과 마음이 충분히 평온한 이 시간이 좋다. 하루 일과의 성패는 아침, 눈을 뜨는 순간의 기분이나 생각이 하루를 지배한다는 것을 안 후부터 의도적으로 반복하다 얻은 평화로움이다. 예고 없이 문득 찾아온 평화라기보다 습관으로 형성된 안정감이다. 그녀는 고요하게 들이쉬는 자신의 호흡에 집중한다. 평정을 유지하는 마음이 조금씩 제 근육을 늘려가기 시작한다.

기지개를 켜다 시선을 아래로 둔 그녀의 눈에 늠름한 말 한 마리가 들어온다. 암갈색의 녀석은 양귀비꽃으로 새빨갛게 핏물이 든 광야를 달리고 있다. 질주하는 말의 다리는 근육이 터질 듯 부풀어 있고, 사력을 다하는 순간의 척추는 산줄기처럼 완강하다. 갈기를 일으킨 녀석의 발길이 닿을 때마다 초원은 부르르 떨며 몸살을 한다. 저 녀석을 타고 전력 질주해 보고 싶어. 당신은 더 높이 더 멀리 날아다니잖아. 기계에 갇혀 나는 것은 생명력이 느껴지지 않아. 내 몸을 움직여 직접 경험하는 것이 살아 있음이지. 말을 타고 달리며 느끼는 바람의 맛을 당신은 짐작도 못할 거야. 그 자유가 주는 쾌감을. 비로소 내 영혼을 만난 것 같아. 그녀는 슬그머니 질투했다. 녀석은 고개를 살짝 외틀어 그녀를 흘겨보고 있다. 마치 그녀의 시선에 응답이라도 하듯. 눈길엔 환희가 가득하다. 아니 환희 속에서도 흔들림이 있다고 그녀는 생각한다. 자유롭게 달리는 순간의 존재에게는 오로지 충만함뿐일 테니까.

오늘 녀석의 표정엔 다소 쓸쓸함이 깃들어 있다. 저 바람 탓일 거야. 아니, 네 마음이 쓸쓸한 거야. 친구 연주가 옆에 있다면 그렇게 말할 것이다. 네 사랑이 떠나서 쓸쓸한 거야. 연주는 그녀가 혼잣말을 할 때마다 지청구를 날리곤 했다. 제발 혼자 중얼거리지 마. 청승맞잖아. 외로움의 증거라니. 경제적 능력까지 갖춘 건강한 남편과 일류대를 다니는 자식을 두고, 것도 모자라 맘껏 방랑하는 여유까지 가진 그녀가 대체 외로움이 뭔지 알 기회가 있을까. 그럼에도 그녀는 연주를 사랑한다. 그녀 앞에서 시어머니처럼 지적질을 해대는 연주가 문득 그립다. 연주가 아니라면 누가 그녀에게 하지 말라는 금기어를 남발할 수 있겠는가. 어머니나 가족조차도. 갈기를 일으키며 푸른 초원을 달리는 외로운 말 한 마리가 다시 그녀에게로 돌아온다.

이 방의 주인은 그녀지만 자신을 압도적으로 제압하고 있는 것은 말이다. 저 녀석이 나야. 녀석을 가장 아끼고 사랑했던 그는 녀석이 달아나지 못하도록 눈앞에, 저 자리에 매어둔다고 했다. 나도 양귀비꽃 핀 들판에서 당신을 안고 뒹굴었지. 파란 하늘을 보고 누워 양 팔을 벌리면 당신은 어느새 내 가슴 속으로 날아들었거든. 그녀는 눈을 흘기며 은규의 품속으로 깊이 숨어들었다.

(중략)

은규는 자신이 좋아하는 말 대신 비행기를 조종하였다. 말을 좋아하다 조종사가 되었는지, 하늘을 날다 말을 타게 되었는지는 모르겠다. 선후가 어떻든 그가 욕망하는 것은 자유로움이었다. 그러다 어느 날, 예고도 없이 떠나버렸다. 그가 좋아하는 카자흐스탄 부근에서 공중분해 되었다. 지금도 그녀는 어떠한 언질도 없이 하데스로 가 버린 은규에 대한 애증을 버리지 못하고 그를 불러와 원망하고 사랑하고 흔들어대며 스스로 지쳐갈 때까지 놓아주지 못한다. 저 녀석을 붙잡고 있는 것처럼. 그가 떠난 후 소장하고 있던 말 그림을 모두 처분하였지만 저 녀석만큼은 손댈 수 없었다. 어느 틈에 녀석은 은규가 되어 있었다. 그녀는 녀석의 지치지 않는 정열을 숭배하게 되었고, 어느 땐 압사될 것 같은 두려움으로 외면하고 싶은 순간도 맞는다. 이제 보내야 한다는 강박과 그러지 못하는 이중심리의 혼돈 속에서 갈등하는 날이 많아졌다. 은규를 더 이상 소환하지 않을 때 저 녀석도 고향 카자흐스탄으로 돌아가게 될 것이다. 영원성을 부여받은 녀석은 그때에도 초원을 달리며 꽃을 피우고, 새들을 놀라게 하며 여린 짐승들을 경악하게 할 것이다. 나란히 침대에 누워 그녀의 귀에 소곤거리던, 저 녀석에 대한 은규의 예찬을 아직 기억하는 자신에 소스라치곤 한다.

(중략)

보통 사람들에게 첫 시선, 첫 기억, 첫 경험, 첫사랑, 그 '첫'의 의미는 얼마나 아름답고 설레게 하는가. 그러나 그녀가 아는 첫 기억은 너무 강렬해서 아름다운 추억들은 감히 끼어들지 못한다. 흰 저고리와 검정 치마를 입은 어머니가 마주 앉아 이야기를 나누는 장면, 그녀와 오빠를 한 번 안아주고는 황급히 자리를 떴던 어머니. 어머니가 밀고 나간 문틈으로 바람이 들어와 원장실의 문을 쾅하고 닫아버렸다. 어린 그녀가 고개를 돌려 마당을 내다보니 육중한 철재 대문을 향해 걸어가는 어머니의 뒷모습이 보였다. 어머니가 가로지르는 마당 주변엔 개나리가 흐드러지게 피어있고, 혼곤한 봄 아지랑이가 내려앉아 눈앞이 어른거렸다. 대문 밖으로 어머니의 모습이 사라지자 그녀는 비로소 혼몽한 꿈에서 깨어난 듯 자신 앞의 오빠를 바라보았다. 엄마 없는 동안 오빠를 잘 돌봐야 한다. 그래야 엄마가 너를 빨리 데려갈 수 있어. 어머니가 쏟아낸 말의 의미를 다 알지 못하지만 무언가 그녀를 내리누르는 중압감은 느낄 수 있었다. 어머니를 뒤쫓아 내달리고 싶은 마음이 강렬했지만 그녀를 빤히 보고 있는 오빠를 붙들고 앙앙 울음을 터뜨리는 쪽을 택했다. 그 두려움의 순간이 고아원에서 겪은 첫 기억이었다. 어린 그녀는 맹목적으로 오빠를 보호하려 악바리처럼 굴다가 숱하게 머리통을 쥐여박혔다. 다른 사람이 돌봐주지 않으면 자기 입으로 들어가는 밥숟가락도 맘대로 들이지 못하는 오빠였으니….

(중략)

어머니는 딸과 아들을 고아원에 맡기고 창녀촌에 들어가 그네들의 옷가지를 세탁해주며 돈을 벌었다. 한 달에 한 번씩 면회를 오실 때면 아들과 딸의 옷가지를 넣은 보퉁이를 챙겨오기도 하셨다. 그것은 모두 누군가 입었던 헌 옷을 깁거나 세탁해서 다린 옷이었다. 새 옷은 아니었지만 어린 그녀의 눈에 참 정갈해 보였다. 그러나 그녀가 초등학교 4학년이 되던 해, 어머니가 어디서 일하는지를 알게 된 후 그녀는 그 옷들을 모두 쓰레기통에 쑤셔 넣었다. 이까짓 것 가져오지 마세요. 차라리 얼어 죽는 게 낫지.

면회 왔다가 돌아가실 때마다 어머니는 원장의 눈을 피해 작은 소리로 그녀에게 말하셨다. 우리가 방 한 칸이라도 얻어 같이 살 수 있을 때까지만 견디거라. 다행히 고아원 생활은 그녀가 중학교를 졸업할 무렵 끝이 났다. 어머니는 그네들을 고아원에서 해방시켜 주었지만 오빠를 지키기 위해 아이들과 피가 터지게 싸우고, 원장에게 매를 맞으며 견딘 시간의 기억에서는 자유로울 수 없었다.

백화점에서 돌아와 그녀는 1층의 어머니에게 들렀다. 텔레비전을 보고 있던 오빠는 그녀를 보고 온몸을 흔들어 반겼다. 그녀는 오빠의 등을 다독여 주고 주방으로 들어가 백화점에서 사온 식품을 냉장고에 넣었다.

"저녁엔 오빠가 좋아하는 만둣국을 끓여 주세요. 어머니가 더 잘 챙기시지만 오빠 일광욕도 빠뜨리지 마시고요."

"일광욕이 문제가 아니라 옆집에서 자꾸 우리를 꺼려 한다. 아까 나갔다 들어오는데 아이가 네 오래비를 쳐다보는 것조차 노골적으로 싫어하는 눈치였어.

"그런 일쯤은 이제 익숙해지지 않으셨어요? 그런 경우 어머니가 먼저 선수를 치세요. 오빠가 아이를 쳐다보거나 만지지 못하게 막아서면 되잖아요."

응원을 요청했던 어머니는 평소와 다른 그녀의 냉담한 반응에 침묵하신다. 평생 해온 이런 줄다리기는 이제 그만 하고 싶다.

"우리가 이곳으로 이사 온 이유를 잊으셨어요? 옆집 아이의 얼굴에 볼을 댔다는 이유로 오빠는 뺨을 맞고 휠체어가 나뒹구는 폭력을 당했어요. 장애인과 이웃하기 싫다는 사람들과 싸우다 왔잖아요. 어디를 가든 마찬가지라고 생각하셔야 해요."

(중략)

원하는 것은 다 가진 풍족한 삶인데도 그녀는 왜 혼자인가. 자신이 원하면 곁에 있어 줄 사람도 있고, 사업 파트너가 되고 싶다는 이들도 있고, 연락만 하면 달려올 친구들도 몇 명은 있다. 어머니와 오빠를 책임져야 할 경제력도 넉넉하다. 그러나 어머니와 오빠는 그녀에게 아픈 생인손이다. 떼어낼 수도 없고, 그대로 가지고 살기엔 너무 무겁고 고통스러운 존재. 언제 그녀는 그들로부터 벗어나 진짜 혼자가 되어볼 수 있을까. 그녀는 거실에 홀로 앉아 어둠을 응시하다가 53평의 공간이 한 사람을 감싸기에는 그 밀도가 너무 성글다는 것을 느낀다. 그 헛헛함이 그녀에게 생각을 가져왔다. 그녀는 여행용 캐리어를 꺼내 간단한 짐을 싼 후, 지친 몸을 이끌고 안방으로 들어왔다.

침대에 누워 불을 끄자 불빛 한 점 흘러들지 않는 짙은 어둠이다. 그녀는 눈을 감아보지만 그 순간 눈을 뜨거나 감는 것은 의미가 없다. 어둠에 집중할수록 가슴이 쿵쿵거리며 뜨겁게 점화되는 느낌이다. 심장이 뛰는 것, 살아 있는 것 같아 좋다. 그녀는 희망을 꿈꾼다. 설혹 몸이 표현하는 두려움의 표식일지라도 두근거림은 축복이다. 그녀는 어느새 칠흑 같은 어둠이 덮인 벌판에 서 있다. 아무것도 보이지 않는 곳, 보이지 않기에 마치 아무것도 존재하지 않는 것 같은 그곳에. 어느 순간, 어둠 사이로 실낱같은 빛이 아슴푸레 들어온다. 아득하게 저 멀리에서 지평선이 열리며 그곳에서 한 점 빛이 달려오고 있다. 그녀도 마중물 되어 빛을 향해 달린다. 그 빛이 지나는 곳마다 초록의 산과 숲이 드러나고 광야의 풀들이 녹색 물결로 굽이친다.

회오리를 일으키며 격정적으로 내달려온 것은 한 마리의 말이었다. 말과 그녀는 오랫동안 그리워한 연인처럼 서로에게 스며든다. 한 몸이 된다. 켄타우로스! 그녀는 짙푸른 숲길을 이리저리 찾아다니고, 초원을 달리는가 하면 황량한 사막을 가로질러 끝없는 지평선으로 나아간다. 두렵지만 황홀하다. 두려움이 주는 긴장감과 황홀함의 추동력은 그녀를 사정없이 몰아친다. 어느 순간 뚫리지 않는 문을 혼자 통과해야 하는 느낌 앞에서 그녀는 멈칫한다. 그리고 다시 사력을 다해 달린다. 전신이 외로움과 눈물로 가득 찬다. 희열과 고통이 그녀를 가득하게 감싼다.

(후략)

-김경희, <켄타우로스, 날다>(2019) 부분 발췌

1) 위에 제시된 소설을 읽고 소설의 특성을 유추해 보자.

소설언어의 특성	
인물의 성격	
시간과 공간	
시점	
묘사	

1. 소설의 특성

소설은 꾸며 만든 이야기, 즉 작가의 상상력으로 만들어진 허구적인 문학 형식이다. 소설은 이야기로 전달된다. 그 이야기 속에는 한 시대의 세계의 모습이 담겨 있다. 인간의 삶의 양상과 인식 구조의 변화에 따라 발전해 온 소설은 시대적 논리에 따라 시공간을 구성하면서 그 세계 속에서 인물들이 살아가는 모습을 형상화 한다. 소설이 허구이면서도 우리에게 깊은 감동을 주는 것은 그것이 허구이지만 터무니없는 이야기가 아니라 매우 그럴듯하게 여겨지기 때문이다.

또한 소설은 이야기가 언어로 전달되기 때문에 언어의 주체인 '화자'를 반드시 필요로 한다. 여기에서 화자의 역할은 그 시대의 특정한 논리에 따라 시공간을 구성하면서 그 세계 속에서 인물들이 살아가는 모습을 형상화 한다. 이때 화자는 자신이 구성하는 인물, 사건, 시공간으로부터 일정한 거리를 두고 자신의 역할을 수행한다. 즉 이야기 세계는 독립된 시공간을 지닌 객체로 그려짐으로써 독자는 이야기를 듣는 전체 통시적 과정을 통해 세계를 인식하고, 그와 동시에 어떤 가치에 대한 자기인식에 도달한다.

이러한 소설은 객체로서의 인식의 대상으로 형상화되기 때문에 객관현실을 인식하는 매개물로 그 시대의 총체성을 가장 잘 반영한다는 특성이 있다.

소설의 역사는 서사문학의 역사라 할 수 있다. 소설은 멀리 신화, 전설, 민담 등의 설화에 그 근원을 두고 이후 고소설, 근대소설, 현대소설로 로 발전해 왔다. 소설의 이와 같은 발전과정은 인간의 삶의 양상과 인식 구조의 변화에 따른 것이다.

예컨대 설화시대는 신성한 힘의 원리에 지배된다는 세계관을 가지고 있었기 때문에 그 신성한 원리를 당연하고 유일한 세계질서로 인식하여 청중에게 전달하는 세계를 반영한다. 이후 고소설 시대로 넘어오면서 신의 섭리와 인간의 질서가 분열된 시대에서 인간은 더 이상 신성한 원리에 의존하지 않고 '인간적' 관점으로 세계를 인식하게 된다. 천상계가 삶의 무대에서 서서히 사라지고 인간은 그 대신 인간의 질서를 최고의 가치로 삼는다. 이를테면 조선조 사회는 천상계의 신의 세계가 아니라 충, 효, 예 등 유교 이념을 인간적 덕목의 최고의 가치로 내세워 유교 이념이 이야기의 구성 원리로 작용한다.

인간은 신의 섭리와 인간의 질서가 분열되었을 때 신성한 원리를 포기하고 '지상의 원리'를 선택했듯이(설화 → 고소설), 사회와 개인이 분열되자 개인을 존중하는 '현실의 원리'를 믿게 된다(고소설 → 근대소설). 예컨대 근대소설은 사회의 이념과 개인의 삶이 조화될 수 없다는 사회와 개인의 갈등, 즉 현실의 분열된 실상을 보여주면서 그 분열을 극복하려는 개인의 내면적 의지를 보여준다.

자본주의의 현실 속에서 사회와 개인의 갈등이 깊어지자 소설은 그 고통의 원인에 대한 고찰과 함께 현실의 모순에 집단적으로 저항하면서 새로운 사회의 건설로 나아가기도 하고 이러한 흐름과 달리 인간을 사회로부터 고립시켜 개인의 내면적 분열 및 통일에 초점을 맞추어 나아가면서 소설은 발전해 온다.

결국 소설은 역사적 맥락에 따라서 설화와 소설로, 소설은 다시 고소설, 근대소설을 거쳐 오늘날 현대 소설에 이르게 된다.

소설의 대표적 특징으로는 첫째, 허구성을 들 수 있다. 근대 이전에 허구성은 현실적으로 일어나기 어려운 일을 이야기로 만들어내는 것을 의미했다. 그러다가 근대 이후로 넘어오면서 허구성은 있을 법한 일을 그려내는 것을 의미하게 되었다. 소설이 허구이면서도 깊은 감동을 주는 것은 그것이 전혀 터무니없는 것이 아니라 있을 법한 일을 그럴듯하게 여겨지는 짜임새 때문이다.

둘째, 모방성(mimesis)이다. 모방성은 예술 창작에 기본이 되는 이론적 원리로 '재현'이라는 의미가 있다. 일찍이 아리스토텔레스는 모방을, 대상을 재현하고 재구성하는 창조적인 능력으로 보았다. 소설은 현실 세계를 가장 가깝게 재현하는 문학이라 할 수 있다.

셋째, 산문성이다. 소설이 산문 양식을 취하는 것은 인간의 삶과 그 현실을 가장 폭넓고 자연스럽게 표현할 수 있기 때문이다. 소설에서 쓰이는 산문의 언어는 일상생활에서 사용하는 언어와 똑같다. 일상의 언어와 작품의 언어를 일치시키는 것은 근대소설 이후 소설의 중요한 특징이라 할 수 있다.

역사적 맥락에 따라 변화해 온 소설의 변천과정을 빈칸을 메워 정리해 보자.

역사적 맥락에 따른 분류			인간과 세계와의 상호관계
설화	신화		조화
	전설		
소설	고소설		
	근대소설	리얼리즘	
		모더니즘	
	현대소설		

2. 허구와 서사

서사는 소설에서 매우 중요한 개념으로 시간의 흐름에 따라 행동이나 사건을 서술하는 방식으로 감정과 정서를 표현하는 데 적합한 양식이다. 인물이 어떻게 움직이고 변화하고 그 움직임과 변화가 어떤 의미를 생성하는지를 이야기로 보여준다. 이러한 특징적인 양식을 서사(narrative)라고 한다. 다시 말하면 서사는 누가 어떻게 움직이고, 사건이 어떻게 진행되는지 시간을 중심으로 기술하는 것이다. 그러나 사건만 늘어놓는다고 해서 모두 서사가 되는 것은 아니다. 일정한 시간과 공간을 배경으로 하여 인물이 행위를 바탕으로 하나의 이야기가 이어지는 동안 갈등을 포함하고 있어야 서사를 진행할 수 있는 동력이 될 수 있다.

서사는 언제나 시간과 공간을 필요로 한다. 이야기의 구성과 진행에 구체성을 부여해야 하기 때문이다. 그러나 소설에서 시간과 공간은 실제로 경험한 구체적이고 사실적인 시간이나 공간이 아닌, 허구적이고 가상적인 시간과 공간이다. 허구적 서사는 실재 일어난 일처럼 이야기하기 위해 인물과 시간과 공간에 구체성을 부여해야 한다.

이와 같이 허구적 이야기의 구성과 진행에 구체성 부여하여 실제의 일처럼 진행되는 서사는 긴밀한 연관 속에서 구조화 되어야 한다. 하나의 사건은 전체 의미의 유기적 구조에 따라 일관성, 통일성을 가져야 한다. 현실세계에서는 행동이나 사건이 순서대로 이루어지지만 소설에서의 서사는 사건을 통해 정서와 의미를 전달하는 데 목적이 있기 때문에 사건과 시간의 순서를 바꾸기도 한다. 순서를 바꿈으로써 독자의 긴장감을 자극해 관심과 흥미를 끌 수 있기 때문이다.

🛸 다음은 백석의 시 〈여승〉의 전문이다. 각 시행을 서사의 근간으로 삼아 긴 이야기를 만들어 보자.

여승은 합장하고 절을 했다.
_____
_____
_____
_____

가지취의 내음새가 났다.
_____
_____
_____
_____

쓸쓸한 낮이 옛날같이 늙었다.
_____
_____
_____

나는 불경처럼 서러워졌다.

평안도의 어느 산 깊은 금점판

나는 파리한 여인에게서 옥수수를 샀다

여인은 나 어린 딸아이를 때리며 가을밤같이 차게 울었다.

섶벌같이 나아간 지아비 기다려 십 년이 갔다.

지아비는 돌아오지 않고

어린 딸은 도라지꽃이 좋아 돌무덤으로 갔다.

산꿩도 섧게 울은 슬픈 날이 있었다.

산절의 마당귀에 여인의 머리오리가 눈물방울과 같이 떨어진 날이 있었다.

3. 인물과 성격

　소설에서 인물은 가장 중요한 역할을 한다. 소설 속 인물의 말과 행동에 따라 소설의 성격이 드러나기 때문이다. 소설 속 인물은 실재 인간과는 달리 작가의 계획 하에 움직이고 조종된다. 작가가 의도한 삶의 과정을 충실히 보여줌으로써 인생의 의미를 새롭게 제시하는 역할을 한다.

　인물은 환경과 긴밀하게 연관을 갖는다. 인물은 환경을 떠나서 살 수가 없다. 그러므로 환경은 인간이 삶을 살아가기 위한 기본적인 존재물이다. 소설에서 인물이 환경과 긴밀한 상호작용을 하는 것도 그런 이유에서 때문이다. 인물과 환경의 상호작용에서 어떤 요소에 초점이 모아지느냐에 따라 소설의 성격이 달라진다.

　인물 중심의 소설에서는 인물의 성격에 문제점이 있고, 환경은 별다른 모순을 보이지 않는 경우에는 인물의 성격에 관심이 모아진다. 흔히 리얼리즘 소설, 혹은 본격 소설에서는 인물과 환경의 상호작용이 매우 역동적이다. 이 경우에는 인물도 문제적이고 환경도 모순적으로 그려지는 경우가 대부분이다. .

　인물은 환경뿐만 아니라 플롯과도 긴밀한 관계를 이루며 시대적 상황이나 조건에 깊이 관여되어 있다. 즉 다른 인물과의 관계를 통해 자기 존재의 어떤 일면을 보여주기도 하고 소설의 배경을 이루는 시대 상황을 그대로 보여 주기도 한다. 주동적 인물, 부수적 인물, 반동적 인물 등이 그 예이다.

　인물이 지닌 남다르고 특수한 태도나 현저한 의식 상태를 주로 제시하고 있는 소설을 일반적으로 인물소설이라고 한다. 이 경우 인물이 행동하는 사건이 중요하기 때문에, 특히 소설의 구성요소로서 사건과 긴밀한 관계에 있음은 물론이다. 강한 성격이든, 소심한 성격이든, 주도적 성격이든, 인물의 성격에 주력하거나 그 특수한 성격이 서사내용을 주도해 가는 유형의 소설을 일컫는다. 소설은 어떤 의미에서는 서사적인 인간학이라고 할 수 있다. 그만큼 인간인식과 인간성 탐구에 역점을 두고 있음을 의미하는 것이다.

　소설 속의 인물은 말과 행동을 통하여 자신의 성격을 드러내며 사건을 이어가는 주체가 된다.

　소설의 본질은 인간을 탐구하며 새로운 인간형을 창조하는 데 있다. 이때 인물의 성격은 두 가지 차원의 특성을 고려하는데 하나는 도덕성이며, 하나는 개성이다. 인물의 도덕적 성격은 인간의 삶의 방식이 다양해지고 세상이 복잡해지면서 선악 구분이 쉽지 않지만 인간에 대한 판단에 있어서 도덕성 가치의 중요성은 변하지 않고 있다. 또한 개별적인 인성으로서의 개성은 근대적 인식의 산물로 근대 사회가 성립된 이후 그 가치가 더욱 중시되기 시작하였다. 현대소설에서 등장인물의 개성을 강조하는 것은 소설이라는 양식 자체가 인간에 대한 탐구를 목표로 하고 있기 때문이다.

소설 속 인물의 역할과 특성에 따라 구분 인물의 유형을 포스터(E.M.Forster)는 다음과 같이 분류했다.

- **평면적 성격**: 성격이 일관적이고 단일성 중시하는 성격을 말한다. 사건이 변화하고 환경이 바뀌어도 자기 성격의 일관성을 유지한다. 어떤 특정한 가치 개념과 쉽게 결합하여 독자들이 쉽게 인지하고 기억 속에 그 특징이 오래 남는 장점은 있으나, 고정된 성격 자체가 인물에 대한 어떤 신념을 확인할 수 있게 하며, 단일성에서 오는 단순함을 벗어나기 어렵고, 충격, 박진감을 주기는 어렵다. 주로 고전소설의 인물에서 그 특징을 나타난다.
- **입체적 성격**: 이야기의 흐름에 따라 성격이 변화하기 때문에 극적 성격이라고도 한다. 고정관념에 묶여 있지 않기 때문에 인간성의 다양한 면모를 드러낸다. 현대 소설에서 흔하게 볼 구 있는 유형이다.

또한 인물이 지닌 본질적 특성에 따라 분류되기도 한다.

- **전형적 인물**: 사회의 어떤 집단이나 계층에 소속된 인물들이 공통적으로 보여주는 성격의 특징을 잘 대변하는 인물로 춘향의 정절, 심청의 효 등이 이에 속한다.
- **개성적 인물**: 자신의 특유한 기질과 성품을 통하여 소설 속에서 독자적인 존재를 인정받는 인물이다. 식민지 시대 지식인 청년층 대변하면서 인간의 내면에 숨어 있는 자아의 모순을 보여주는 이상의 〈날개〉에 나오는 인물의 성격은 전형적이면서도 개성적 인물이라고 할 수 있다.

🌀 자신의 성격을 소설 속 인물 유형과 비교해 보고 자신의 성격은 어느 유형에 속하는지 생각해 보자.

인물 유형	성격

4. 인물의 성격 창조

소설의 본질은 인간을 탐구하며 새로운 인간형을 창조하는 데 있다. 독창적이고 참신한 새로운 유형의 성격 창조야말로 소설에서 매우 중요한 작업이라 할 수 있다. 인물은 환경과 플롯의 상호 관계에 의해서 그 의미가 규정된다. 새로운 인물 창조는 소설의 가치를 결정할 만큼 그 비중이 크다. 인물이 서사의 중심을 이루며 서사의 방향을 결정하기 때문이다. 여기에서 인물의 성격을 창조하는 방법에는 여러 가지가 있다.

인물에 어울리는 이름, 별명, 외모, 행동, 습관, 말투, 자신에 대한 태도, 타인에 대한 행동이나 사고방식, 과거 생활 등을 통해 구체화 시킨다. 특히 이름을 붙이는 경우는 인물이 주는 어감, 분위기에 따라 인물의 성격에 생명감과 개성을 불어 넣어주는 역할을 하므로 매우 신중해야 한다.

고전소설의 춘향이는 이름에서 이미 기생의 신분적 특수성 암시하기 때문에 이름만으로도 이야기의 내용을 어림짐작할 수 있다.

신소설에서는 여성 인물에 성과 이름을 부여되어 있다. 당시 여성의 이름이 제대로 호명되지 않을 뿐만 아니라 사회적 신분이 상대적으로 낮은 현실 속에서 이름을 부여하고 당당하게 호명한다는 것은 여성 존재 자체가 중시되고 있다는 것을 보여준다.

현대소설에서는 이름 대신 P. T 등으로 약호를 붙이는 경우가 있다. 이런 경우는 등장인물의 존재와 그 성격을 추상화함으로써 어떤 효과를 거두려는 의도에서이다.

인물에 이름을 붙여 성격을 표현하는 방법 외에 화자가 직접적으로 인물의 특성을 자세하게 설명하거나 요약해 주는 방법도 있다. 인물의 성격을 구체적으로 제시하여 이야기의 전개 속도를 빠르게 진행시킬 수 있지만, 극적인 효과를 기대하기 힘들고, 인물을 어떤 틀에 구속시킴으로써 독자의 상상적으로 참여할 수 있는 여지를 좁게 하는 단점이 있다. 이와 반대로 이야기 속에서 말과 행동, 다른 인물과의 관계 속에서 어떤 반응을 보이느냐에 따라 그 성격을 간접적으로 드러내는 경우도 있다.

그러나 일반적으로 소설적 효과를 중시하는 현대 소설의 경우에는 직접적인 방법보다 간접적인 방법을 작가들이 더 많이 선호하지만 소설 속에서 한 인물의 성격을 창조해 나갈 때에는 이 둘을 적절하게 조화시켜 긴장감 있게 이야기를 전개해야 개성 있는 인물을 창조할 수 있다.

5. 의식의 흐름과 내면 묘사

현대소설에서 인물의 성격을 창조하는 가장 대표적인 기법으로 의식의 흐름 기법이 있다. 이것은 등장인물의 정신적 흐름 과정과 그 반향을 통한 내적인 인식 작용을 보여주는 과정으로 의식적인 사고의 내용이나, 무의식적인 생각, 과거에 대한 기억, 미래에 대한 기대와 예측, 그리고 머릿속에서 이루어지는 자유로운 연상 등을 함께 포착하고자 하는 기법이다. 프로이트의 정신 분석 이론이 일반화되면서 소설 속에 적용되기 시작하였다.

📖 최근 베스트셀러로 인기를 누리고 있는 소설에서 인물의 이름을 찾아 성격을 파악하고 직접적 간접적으로 드러나는 성격의 표현방법을 찾아보자

책이름	인물 이름 및 성격	직접적 표현	간접적 표현
예) 82년생 김지영	1. 2. 3.		
	1. 2. 3.		
	1. 2. 3.		

참고문헌

나병철, 문학의 이해, 문예출판사, 1994.
네이버 사전http://dic.naver.com).
다음 사전(http://dic.daum.net).
송명희, 『현대소설의 이론과 분석』, 푸른사상, 2006.
전북대학교 국어국문학과, 이공계 글쓰기, 태학사, 2016.

14장
기사문: 논리와 감성

단원 설정 배경

비판적 사고의 능력과 태도를 갖추는 일은 하루아침에 이루어지지 않는다. 이러한 능력과 태도를 갖기 위해서는 객관적이고 논증적인 글에 꾸준한 관심을 가져야 한다. 최근 우리 사회는 가짜뉴스가 판을 치고 있어도 이를 방어할 별다른 방법이 없다. 사건이나 대상을 바르게 볼 수 있는 안목이 결여되어 있으면 가짜뉴스나 거짓된 정보에 휘둘리기 마련이다. 따라서 평소에 사회적 현상이나 사건을 제대로 평가하고 비판할 수 있는 연습과 노력이 필요하다. 나아가 자신의 생각이나 의견을 논리적으로 표현하고 나눌 수 있어야 한다. 사회적 현상이나 사건에 문제가 제기되었을 때 무엇보다도 중요한 것은 합당한 증거와 그것을 활용하여 소통할 수 있는 능력이다. 현대 사회에서는 개개인 누구나 자신의 역할을 잘 수행해야 사회가 유지되고 발전한다. 제대로 판단하고 표현할 수 있는 사람이 필요한 시대이다. 논리적이고 비판적인 안목을 기를 수 있는 좋은 방법으로 사설, 기사문 등을 읽고 직접 작성해 보는 방법이 있다. 논리적이고 비판적인 사고를 중시하는 태도와 능력은 현대사회에서 요구하는 인재상과 그 궤를 같이한다.

단원 설정의 필요성

기사는 기자가 사회 각 분야에서 일어나는 소식을 지면이나 방송, 인터넷 등의 매체를 통해 전달하는 글이다. 인터넷의 발달로 전 지구 소식이 실시간으로 전해지는 시대에 살고 있는 우리들은 하루에도 수많은 사건 사고들을 접하며 살고 있다. 일일이 검증 절차를 거치지 않은 채 쏟아져 나오고 있는 정보들을 제대로 보는 안목이 필요한 이유이다.

학습 목표

1. 기사문의 일반 형식을 이해할 수 있다.
2. 사설의 특징을 이해할 수 있다.
3. 기사문을 육하원칙에 의해 작성할 수 있다.

목표 핵심 역량

1. 기사문을 통해 객관적, 비판적 안목을 키운다.
2. 사설의 특징을 통해 논리적, 설득적인 능력을 키운다.
3. 논증의 요소를 구축하여 타인과 소통할 수 있다.

핵심어

기사, 기사문, 논증, 표제, 앞글, 본문(BODY), 사설, 칼럼

[생각할 거리]

■ 아래 글은 기사문과 사설이다. 그 느낌과 효과는 다르다. 무엇이 어떻게 다른지 생각해 보자.

최제우가 남원서 만든 '용담검무'가 156년 만에 첫선을 보여 눈길을 끌었다

4일 오후 2시 남원 사랑의광장에서 열린 동학농민혁명 제123주년 제12회 방아치전투 전라좌도 농민군 제향과 제5회 남원 시민문화제에 모습을 드러냈다.

장효선 명지대 사회교육원 교수는 이날 최제우가 만든 '용담검무'를 156년 만에 공연했다. 이를 인간문화재로 지정함은 물론 구 은적암을 복원하는 등 잘 활용한다면 동학의 새로운 콘텐츠로 자리매김할 수 있을 것이란 기대다. "칼노래 한 곡조를 시호시호 불러대니 용천검 날랜 칼은 일월을 희롱하고 게으른 무수장삼 우주에 덮여 있네. 만고망장 어디 있나 장부당전 무장사라 좋을씨고 좋을씨고 이내 신명 좋을씨고." 용담검무는 최제우가 1861년부터 1862년까지 남원 생활을 하면서 창작한 춤으로 알려져 있다. 장 교수는 고조부 장남진(1817년-1883년, 남원 출신), 증조부 장수만(1852년-1931년), 조부 장대성(1877년-1942년)에 이어 부친 장영철(1923년-1980년)으로부터 직접 전수 받아 40여 년 동안 지켜오고 있다. 이때 최제우가 목수로 활동한 장남진에게 목검 제작과 용담검무를 가르쳤다고 전해 내려오고 있다. 장 교수는 이를 복원, 명지대 자연사회교육원은 물론 정읍 황토현 동학축제, 천도교 행사 등과 샌프란시스코, 라스베이거스, 파키스탄, 이탈리아 등에 이를 소개 민족문화유산의 자긍심을 제고하고 있다. 특히 그는 2015년 '용담검무의 춤사위와 검결의 문화적 가치 연구'로 우리나라 최초의 박사학위를 받기도 했다. 장 교수는 지난 5월 용담검무전수관 남원지회를 열고 30여 명의 전수생들을 교육하고 있다. 장 교수는 미국 뉴욕과 서울에도 지회를 개설한 가운데 명지대 체육교육과에서 용담검무를 가르치고 있으며, 명인 아카데미 전수자과정, 명지대 사회교육원 지도자과정 등에서 교육하고 있다. 한편 고향 경주로 돌아온 최제우는 동학의 단위 조직인 접을 만들면서 동학을 전파하다가 1863년 12월 10일 새벽, 구미산 자락 용담골에서 관군에게 체포, 남원에서 지은 '칼노래'가 죽음을 당하게 만드는 결정적인 원인이 됐다.

이종근 기자, 새전북신문, 2017. 11. 6.

자살에 대한 국가적인 대책 필요하다

군 복무중인 해경이 스스로 목숨을 끊은 일이 발생했다.

지난 4월 모 공군부대 총기사고와 지난달 5일 임실 모 육군부대에서 자살 사건이 발생한 지 한 달이 채 안 돼 또 같은 사건이 발생해 우려를 더하게 한다.

군산 해양경찰서 오염순찰선 소속의 박 모 의경의 경우 경찰 관계자와 부대생활의 부적응 문제로 상담을 한 사실이 밝혀졌다. 상담 당시 박모 의경은 '육상근무를 하고 싶다'고 말한 것으로 전해졌다.

자살을 기도했다가 실패한 전북지방경찰청 기동 1중대 소속의 이 모 의경 또한 지난 5월 부대 배치를 받은 이후 '입대 전 알고 있던 의경생활과 너무 다르다'고 말해 부대 생활의 적응에 어려움을 겪은 것으로 알려지고 있다.

한국은 자살자가 2004년 한 해에만 1만1523명에 달했고, 경제협력개발기구 국가 중 자살률과 자살 증가율에서 1위를 차지하고 있다. 군인뿐만 아니라 한국인 자살률이 높은 것이다.

최근 열린 학술대회에서 국립서울병원과 이화여대가 발표한 한 보고서를 보면 한국에서 자살과 우울증으로 매년 발생하는 사회 경제적 손실이 6조 원이 넘는다고 한다. 이 중 자살로 인한 노동력 손실과 가족의 질병, 장례비, 수사비 등의 직접비용을 합하면 연간 3조 856억 원으로 정부 예산의 2.6%에 달한다.

자살의 원인은 대체로 우울증인 것으로 분석되고 있다. 전국의 우울증 환자는 94만 7000명으로 100명당 2명꼴이다. 따라서 주변사람들에 대한 무관심이 우리나라를 자살 1위 국가로 만드는 것은 아닌지 생각해 볼 시점이다.

특히 자신의 의사와 상관없이 생활환경이 전혀 다른 군대에 입대하는 청소년에 대해 상급기관이나 관계기관의 관심과 배려가 절실해 보인다. 박 모의경의 경우도 상담 후 적절한 조처가 필요한 사람이었다. 많은 군인들이 자살로 내몰리는 상황에 대해 근본적인 문제 해결을 위한 방안을 모색해야 한다. 보다 철저한 연구와 국가적 대책이 필요하다.

전민일보 사설, 2016. 7. 15.

	비교	대조
기사문		
사설		

1. 표현의 자유와 알릴 권리

　기사문(description, 記事文)은 실제 일어난 사건을 신문, 뉴스, 잡지 등의 매체를 통하여 사람들에게 알려 주는 글이다. 즉 알릴 만한 가치가 있는 사건이나 사실을 보도의 원칙에 맞게 신속하고 정확하게 전달하기 위하여 쓴 글이다. 기사문은 직접 보고 듣고 조사한 사실을 객관적이고 사실적으로 써서 다른 사람에게 전달하는 글이기 때문에 객관적이고 정확한 사실을 시의적절하고 신속하게 전달해야 한다.

　기사문의 목적은 일차적으로 사실을 알리는 데 있다. 그러므로 불필요하고 장황한 수식이나 설명을 줄이고 핵심 위주로 간단명료하게 표현해야 한다. 정확한 사실을 육하원칙에 따라 객관적이고 체계적으로 쓰고 문장은 간결하게 써야 한다. 기사문에 글쓴이의 사적인 감정이나 개성이 드러나는 것은 금물이다. 기사문의 가장 중요한 가치는 객관성과 중립성이기 때문이다. 자칫 사적인 목소리나 감정이 개입이 되면 신뢰성을 잃게 된다. 글쓴이의 목소리는 바로 언론의 중립의 소리가 되어야 한다.

　육하원칙은 기사 작성에 있어서의 필수조건이다. 즉 누가(who), 언제(when), 어디서(where), 무엇(what), 왜(why), 어떻게(how)의 여섯 가지 기본이 되는 조건을 말한다

　기사문은 간결하고 명료하게 쓰는 것이 원칙이다. 기사문의 일반 형식은 크게 제목(title), 전문(lead), 본문(body)으로 구성되는데, 제목은 기사의 머리 부분에 해당하며, 주제목과 부제목을 지칭한다.

　전문은 제목 다음에 나오는 문장으로 보통 기사 내용을 6하 원칙에 따라 간략하게 요약한 것이다. 제목의 핵심 내용을 뽑아서 전체 내용과 기사 의도를 반영하여 한눈에 파악할 수록 쓰는 글이다. 이때 반드시 6하원칙을 드러낼 필요는 없다. 6하 원칙의 요소를 다 드러내기보다는 반드시 필요한 내용 위주로 적고 나머지는 본문에서 말하는 경우가 일반적이다.

　본문은 제목과 전문을 제외한 나머지 상세 내용이다. 전문에서 빠진 내용을 추가하고 부가 설명을 필요로 할 때는 중요한 정보 순서에 의해 내용을 전개한다. 그래서 기사 내용 배치는 역미라미드형이 가장 일반적이다.

　흔히 기사는 세 번을 말한다고 한다. 표제에서 가장 핵심적인 내용을 전달하고 전문에

서 내용을 집약해서 다시 한 번 말해주며, 본문에서는 내용의 중요성 비중에 따라 순서대로 제시하기 때문이다.

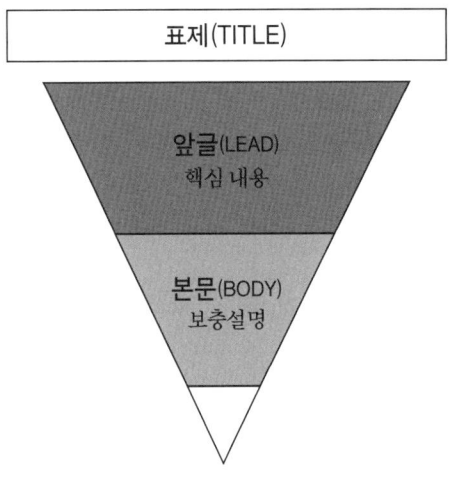

2. 기사문 읽는 요령

기사나 사설 등 신문에 실린 글들은 꾸준히 관심을 가지고 보게 되면 어떤 근거가 필요한지, 무엇이 사람의 마음을 움직이게 하는지 알 수 있다. 남의 글을 읽을 때에도 자연스럽게 근거를 찾아가며 읽을 수 있기 때문이다. 요즘 인터넷에서 모르는 내을 검색하면 파편화된 정보 과잉으로 원하는 정보를 금방 구별하기가 어렵다. 정보를 읽는 요령이 부족하면, 수많은 정보들이 내 목적에 맞는 정보인지 아니지를 구별해 내기 힘들다. 따라서 정보를 선별하는 능력이 중요하다.

일반적으로 찾고자 하는 정보가 있을 때에는 첫째 기사의 제목, 차례, 헤드라인 순으로 훑어본다.

둘째, 선별한 정보를 꼼꼼하게 살펴본다. 일단 전체적인 맥락을 훑어보고 모르는 용어가 나올 경우에는 체크하여 별도로 찾아본다. 그러는 사이 정보에 대한 이해력이 생기고 독해력도 늘어난다. 오늘날은 다중매체 시대이다. 대부분 기사 외에도 사진, 만화, 그래프, 그림 등까지 곁들여서 다양한 형태로 나온다. 이때 그냥 보아 넘기지 말고 그림 등에 담긴 의미까지 생각하게 되면 생각의 폭도 넓어지고 그림 매체에 대한 이해도 생기면서 표현력도 좋아진다.

셋째, 사설이나 칼럼 등과 같은 설득을 목적으로 하는 글을 읽을 때에는 그와 관련된 자료들을 신문, 잡지, 책, 인터넷 등을 통해 다양한 관련 자료를 찾아 교차 체크한다. 자료들의 공통점과 차이점을 찾아 비교 대조하다 보면 글의 목적이 어디에 있는지, 왜 그런 주장을 하는지, 누구를 위한 내용인지 쉽게 파악하게 된다. 설득하는 글은 반드시 찬반양론이 있기 마련이다. 다른 자료와 비교하지 않고 한쪽 방향의 입장만 읽게 되면 자칫 편향주의자가 될 수 있다. 특히 전문지식일수록 대중매체의 정보만으로는 부정확할 수가 있으므로 반드시 공신력 있는 매체를 통해 확인하는 습관이 필요하다.

최근에 본 기사 중 동일한 사건을 다룬 기사를 찾아 비교 대조해 보자.

제목	공통점	차이점

3. 참신하게 제목 붙이기

기사든, 책이든 제목이 차지하는 비중은 매우 크다. 제목은 그 글의 첫인상과 같기 때문이다. 좋은 제목은 글의 관심을 끄는 일차적인 요소이다. 특히 요즘처럼 인터넷 기사를 활용하는 세대들이 급증하고 있어서 제목의 중요성은 더욱 커지고 있다. 신문은 전체적으로 한눈에 들어와 어느 정도 기사를 짐작할 수 있지만 인터넷 기사의 경우엔 거의 제목에 의해 클릭 여부가 결정된다.

그렇다면 매력적인 제목은 어떻게 붙이는가. 먼저 제목을 짓기 위해서는 1) 글의 핵심어를 찾는다, 2) 핵심어를 글의 내용과 연결해서 구체화 한다. 3) 가능한 가장 핵심적인 한 단어를 찾고 그 외에 몇 단어를 찾는다. 4) 신문, 인터넷 포털 등에서 관련 분야의 제목들을 조사한다. 5) 평소에 인상적이었던 제목들을 파일화 한다. 6) 동사, 형용사, 부사를 썼을 때와 명사를 쓴 제목들을 찾아 느낌을 비교해 본다. 7) 브레인스토밍을 하는 등등의 방법을 생각해 볼 수 있다. 이들을 더 간단하게 요약하면 일단 글의 핵심을 찾고 인상적이었던 제목들을 떠올려서 다양한 방식으로 조합해 보는 훈련을 하게 되면 매력적인 제목을 짓는 데 한 발 다가갈 수 있다. 이것은 기사문은 물론 책 제목을 비롯한 다른 글 제목에도 적용할 수 있다.

제목에 대한 감각을 어느 정도 익혔으면 유형별로 대입을 시켜보는 것도 좋은 방법이다.

첫째. '명사형' 제목이 있다. 예를 들면, 혼불, 토지, 고등어, 태백산맥, 영산강, 바리데기, 연금술사 등이 있다.

둘째, '명사+명사형'이다. 예를 들면 사유와 소통, 문학과 커먼즈, 끝과 시작, 사랑방 손님과 어머니, 노인과 바다, 존재와 공간, 이성과 광기 등이 있다.

셋째, '형용사+ 명사형'이다. 예를 들면 외딴 방, 하얀 전쟁, 아름다운 이별, 슬픈 열대 등이 있다.

넷째, '구/절,+명사형'이다. 예를 들면 모리와 함께한 화요일, 성공하는 사람들의 7가지 습관, 아무도 미워하지 않는 자의 죽음, 말이라는 환영 등이 있다.

다섯째, 문장형이 있다. 엄마를 부탁해, 바람과 함께 사라자다, 오빠가 돌아왔다, 신은 나에게 시간을 주었다, 바람은 바람으로 온다 등이 있다.

마지막으로 의성어, 의태어 조합형도 있다. 예를 들면 어, 그래, 앗, 수학이 수군수군, 와우 물렁물렁한 책 등이다.

이 외에도 다른 유형이 있지만 대체로 제목은 이러한 유형으로 나누어진다. 신문이나 인터넷 기사 등은 시간을 다투기 때문에 제목을 붙잡고 씨름할 시간이 없지만 제목만 보고 클릭이 되는 세상이다 보니 제목의 중요성을 인식할 필요가 있다. 평소 제목에 대한 감각 훈련을 위해 꾸준히 익힌다면 큰 도움을 받을 수 있게 된다.

최근에 본 기사 중 동일한 사건을 다룬 기사를 찾아 비교 대조해 보자.

기사 제목	유형별	제목에서 받은 느낌

참고문헌

다음 사전(http://dic.daum.net).
네이버 사전(http://dic.naver.com).

15장
광고(문): 15초 전쟁

단원 설정 배경

현대사회에서는 다양한 텍스트를 활용한 글쓰기를 요구하기 때문에 그에 따른 사고력과 창의력을 필요로 한다. 그중에서 광고는 다중매체의 결합으로 이루어진 통섭적인 산물이어서 다양한 매체 간의 지식을 상호 이해할 수 있는 사고력과 창의성의 토대가 된다. 특히 광고는 감성과 서사를 통해 메시지를 전달하고, 함축과 비유와 상징적 표현으로 상대방을 설득시킨다. 광고는 자본주의 꽃이라 불릴 정도로 현대 사회에서는 막강한 위상을 차지하고 있다. 우리 사회에 깊숙하게 들어 있는 광고를 통해 매체간의 상호 지식은 물론 그에 내포되어 있는 창의성을 읽어내는 것은 창의적인 글의 관점과 표현에도 밀접한 관련이 있다. 사회의 트렌드와 서사에서의 선택과 집중, 감성적이면서도 간결한 설득 전략 등 광고 매체가 가진 본질과 특수한 장점이다. 광고를 이해하고 광고문을 쓰는 것은 창의적인 글쓰기에서 매우 유용하다.

단원 설정의 필요성

광고는 광고주가 청중을 설득하거나 영향력을 미치기 위해 대중 매체를 이용하는 유료의 비대면적인 의사전달 형태이다. 오늘날 우리는 광고의 홍수 속에서 살고 있다. 광고의 목적은 설득에 있다. 또한 광고는 다중매체의 결합으로 이루어진 살아 움직이는 생명체이다. 광고를 이해한다는 것은 각 매체에 대해 이해와 광고 속에 들어 있는 숨은 전략을 안다는 의미이다. 창의력을 고취시킬 수 있는 광고와 광고문, 광고 전략에 대해 알아본다.

학습 목표

1. 광고의 개념과 속성을 이해할 수 있다.
2. 광고를 보고 발상 포인트를 찾을 수 있다.
3. 광고의 메시지를 파악할 수 있다.

목표 핵심 역량

1. 광고 특성을 이해하여 사유 능력을 키운다.
2. 은유적, 상징적, 비유적으로 표현된 광고를 분석하여 창의력을 기른다.
3. 광고 전략을 분석할 줄 알고, 광고에 대해 올바른 인식을 갖는다.

핵심어

광고, 광고문, 광고 전략, 발상 포인트, 앰부시 광고

[생각할 거리]

■ 다음 광고를 보고 광고의 발상 포인트와 광고 문구에 대해 다양하게 이야기해 보자.

1. 광고란 무엇인가

광고를 가리켜 '15초 전쟁'이다. 현대인들은 하루 24시간 동안 광고의 홍수 속에서 살고 있다. 눈 깜짝할 사이 지나가는 15초는 사람들은 웃고 울고 공감하게 한다. 광고는 현대사회에서는 없어서는 안 되는 의사 전달 매체이다. 광고에 대한 정의는 관점에 따라 다양하다. 그러나 기본적으로 누가, 누구에게, 무엇을 어떻게 전달하느냐와 관련된 입각점은 같다.. 한국광고학회에서는 광고에 대해 "광고주가 청중을 설득하거나 영향력을 미치기 위해 대중매체를 이용하는, 유료의 비대면적인 의사 전달 형태"라고 정의하고 있다.

광고는 소비자들에게는 제품에 대한 정보를 제공하고, 기업에는 제품의 판매를 촉진시켜 주는 역할을 한다. 소비자의 심리를 자극하기 위해서 제품의 긍정적인 면을 확대해서 보여주는 것도 사실이다. 광고의 궁극적인 목적은 설득에 있다. 소비자로 하여금 제품에 흥미를 느끼게 하고, 호기심을 유발시켜 구매에 이르게 하는 상업적 목적을 가진다.

2. 광고의 기능

광고는 관점에 따라 그 기능이 조금씩 다르지만 마케팅 기능, 커뮤니케이션 기능, 경제적 기능, 사회적 기능, 문화적 기능 등으로 나누어 볼 수 있다.

- **마케팅적 기능**: 마케팅 수단의 4P(Product, Price, Promotion, Place) 중 프로모션의 기능을 담당한다.
- **커뮤니케이션 기능**: 제품이나 서비스를 구매하도록 설득하는 역할을 한다.
- **경제적 기능**: 유통을 촉진시켜 규모의 경제를 이루고, 그 결과 가격을 낮추는 역할을 한다,
- **사회적 기능**: 소비자에게 알 권리를 제공하여 민주주의 사회에서의 기본권을 충족시켜 주는 역할을 수행한다.-문화적 기능: 상품의 교환을 촉진하고 그 사회의 문화를 비춰주고, 선도하는 기능을 수행한다.

3. 광고문 작성 시 고려할 요소

광고문은 강렬하고 인상적인 메시지로 제품에 대해 정보를 주거나 이미지를 창출하는 기능을 한다. 그래서 광고문은 매우 전략적인 문장으로 이루어진다. 일반적으로 광고문은 표제와 본문으로 구성된다. 표제는 흔히 슬로건이라 불리는 것으로, 강렬하고 인상적인 메시지로 소비자들의 구매 심리를 자극하는 역할을 담당한다. 따라서 슬로건이 너무 길거나, 설명적이거나, 평범하면 시선과 관심을 끌지 못해 광고의 목적을 달성하지 못하게 된다.

광고문을 작성할 때 고려해야 할 사항은 제품의 기본적인 특성, 소비자 입장 파악, 역발상, 흥미 유발, 시각화 등이다. 이런 사항을 발상 포인트로 삼아 광고문을 작성할 때 인상적이고 소비자의 기억에 오랫동안 남는 광고문을 작성할 수 있다.

① 제품의 기본적인 특성

광고문을 작성할 때 가장 일반적인 것은 제품에서 자체에서 출발하는 것이다.

광고에 사용된 문구는 "우리 쌀로 만든 찰고추장"이다. 다른 고추장과 차별화시키기 위해 우리 쌀을 전면에 내세움으로써 밀가루가 섞인 고추장과 차별화하는 데 성공했다. 특히 우리 쌀이 20% 이상 함유되어 있어 우리 식품에 대한 믿음이 가고 "깔끔하게 매운"이라는 문구에서는 들큼한 느낌이 없는 칼칼하면서도 담백한 맛을 즐길 수가 있을 것 같은 제품 자체에 대한 신뢰를 주고 있다.

② 소비자 입장 고려

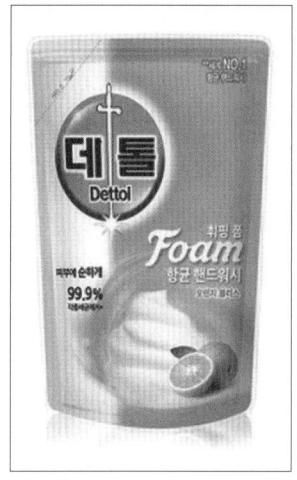

소비자 입장을 고려하여 만든 광고문구인 경우에는 소비자가 필요로 하는 점을 부각시켜야 한다. 소비자는 광고를 통해서 정보를 얻기 때문에 소비자가 원하는 점을 부각시킨다면 실질적인 구매로 연결된다.

데톨 광고는 청결하고 위생적인 현대인들의 심리를 반영하고 있다. 부드러운 휘핑 폼과 상큼한 오렌지 그림을 넣어 순하고 부드러운 느낌의 배경으로 하고 있다, 거기에 99.9%의 세균을 제거한다는 문구를 써 넣음으로써 제품에 대해 호감을 갖게 한다. 소비자들은 새로운 정보를 얻게 되고, 마치 그 제품을 구매함으로써 생활의 문제를 가볍고 편안한 마음으로 해결하고 싶은 느낌을 갖게 함으로써 소비자들의 구매 욕구를 자극시킨다.

③ 역발상

역발상 광고는 자칫 소비자를 조롱하는 것처럼 생각할 수 있지만 이내 광고 내용을 파악하고 나면 신선한 자극과 느낌을 갖게 하는 효과가 있다. 이 광고는 손전등 전문 제조회사 광고로 평범한 손전등 광고이다. 이러한 반전성은 처음엔 낯설다가 의외성을 발견하게 되면서 오히려 광고에 더 주목하게 하는 효과가 있다. 광고 문구가 없지만 전달하고자 하는 메시지가 인상에 강하게 남게 된다.

④ 시각화

시각화는 광고에서 가장 기본적인 요소이다. 특히 추상적인 개념 등은 시각화를 통해 구체화 하면 강렬한 인상을 남길 수 있다. 이 광고는 종이를 한 장씩 사용할 때마다 나무가 사라지는 것을 보여줌으로써 종이를 아껴 쓰자는 메시지를 강하게 남긴다. 자유, 사랑, 평등, 평화 등과 같은 추상적인 개념들은 시각화를 통해 효과적으로 메시지를 전달할 수 있다.

참고문헌

다음 사전(http://dic.daum.net).
네이버 사전(http://dic.naver.com).
전북대학교 국어국문학과, 이공계 글쓰기, 태학사, 2016.

장미영

문학박사, 전주대학교 교수
주요 논저 『새만금 스토리텔링』(공저), 『다문화사회 바로 서기』(공저), 『신토피컬 논술의 원리와 실제』(공저) 외 다수.

이수라

문학박사, 전주대학교 객원교수
주요 논저 『사유와 소통』(공저), 『융복합시대의 글쓰기』(공저), 『스토리텔링과 문화산업』(공저) 외 다수.

유인실

문학박사, 전북대학교 강의전담교수
주요 논저 『환상, 실재 그리고 문학』(공저), 『인지문체론』(번역서, 공저), 『바람은 바람으로 온다』(시집) 외 다수

4차 산업혁명시대의 교양 글쓰기

초판 1쇄 발행 2019년 08월 30일
초판 2쇄 발행 2021년 01월 29일

지 은 이 장미영 이수라 유인실
펴 낸 이 최종숙
책임편집 이태곤
편   집 권분옥 문선희 임애정 강윤경 김선예
디 자 인 안혜진 최선주
기획/마케팅 박태훈 안현진

펴 낸 곳 글누림출판사
       주   소 서울시 서초구 동광로46길 6-6 문창빌딩 2층 (우06589)
       전   화 02-3409-2055 FAX 02-3409-2059
       이 메 일 nurim3888@hanmail.net
       홈페이지 http://www.geulnurim.co.kr
       블 로 그 http://blog.naver.com/geulnurim
       북트레블러 http://post.naver.com/geulnurim
       등   록 2005년 10월 5일 제303-2005-000038호

ISBN 978-89-6327-575-8 93700

*정가는 뒤표지에 있습니다.
*잘못된 책은 바꿔 드립니다.

이 도서의 국립중앙도서관 출판예정도서목록(CIP)은 서지정보유통지원시스템 홈페이지(http://seoji.nl.go.kr)와 국가자료종합목록 구축시스템(http://kolis-net.nl.go.kr)에서 이용하실 수 있습니다. (CIP제어번호 : CIP2019032418)